Wolfgang Borowsky

Die „neue Welt“ - Vorspiel der Hölle

Biblische Betrachtung zur antichristlichen One-World-Bewegung in der Hoffnung auf Jesus Christus

Den belogenen und verratenen Völkern und der verfolgten Kirche gewidmet

Pro Fide Catholica

Verlags-Programm: Pro Fide Catholica
Postfach 22, D-87467 Durach
Printed in Germany 1995

ISBN 3-929170-68-X

INHALT

Vorwort zur zweiten, veränderten Auflage

Die erste Auflage dieses - Aufsehen erregenden - Buches war in kurzer Zeit vergriffen. Es erfolgen bis heute wiederholt Nachfragen, da man in ihm ein besonders wichtiges Buch erkennt. Weil sein Verlag nicht mehr existiert, wird von vielen bedauert, daß es noch zu keiner Neuauflage kommen konnte.
Nun hat sich dankenswerterweise der Verlag Anton Schmid in Durach bereitgefunden, dieses Buch neu zu verlegen.

Was den Inhalt betrifft, möchte ich als erstes dem Mißverständnis wehren, ich wäre wie so mancher, der über endzeitliche Gefahren schreibt, einer Schwarzmalerei verfallen und würde das Schöne und Gute dieser Welt nicht mehr sehen.
Das Gegenteil ist der Fall: Abgesehen davon, daß ich an den Sieg des wiederkommenden Herrn glaube und froh der ewigen Herrlichkeit entgegensehe, freue ich mich angesichts der drohenden und wiederholt Grauen bringenden Mächte erst recht der Herrlichkeit unserer Schöpfung und der edlen Taten mutiger Menschen. Je mehr Unheilvolles über uns hereinbricht, desto mehr gilt auch in diesem Sinne das Wort: »Kauft die Zeit aus; denn es ist böse Zeit« (Eph 5,16).
Gerade damit wir selber und andere das Leben froh genießen können, ist es wichtig, die Anschläge dunkler Mächte zunichte zu machen. Und hierzu ist eine umfangreiche wie schonungslose Aufklärung nötig. Dies auch, um Menschen - und solche, die ihnen, oft unwissentlich, dienen - ihrer Gewalt zu entnehmen und dadurch den Weg zu wahrer Freude freizumachen. Daß ich selber trotz allem Schlimmen die Freude über alles Dunkel stelle, zeigt auch dies, daß mein erstes Buch nach einem schweren Herzinfarkt und einer siebenstündigen Herzoperation und nach großen persönlichen Enttäuschungen eine Art kleine Theologie der Freude darstellt, mit dem Titel »Leben in Freude - was unsere Herzen erhellt.«

Als zweites möchte ich betonen, daß es bei der Aufdeckung übler Hintergrundmächte keineswegs darum geht, irgendein Volk oder irgendeinen Menschen zu verdammen. Wir haben doch nicht gegen Menschen zu kämpfen, sondern gegen Mächte die versklaven, dies auch im Wissen um das Wort: »Wir haben nicht mit Fleisch und Blut zu kämpfen, sondern ... mit den Herren der Welt, die in dieser Finsternis herrschen, mit den bösen Geistern unter dem Himmel« (Eph 6,12).
Und diese lassen es zu dunklen Hintergrundmächten kommen, die Menschen verführen und unterjochen und ihnen so die Freude nehmen. Daher will dieses Buch befreien, zur Freude befreien, selbst die Menschen, die in einem dunklen Dienst stehen, hat doch Jesus uns auch die Feindesliebe geboten.
Trete ich schon seit längerem für die Freiheit eines jeden einzelnen,

gleich welcher Abstammung, Weltanschauung und Religion, und für die Freiheit aller Völker ein, und damit auch für volle Meinungsfreiheit, so nehme ich es, auch deswegen, in gleicher Weise in Anspruch, über zerstörerische Mächte ohne Rücksichtnahme auf diesen oder jenen Trend unserer Zeit aufzuklären. Die Zwischenzeit hat mir gezeigt, daß diese Mächte eher noch gefährlicher und einflußreicher sind, als ich es im Buch darlege. Somit habe ich in keiner Weise zu viel behauptet oder zu schwarz gemalt.
Ist dieses Buch mit seiner Aufklärung gerade zugunsten eines friedlichen und frohen Lebens äußerst wichtig, so ist seine weite Verbreitung überaus notwendig.

Wolfgang Borowsky

Einleitung

Hoffen, immer wieder hoffen, und stünde man auch vor einer undurchdringlichen Mauer, das gehört wesenhaft zu unserem Menschsein. In diesem Hoffen ist der Wunsch oder sogar die Überzeugung enthalten, daß es endlich besser werde. Um den ganzen Erdball und durch alle Jahrhunderte geht das Streben, das »verlorene Paradies« wiederzufinden, ein Reich ewigen Friedens und immerwährenden Glückes aufzurichten - wobei in den verschiedensten Lagern die Meinung herrscht, daß dies nur das eigene Volk oder nur die eigene Partei, die eigene Weltanschauung vermöge. Mit einer eindrucksvollen Intensität und mit sehr weitreichenden Folgen greift man in den letzten Jahrhunderten nach einer paradiesischen Zukunft, und unser Jahrhundert ist hierin, trotz mancher Ernüchterung, besonders tätig und besonders fanatisch. Man proklamiert, berauscht und unduldsam, den »neuen Menschen«, die »neue Menschheit«, die »neue Welt«; und für dieses ungeheure Prokrustesbett ist man bereit, alle Menschen zu opfern.

Das Interesse und das Verantwortungsbewußtsein für die ganze Welt, für die Zukunft aller, ehren den Menschen; und wer Christ ist, der ist besonders gerufen, sich für das Heil und das Wohl aller einzusetzen. Aber wie sieht die angestrebte Zukunft, wie die »neue Welt« aus? Kann man von einer »besseren« oder gar »vollkommenen« Welt sprechen? Alle Ideen von einem »neuen Menschen« und alles Streben nach ihm - und dies, weil es ohne Gott oder gegen Gott geschieht - werden von der Wirklichkeit furchtbar widerlegt, sehr sichtbar widerlegt, so daß es umso tragischer ist, daß man es nicht wahrhaben will, nicht aus dem Gerichte lernen möchte.

Unser Jahrhundert hat die beschämende Spitzenleistung vollbracht, aus rassischen, politischen und weltanschaulichen Gründen die meisten Menschen vernichtet und den meisten Menschen die Heimat genommen zu haben. Es weist Rekordzahlen von Kriminalfällen, von Suchterkrankungen und seelischen Erkrankungen auf, Rekordzahlen, die sich rasch steigern. Neben dem Riesenheere der Rauschgiftsüchtigen und -toten und der seelisch und geistig Labilen oder »Umfunktionierten« schwillt auch die Masse der Skrupellosen und Verantwortungsscheuen an. Auch gab es noch nie zuvor eine solche Auflösung aller sittlichen und natürlichen Normen. Das Volks- und Familienbewußtsein bis hin zum Wissen um den Unterschied von Mann und Frau werden zerstört und immer unbedenklicher Millionen Ungeborener gemordet; der Selbstmord wird verharmlost und der Euthanasie wird das Wort geredet. Der Unterschied von Gut und Böse, Wahr und Falsch, Schön und Häßlich, Edel und Unedel und Gesund und Krank, Normal und Anormal wird mehr und mehr verwischt, auch um eine Umkehrung oder Vertauschung zu erleichtern. Besonders die heutigen Mächte, Ideologien und Utopien gleichen den im Buche Daniel und in der Offenbarung des Johannes genannten Raubtieren. Die Lage und der Zustand unserer Welt in Verfallenheit und Niedergang haben einen solchen Grad erreicht und der Mensch und - mit zusätzlichen Angriffen - auch der Christ werden von außen und von innen so bedroht und bedrängt, daß man am allerwenigsten schweigen und untätig sein darf.

Dieser Haltung abzusagen, ist aber angesichts der sich ausbreitenden Weltmeinung und des sich immer totalitärer gebärdenden Zeitgeistes und angesichts der zunehmenden Versklavungs- und Rachetendenzen alles andere als leicht. Wer heute diese Dinge beim Namen zu nennen versucht, muß es erleben, daß man ihm Schwarzseherei, Übertreibung und böswillige Unterstellung vorwirft. Damit werden die Dinge auf den Kopf gestellt: Diejenigen, die – oft in bewußter Absicht – verharmlosen, herunterspielen und vernebeln, werden als die wahren, als die guten Menschen gepriesen; wer aber wahrheitsgetreu zu berichten versucht, die Dinge durchschaut und gerade aus Liebe zu den Menschen warnt, wird sehr leicht gehässig angegriffen, moralisch verdammt oder doch ausgelacht. Nicht nur in Rußland sieht man Andersdenkende entweder als verrückt (fort mit ihnen in die Irrenhäuser!) oder als böse bzw. als beides an. Warnen wir denn zu Unrecht oder zuviel? Nun, selbst wir, die wir warnen müssen, können in manchem die Dinge quantitativ und qualitativ nicht so schlimm darstellen, wie sie in Wirklichkeit bereits geworden sind oder werden können. Selbst wir erfahren von verbreiteten grauenhaften Tatsachen, die der Masse weithin verborgen bleiben, erst allmählich. Wer weiß es z. B. schon, daß jeder 5. Mord ein Ritualmord und jeder 5. Selbstmord aus kultischen Gründen geschieht, mit einer sehr geringen Aufklärungsquote (Horst Knaut »Das Testament des Bösen«, Seewald Verlag, Stuttgart, 1979)? Viele derartiger Fakten und erst recht die hinter ihnen stehenden dunklen Kräfte und Zusammenhänge bleiben so gut wie verborgen, dies auch, weil sie oft bewußt verschwiegen werden. Selbst wir verharmlosen also noch. Umso gebotener ist unser Einsatz.

Wenn wir gegen verschiedene Strömungen angehen müssen, so heißt dies auch nicht, daß wir alles in ihnen »schlechtmachten« und das in ihnen auch vorhandene Positive übersähen. Dieses dient aber weithin zur Verschleierung des Antigöttlichen, hebt dieses jedenfalls nicht auf. Wir sprechen den einzelnen auch nicht subjektive Ehrlichkeit ab; es geht nicht um moralische Wertungen, wiewohl der Abfall von Gott auch moralischen Verfall nach sich ziehen kann. Positives darf also nicht dazu mißbraucht werden, uns den Mund zu verbieten, wenn wir auf Dunkles hinweisen müssen.

Viele sehen Zersetzungserscheinungen bloß als Pannen oder gar als Geburtswehen einer neuen Zeit an oder sehen hier einen unvermeidlichen Prozeß. Jedoch, weder sind diese dunklen Dinge Zufall, noch sind sie einem Naturprozesse zuzuschreiben; ihnen liegen unheilvolle Menschheitsentscheidungen zugrunde, ein sich Öffnen den verschiedenartigsten satanischen Kräfte.

Und was die wenigsten wissen: Sie sind großenteils geplant oder doch Folgen von Planungen. Die meisten halten z. B. die Studentenunruhen, die antiautoritäre Welle und die verschiedensten anderen »Wellen« für eine Art Naturprozeß, der eben etwas »Neues« geboren habe, oder sehen sie als eine notwendige Reaktion auf »Unterdrückungen« durch »Institutionen« bzw. Fehler der »Erwachsenenwelt« an. Wie wenige wissen aber, daß diese Entwicklungen seit langer Zeit von Geheimgesellschaften geplant worden sind und geplant werden? Bischof Rudolf Graber von Regensburg schreibt in seinem Aufsatze »Ökumenismus und Geheimbünde« in »Reich Gottes oder Weltgemeinschaft?« (W. Künneth / P. Beyerhaus, Verlag der Liebenzeller Mission, Bad Liebenzell, 1975) auf Seite 207, daß vor etwa 150 Jahren ein Gedanke ausgesprochen worden sei, der heute erst seine volle Verwirklichung erlebe; um diese Ziele zu erreichen, müsse – so nach diesem geheimbündlerischen Programme – »eine neue Generation geschaffen werden, würdig des Reiches, das wir erträumen. Laßt das Greisenalter und das reifere Alter beiseite; geht zur Jugend und wenn es möglich ist zu den Kindern . . . Hat sich einmal euer Ruf (Reputation) festgesetzt in den Kollegien, Gymnasien, in den Universitäten und Seminarien, so wird er euch den Zugang verschaffen zu den Lehrmeinungen im Schoß des jungen Klerus genauso wie im Innern der Klöster. In einigen Jahren wird dieser junge Klerus dank der Kraft der Dinge alle Funktionen übernehmen . . . So verkündet ihr eine Revolution an der Tiara und beim Chorrock . . . eine Revolution, die nur ein ganz klein wenig angestachelt werden muß, um das Feuer an vier Winkeln der Welt anzuzünden.« Heute haben wir nun »Revolutionen« verschiedener Art, weithin angeführt von jungen Theologen der Kirchen und Religionsgemeinschaften. Seit langem geplant! Ebenso die Vergötzung der Demokratie und des Sozialismus. Graber schreibt auf Seite 205: »Eine andere moderne Idee, die damals allenthalben in diesen okkultistischen Kreisen vertreten wurde, war eine Art Mystik der Demokratie. Damals schon wurde ein Sozial-Christus gepredigt, und Roca schreibt: ‚Ich glaube, daß diese soziale Erlösung des Volkes in der neuen Gesellschaft durch die Thronbesteigung der Demokratie erfüllt wurde.' Und noch schärfer am 26. Juli 1891: ‚Das reine Christentum ist der Sozialismus.'«

Und in den letzten Jahrzehnten gab es wiederholt neue Anstöße zur »Veränderung«. Bereits 1945 sagte laut Juan Maler (»Gegen Gott und Natur«, Seite 37; Avda Belgrano 165, Bariloche, Argentinien) Dr. Brock Chrisholm, der erste Generaldirektor der Weltgesundheitsorganisation bis 1953, in einem Vortrage in Washington: »So wollen wir also die Verantwortung übernehmen, diese Welt umzuwandeln durch Zerstörung der traditionellen Werte, das heißt durch Neuinterpretierung und spätere Auslöschung des Konzeptes von Recht und Unrecht, welches die Grundlage unserer bisherigen Kindererziehung ist . . . notfalls sogar mit Gewalt.« Die Stufen »Neuinterpretierung« und »Auslöschung« (etwa auch als Umkehrung oder Vertauschung) – und zwar in allen Bereichen – sind uns nicht mehr fremd, aber wie weit die »Welt-« und Moralveränderung bereits fortgeschritten sind, können nicht einmal Sehende ganz erfassen, auch weil wir uns selber zum Teil »verändert« haben. Auch wir bleiben immer noch, zumal als gefallene Menschen, Kinder dieser »Welt« und unserer »Zeit«, haben das Ringen vor allem in uns selber zu führen, auch im Netze der verschiedenen Planer.

Gewiß ist nicht alles geplant und wird nicht alles gelenkt. Seit Menschengedenken gibt es vielfaches Ungutes und gibt es Niedergangszeiten. Durch die Planung wird aber das sonstige Dunkle nicht nur gefördert, sondern auch gesteigert und durch bisher nicht dagewesene Unmenschlichkeiten überboten. Durch gottfeindliche Theorien und durch Öffnen der Schleusen, etwa durch Aufhebung der sittlichen und natürlichen Gesetze, kommt man dem »gefallenen« Menschen, dem Menschen, der ohne Gott leben möchte, entgegen, bestärkt ihn nicht nur in seinem unheilvollen Trend, sondern verführt ihn auch zu weiteren Möglichkeiten der Finsternis.

All dieses zeigt, daß es sehr unzureichend ist, nur einzelne Verfallserscheinungen wahrzunehmen und bestenfalls an der Oberfläche herumzudoktern. Es ist vielmehr unerläßlich, die geschichtlichen und wesenhaften Ursachen zu sehen und gegen diese anzugehen. Und da genügt es auch nicht, nur auf das zu schauen, was man gemeinhin unter dem

»Geistigen« versteht. Es geht letztlich um die geistlichen oder ungeistlichen Hintergründe, um die personhafte Herkunft des Menschen und menschlicher Gemeinschaften; es geht darum, ob man »von Gott geboren ist« (1. Johannes 5, 4), Gottes Kind ist oder »von dem Vater, dem Teufel« ist (Johannes 8, 4). Dort, wo der personhafte Gott und der personhafte Teufel mit ihren Reichen – und das heißt auch: Engel und dunkle Geister, Dämonen – geleugnet werden, verfehlt man im Erkennen und Tun die Wirklichkeit. Das Wort in Epheser 6, 12: »Wir haben nicht mit Fleisch und Blut zu kämpfen, sondern mit ... den bösen Geistern ...«, sollte man unbedingt ernstnehmen. Wir haben es auch mit dem Satan und seinen Trabanten zu tun. Gerade, weil uns Christen das Schicksal der Welt und die Zukunft der Menschheit nicht gleichgültig sind, werden wir uns nicht mit irgendwelcher oberflächlicher Schau abfinden oder den menschlichen Träumen von einer neuen, besseren Welt, vom »neuen Menschen« folgen, sondern den Zeugnissen der Bibel trauen und die Menschheitsentwicklung etwa im Lichte der Offenbarung des Johannes betrachten und auch um die Hoffnung der Auferstehung und der Wiederkunft Christi wissen und sie bezeugen.

Es wird meist nicht gesehen, daß unsere »Herkunft« unser Leben bis ins Letzte bestimmt, wobei wir nicht Marionetten sind, sondern in dieses Geschehen miteinstimmen, ins Böse als »unter die Sünde Verkaufte« (Römer 7, 14), ins Gute allein durch Gottes Gnade. Wenn schon geistige, etwa weltanschauliche Strömungen unser Leben und unsere Kultur mitgestalten, so in besonderem Maße das Geistliche oder Ungeistliche. Beides zielt darauf ab, sich auch im Alleräußersten auszuprägen, sämtliche Bereiche unter seine Herrschaft zu bringen.

Gottes Gegenspieler versucht dies durch Unterwanderung und Zersetzung, oft durch »Nachäffung«, wobei das Entscheidende nicht nur verfehlt, sondern unter der Decke des Ähnlichen ins Gegenteil verkehrt wird, angepriesenes »Leben« sich etwa als Tod entpuppt. Dieses »Beinahe«, das sich als Gegenteil erweist, wird symbolisch treffend dadurch ausgedrückt, daß 7 die »heilige Zahl« ist, aber für den Satan die Zahl 6 gebraucht wird (vgl. die Zahl 666 in Offenbarung 13, 18 für das antichristliche »Tier«) und daß Gold als Gottesfarbe gilt, gelb für den Satan gebraucht wird. Darum sind Religionen und »gutgemeinte« humanistische Bewegungen weithin Avantgardisten und Vollstrecker der Finsternis; und daß die Kirche besonders von der Verführungsmacht bedroht ist, vielfach antigöttlich handelt und wiederholt in ihrem Raume ein Zerfallen bis in die merkwürdigsten Sekten kennt, ist uns schmerzlich bewußt. Weniger bekannt ist vielen, daß sich eine besondere Streitmacht der Finsternis unter dem Banner des Okkultismus bildet, mit den verschiedensten Formen des Aberglaubens, des Spiritismus, der Astrologie, mancher Geheimkulte u. dgl. Vieles, was unter dem Namen »Subkultur« läuft, gehört hierher.

Wie sehr sich der Okkultismus bis ins Politische und in andere Formen des menschlichen Zusammenlebens hinein auswirkt, wird weithin übersehen. So manches, das sich »links« oder »liberal« oder auch »rechts« nennt, hat auch einen okkultistischen Ursprung. Hitler und andere Führer des »Dritten Reiches« gaben sich sehr mit okkulten Dingen ab, nicht nur mit der Astrologie. Viele von ihnen waren schon lange vor der Machtübernahme in Kreisen der Thule-Okkultisten heimisch. Knaut schreibt in seinem »Das Testament des Bösen« auf Seite 228/229: »Himmler war okkulten Heilkünsten und anderen ‚Geheimlehren' verfallen und ließ sich von einem skandinavischen ‚Magnetiseur' behandeln. Die Handschriften seiner Mitarbeiter ‚pendelte' er auf ‚gut' oder ‚böse' aus. Sein ‚Schwarzer Orden', die SS, war eine Nachahmung en gros der Organisationsformen okkulter Orden. Seine Ordensburgen und rassischen Geburtsstätten, seine Eide und Weihen hatten okkultistische Wurzeln.« Eine gewisse Ironie des Schicksals und auch etwas Bezeichnendes liegt darin, daß unter den Eingeweihten des Thule-Ordens (unter ihnen Hitler, Heß, Göring, Himmler, Rosenberg, Frank, Streicher und Haushofer) sieben jüdischer Herkunft waren oder jüdische Verwandtschaft hatten (Knaut, S. 226). Diese dunklen Hintergründe hatten wohl einen beträchtlichen Anteil an den ungeheuren Unmenschlichkeiten und politischen Wahnsinnstaten des »Dritten Reiches«.

Zu dieser Kritik haben am allerwenigsten die das Recht, die schon länger in okkulter Tradition stehen und das Menschsein und das menschliche Zusammenleben auch mit anderen antigöttlichen Dingen durch- und zersetzen. Diese dunklen Kräfte bestimmen weithin die One-World-Bewegung, auch angeblich neutrale Organisationen und Gremien – z. B. die UNO –, die man bloß für sachlich politisch oder für humanitär hält, während sie in Wirklichkeit, vielen Mitgliedern unbewußt und Außenstehenden unbekannt, dunklen Kräften dienen. Der große Anteil des Okkultismus unter diesen antimenschlichen Kräften am heutigen Niedergang wird so gut wie nicht erkannt. Daß Beschäftigung mit okkulten Dingen zur okkulten Behaftung, zu »Besessenheiten« führen kann, von denen schon das Neue Testament berichtet, zu Besessenheiten mit ernsten Folgen für das Glaubensleben, für Leib, Seele und Geist und für die Nachkommen, sollten wenigstens die wissen, die mit Seelsorge zu tun haben. Diese Beschäftigungen haben auch gesellschaftliche und menschheitliche Auswirkungen.

Es ist möglich und geschieht auch, daß antigöttliche Dinge, Strömungen und Bewegungen teilweise oder zeitweise gegeneinander stehen – vielleicht zur besseren Tarnung der Finsternis –, aber in den letzten Jahrhunderten und besonders in den letzten Jahrzehnten finden sich, nicht zuletzt durch das genannte Planen, die verschiedenartigsten dunklen Mächte zu Allianzen zusammen und es kommt versteckt oder schon offen zu Angriffen oder zum Generalangriff auf Gott und den Menschen, wobei mehr und mehr Verhöhnungen, Ausschaltungen und Verfolgungen derer geschehen, die für Gott und die Menschen eintreten, ihnen wahrhaft dienen; der Haß auf Christus und die Seinen wird immer deutlicher, und anstelle des erhofften Paradieses kommen mehr und mehr höllenartige Zustände. (Wieweit die Menschheit bereits Ideologien verfallen ist, zeigt u. a. sehr eindrucksvoll das Buch »Ideologien – Herausforderung an den Glauben«, von P. Beyerhaus im Verlage der Liebenzeller Mission, Bad Liebenzell, 1979, herausgegeben.).

Sind den Nachfolgern Christi Heil und Wohl der Menschen ans Herz gelegt, so dürfen und können sie nicht schweigen und untätig bleiben. Wir müssen hierbei um die Gabe der »Prüfung der Geister« (1. Johannes 4, 1; 1. Tessalonicher 5, 21) und »Unterscheidung der Geister« (1. Korinther 12, 10) bitten. Hierbei gilt es, aufzudecken und zu informieren, so viel wir können, dies aber, indem wir zugleich umsomehr das Positive hinstellen, noch klarer und mutiger Jesus Christus bezeugen. Die notwendige Aufklärung darf aber nicht dadurch behindert werden und geschwächt, daß man die Planungen und die Planer verschweigt. Darum haben wir sie ohne falsche Rücksichtnahme zu nennen, mögen sie auch noch so hoch in der Gunst der Massen stehen. Weder die Furcht vor den Gewaltigen dieser Welt und vor den einflußreichen, oft über Sieg oder Niederlage entscheidenden Massenmedien, die weithin in deren Hand sind, noch eigene Schuld, etwa die an Juden, dürfen uns den Zeugenmund verschließen. Es ist darum das Bestreben dieses Buches, das sich inhaltlich in manchem an Ausführungen der vorhergehenden Schrift des Verfassers »Zwischen ‚Rassismus' und ‚One-World' – Absage an eine programmierte Menschheit« (Saterland Verlag) anschließt, aufzuklären und die Zuversicht in den Auseinandersetzungen mit den widergöttlichen »Planern« zu stärken.

I. Kapitel: Die Verkehrung des Glaubens als Wegbereitung des Antichristlichen

1) Veränderung der biblischen Aussagen

»Es ist Zeit, daß anfange das Gericht an dem Hause Gottes« heißt es in 1. Petrus 4, 17. Entsprechend sollten auch wir Christen zuerst mit uns ins Gericht gehen, zuerst an uns ernste Anfragen richten, zuerst unsere Untreue in der Verkündigung aufzeigen und uns auf das Entscheidende und Wahre, auf unseren Auftrag besinnen. Wenn wir unseren Beitrag zur antigöttlicher und unmenschlicher werdenden Zeit untersuchen, so heißt dies weder, daß wir diesen Beitrag für den einzigen Beitrag halten, noch, daß wir die Beiträge außerchristlicher Kräfte geringschätzten, wohl aber, daß wir Fehlentwicklungen, Versäumnisse, Versuchungen, Gefahren u. dgl. sachlich in Augenschein nehmen, uns um eine Scheidung der Geister innerhalb unserer Kirche bemühen, auch die Worte: »Lasset uns nun zu ihm (hinausgehen) aus dem Lager und seine Schmach tragen« (Hebräer 13, 13) und: »Ziehet nicht am fremden Joch mit den Ungläubigen!« (2. Korinther 6, 14) überdenken und vor allem um eine sachliche und zeitgerechte Verkündigung ringen.

Der Satan setzt vor allem am Worte Gottes an, versucht es zu erweichen oder zu entkräften, zu verfälschen oder umzufunktionieren und es auch durch frevelhafte Abstriche oder Zusätze zu manipulieren. In der heutigen Zeit hat er hierin große Erfolge erzielt; manche »Verkündigung« steht sehr in seinem Dienste. Aber schon zur Zeit der Entstehung des Neuen Testaments mußte man sich in den urchristlichen Gemeinden mit verschiedensten Versuchungen und Unterwanderungen auseinandersetzen. Man braucht da etwa nur die Briefe des Apostels Paulus zu lesen. Auch später in der Kirchengeschichte zeichnete sich dies ab, daß die Irrlehrer entweder in der Kirche blieben, wo sie Verheerungen anrichteten – wie wir es auch in den heutigen Konfessionen sehen –, oder eigene Gemeinschaften bildeten, Sekten verschiedenster Art, die auch heute wuchern, sich weiterspalten und das Anliegen der Bibel in Verruf bringen.

Im Grunde geht es bei diesen Verfälschungsversuchen um die Urfrage, ob wir Gott oder dem Satan dienen wollen, für uns konkretisiert in der Frage, »Gott oder Mensch?«. Die Frage bleibt durchgehend aktuell, ob Gott unseren Mittelpunkt bildet oder der Mensch (und damit der einzelne selber, das »Ich«), ob wir unser Vertrauen auf Gott oder den Menschen setzen, ob wir Selbstrechtfertigung und Selbsterlösung auf unsere Fahnen geschrieben haben oder dankbar Gottes Gnade empfangen und uns mit der in Christus geschehenen Erlösung beschenken lassen.

Das Thema »Gott oder Mensch« klang stark (kaum in den Worten, aber in der Tendenz) in der religiösen Strömung der Gnosis an, der ersten großen Bedrohung der Christenheit. »Gnosis« heißt auf deutsch: »Wissen«. In der Gnosis und in entsprechenden Strömungen geht es nicht um das notwendige Wissen, ist dieses ja auch für das »Machet sie (die Erde) euch untertan!« in 1. Mose 1, 28, erforderlich, sondern um den Versuch, mit allem Wissen, auch mit dem Erkennen aller Geheimnisse – sei es auch im Überschreiten gebotener Grenzen – alles, selbst Gott in seine Hand zu bekommen. Durch ein gottgleiches Wissen will man alle Wirklichkeiten beherrschen, dies anstelle Gottes. Dieses Grundthema, das wir, und zwar mit der Spitze gegen Gott, nicht nur in der Gnosis, sondern auch in allen Religionen und Sekten finden in den verschiedensten und oft gegnerischen Abwandlungen, erscheint bereits in der Sündenfallsgeschichte in 1. Mose 3. Die Worte: »Ihr werdet sein wie Gott und wissen, was gut und böse ist« im 5. Verse zeigen, welche Hauptversuchung den Menschen sein Leben lang begleitet. Das »Sein wie Gott« und zwar vor allem durch ein »Wissen« ist daher auch das Thema der Welt- bzw. Menschheitsgeschichte, mit dem Ergebnis, nicht »wie Gott«, sondern sehr oft wie sein Gegenspieler zu sein. Dieses Thema erscheint im Neuen Testament auch im Gegenüber von »Gottes Weisheit« und »Weisheit dieser Welt«, »Menschenweisheit«, »Weisheit ... irdisch, menschlich, teuflisch« u. dgl. Sehr treffend sagt hierbei Paulus in 1. Korinther 8, 1: »Das Wissen bläht auf, aber die Liebe bessert.« Der hochmütige Mensch aller Zeiten, auf den die Worte in Kolosser 2, 18 zutreffen: »... der nach eigener Wahl einhergeht in Demut und Geistlichkeit der Engel, davon er nie etwas gesehen hat und ist ohne Ursache aufgeblasen in seinem fleischlichen Sinn«, stellt das anmaßende Wissen über den Glauben und über die Liebe. So stehen das frevelhafte Wissen und Glaube und Liebe einander gegenüber, wenn man auch meint, der Glaube bilde die niedere Stufe (für die gewöhnlichen Christen), aber durch das »Wissen« erreiche man die höchsten Stufen. Was nützen uns aber die »höchsten Erkenntnisse« (selbst wenn sie wahr wären), mit denen neugnostische Sekten locken, wenn man dabei sich im Mittelpunkt hat und die Liebe vernachlässigt?

Es gilt also, den Schatz, der uns mit den Zeugnissen der Bibel gegeben ist, unversehrt zu bewahren, mit ihm möglichst alle Menschen zu beschenken, sich um geistliche Reinheit und Reife zu bemühen und den Versuchungen zu widerstehen, sich und seine Gemeinschaft anderen Kräften zu öffnen, Kräften, die angeblich höher- oder weiterführen oder um unserer Welt oder Zeit willen die Bibel ergänzen müßten, in Wirklichkeit aber christus- und menschenfeindlich sind. Und dies vermögen wir nicht ohne die Bibel. Es ist darum notwendig, ihr auch ohne Wenn und Aber zu folgen. Jede Abänderung ist verhängnisvoll. Dies ist nicht so sehr ein Problem der Quantität als vielmehr eins der Qualität. Legt man etwas anderes in die Bibel hinein oder bringt, wie die Sekten, zusätzliche Lehren, so kann schon das Geringste eines solchen Ungehorsams verheerende Folgen haben. Es geht also nicht so sehr darum, wieviel mit Irrtum vermischt ist, kann doch bereits eine Winzigkeit anderer Herkunft Ausdruck eines großen Abfalls sein oder einen solchen zur Folge haben. Auch hier gilt das Wort in 1. Korinther 5, 6, »daß ein wenig Sauerteig den ganzen Teig versäuert.«

Zusätze oder Veränderungen lassen sich auch dadurch nicht rechtfertigen, daß sie »gut«, »schön«, »edel« u. dgl. sind oder es sein könnten, oder dadurch, daß die Betreffenden sich sehr »fromm«, sehr »religiös« geben. Irrlehren und Irrlehrer können sehr wohl im »heiligen« oder »christlichen« Gewande auftreten und tun es auch, und dies, weil es vom Verführer selber heißt (2. Korinther 11, 14) »Er selbst, der Satan, verstellt sich zum Engel des Lichtes«, nachdem im 13. Verse gesagt ist: »Falsche Apostel und trügliche Arbeiter verstellen sich zu Christi Aposteln.«

Zusätze sind auch schon unter dem Gesichtspunkte überflüssig, daß die Bibel ja die ganze Wirklichkeit im Auge hat und eine große Vielfalt zeigt (die u. a. auch die Vielfalt der Konfessionen und des kirchlichen Lebens verständlich macht). Gottes Wort hat eine »Bandbreite«.

Wir haben also die Bibel ganz ernstzunehmen, selbst mit ihren Aussagen, die nicht in ein enges Weltbild passen, so auch mit ihren eschatologischen Aussagen, wie mit denen von der Auferstehung und von der Wiederkunft Christi mit dem »neuen Himmel« und mit der »neuen Erde«, Aussagen, die die menschheitlichen Hoffnungen auf ein Paradies auf Erden als Illusionen entlarven.

Hierbei ist es wichtig, daß die Anhänger der Verbalinspiration und diejenigen, die eine geschichtliche, menschliche Entstehung der Bibel annehmen, aber durch Wirkung und Leitung des Heiligen Geistes (wenn auch in individueller, menschlicher Sprache und mit naturgegebenen Schranken – unter Ablehnung dessen, daß der Verstand oder das immanente Weltbild als oberster Maßstab gelten), im brüderlichen Gespräche bleiben. Entscheidend ist, daß die Gebote und Verheißungen Gottes ernstgenommen werden, welch eine Theorie man Ihrer äußeren Gestalt gegenüber auch haben mag.

2) Abwertung der Schöpfung und sogenanntes höheres Christentum

Der Ungehorsam Gott und seinem Worte gegenüber kann Folgen auch für unser Verhältnis zur Schöpfung haben und damit unser naturhaftes irdisches Leben stark beeinträchtigen. Die Geringschätzung bis hin zur Verpönung der Schöpfung kann vor allem zwei Gründe haben: weltflüchtige Gedanken und das erwähnte aufgeblasene »Wissen« mit der

Behauptung eines »höheren Christentums« und dem Versprechen, »höherer Erkenntnisse«, wobei eine »Vergeistigung« angestrebt wird, die entweder bedeutet, daß man alles sogenannte Irdische – angeblich – hinter sich läßt, oder, daß man dieses »höher zu heben« oder zu »vergeistigen« sucht.

Weltflüchtige Gedanken belasten bis heute das Christentum und bringen es unnötig in Verruf. Philosophische Gedanken (der Stoa und des Neuplatonismus), religiöse Gedanken (des Manichäismus) und gnostische Gedanken, die die Welt, besonders den Leib und vor allem die Sinnlichkeit abwerten, drangen ins Christentum frühzeitig ein. Schon das Neue Testament setzte sich scharf mit derartigen Strömungen auseinander (1. Timotheus 4,1: »Lehren der Teufel«). Die Sinnlichkeit mit dem Erotischen und mit der Sexualität wird heute noch im Christentum weithin als ein Fremd-, wenn nicht Feindkörper betrachtet. Als »böse Lust« galt und gilt da der Geschlechtstrieb. Hier hat eine unheilvolle Verkehrung stattgefunden: Nicht das Geschlechtliche als rein Naturhaftes, als Schöpfung wie alles andere Irdische ist »böse Lust« (auch nicht »die« böse Lust, gibt es doch auch ganz andere »böse Lüste«, auch nur im personhaften Raume), sondern der – personhafte – Wille, gegen das 6. Gebot zu handeln. Darum tut ein volles Ja zur Sinnlichkeit und ein volles, ebenso unbedingtes Ja zum 6. Gebot, not. Weder das eine noch das andere sollte auch nur irgendwie abgeschwächt werden.

Die durch weltflüchtige Gedanken hervorgerufene oder doch geförderte Vorstellung, durch Meidung des Irdischen und vor allem der Sinnlichkeit sei man ein besserer Christ oder überhaupt erst ein Christ, kommt den überheblichen »Wissenden« sehr entgegen, kann deren »Sein-wie-Gott«- Vorhaben besser tarnen oder »legitimieren«. Man braucht nur an das Bild des »Heiligen« in allen Religionen zu denken. Weil der Mensch sich nicht von Gott beschenken lassen will, nicht seine Gnade möchte, sondern durch Werke, fromme Werke, und da durch eine Art Überkompensation das Heil erreichen möchte, kommt es zur Gesetzlichkeit und Überfrömmigkeit, zur Verachtung oder »Vergeistigung« des Irdischen, zu Kasteiungen, zur Flucht in ein vermeintliches religiöses Leben usw.

Diese Flucht ins »heilige Leben« oder die bewußte Tarnung mit einem solchen »heiligen Leben« kann folgende Ursachen haben oder diese mit einplanen: 1) die erwähnten weltflüchtigen Ideen, 2) den Versuch, durch ein »mehr« über anderen zu stehen, 3) den Versuch der Selbstrechtfertigung, den des »Wie-Gott-Seins«, den der Entthronung Gottes und 4) den Versuch der »Selbstbestrafung«, einen Versuch, der auch psychologisch zu verstehen ist.

Solche »Heiligkeiten« üben auch eine Art moralischen Druck aus, solchen Leistungen oder höheren Erkenntnissen Anerkennung zu zollen und auch sich selber um sie zu bemühen. Wie befreiend sagt demgegenüber Martin Luther: »Was hat fremde Heiligkeit meine Freiheit zu plagen? Was hat fremder Eifer mich gefangenzunehmen? Es sei ein Heiliger und Eiferer, wer da will und so viel er will: Nur schade er den anderen nicht und raube mir nicht meine Freiheit!«

Schauen wir auf das, was als »heilig« angesehen wird, so könnte man immerhin eher denen eine »Heiligkeit zubilligen, die sich um sittlichen Fortschritt bemühen, als denen, die sich in vermeintlich höhere Erkenntnisse verlieren. Diese verkennen dabei u. a., daß geistige Erkenntnisse oder seelische Erlebnisse, Schauungen usw. an sich naturhaft sind, bestenfalls nur als solche und nicht im Dienste dunkler Mächte geschehen, von denen sie jedoch gewirkt sein können. Ein »Höher« im Naturhaften besagt angesichts des Personhaften nichts (so daß auch von daher in der Bibel Glaube und Liebe über solcherlei »Wissen« gestellt werden), dessen Fortschritt man nicht »höher«, sondern mit »reiner«, »besser« u. dgl. wiedergeben sollte, etwas, das unanschaulich ist. Gott will sich einem jeden unabhängig von seinen seelischen und geistigen Möglichkeiten und Erwerbungen zu »erkennen« geben. Auch deswegen ist das Evangelium schlicht.

3) Begünstigung des apersonalen Welt- und Menschenbildes

Allenfalls Deismus, aber sonst ein zunehmendes bloßes Immanenzdenken aufgrund eines verkürzten Wirklichkeitsverständnisses (des »Positivismus«, »Materialismus« u. dgl.) kennzeichnet unsere letzten Jahrhunderte. Diesem unzulänglichen und damit falschen Weltbilde entspricht ein gleichermaßen verfehltes Menschenbild, materialistischen und marxistischen Ursprungs. Weil beide Irrlichter nicht nur in der Welt fast die Alleinherrschaft angetreten haben, sondern sich weithin auch in der Kirche nach oben gespielt haben, sei nun auf das rechte Menschenbild verwiesen, das auch den Weg zum rechten Weltbilde freimacht.

Kennt das Menschenbild von Marx, Freud und anderen letztlich nur ein »Produkt der Natur«, allenfalls eine Höchststufe der Schöpfung, so läßt das wirklichkeitsgerechte und auch biblische Menschenbild den Menschen gerade nicht in der Schöpfung, nicht im Naturhaften aufgehen, sondern kennt auch etwas, das unabhängig vom Naturhaften in ihm und um ihn herum ist und das eigentliche Menschsein ausmacht.

Der Mensch gehört eben zwei Bereichen an, dem *naturhaften* Bereiche, den er mit der Tierwelt gemein hat, und der aus dem Leiblichen, Seelischen und Geistigen (im Sinne des Intellekts) im Raume der Naturgesetze besteht, und dem *personhaften* Bereiche, in dem es (formal) volle Freiheit und damit Verantwortlichkeit – in der Wahl zwischen Gut und Böse – gibt; er ist hierin Person. Mit dem Satz, daß Gott den Menschen »ihm zum Bilde« schuf (1. Mose 1, 27) und ihm den »lebendigen Odem« einblies (1. Mose 2, 7), wird das Geheimnis des »Menschen«, sein Personsein angedeutet. Auch sonst unterscheidet die Bibel Naturhaftes und Personhaftes. So heißt es in Römer 6, 13: »Begebet nicht der Sünde eure Glieder . . ., sondern begebet euch selbst Gott . . .!« Hiermit besteht ein wesentlicher Unterschied zwischen »Glieder« und »euch selbst«. Das Personhafte gibt die Bibel häufig mit »Herz« wieder, z. B. in Matthäus 15, 18 und 19.

Die Synthese von »Natur« und »Person« bzw. ihr »Zugleich« im Menschen bedeutet aber keinen wechselseitigen Austausch. Wohl kann die Person auf die naturhaften Bestandteile bzw. Wirkungsmöglichkeiten des Menschen einwirken, aber nicht umgekehrt. So gibt es z. B. auch keine Vererbung von »Gutem« und »Bösem«, sondern nur eine von naturhaften Dingen.

Der »gefallene« Mensch hat als »Mensch«, als Person nur noch die formale Freiheit. Die materiale Freiheit – in seiner Beziehung zu Gott, zum Mitmenschen und zu sich selbst und in seinem Verhalten zur Schöpfung – hat er verloren, ist »unter die Sünde verkauft« (Römer 7,14), so daß wir, im Unterschiede zu Erasmus' Votum, die Worte Luthers vom »unfreien Willen« unterstreichen sollten. Durch Christus, allein durch ihn erfolgt die Befreiung: Die Befreiung des Willens, des »Herzens«, des Menschen. Aber nur eine Minderheit läßt sich »befreien«, und auch diese wird nie sündlos. Entgegen allen weltlichen Wunschträumen wird nie der Zustand eintreten, daß der Mensch und so die Menschheit wirklich gut geworden sein werden und es daher ewigen Frieden geben wird. Wiederholt benebeln sich Menschen mit einem seichten optimistischen und utopistischen Welt- und Menschenbilde, und bereiten sich und anderen böse Überraschungen.

Das wirklichkeitsgerechte Menschenbild wird leider auch in der Kirche mehr und mehr zugunsten des marxistischen Menschenbildes preisgegeben. Da sieht man alles nur innerhalb des Naturhaften und meint darum, auch der Frage des Glaubens und der Liebe nur innerhalb des Naturhaften und nur mit seinen Mitteln gerecht werden zu können. Personhafte Dinge werden da als naturhafte Dinge angesehen, denen man auf dem Wege der Psychologie, Soziologie, Verhaltensforschung u. dgl. beikommen könnte, die in ihrem Bereiche durchaus ihre Berechtigung haben. Die wachsende Vorliebe für die auch sonst gefährliche Gruppendynamik gehört auch hierher.

Sieht man Personhaftes naturhaft, so meint man, auch Gott nur naturhaft begegnen zu können. Das marxistische Menschenbild fördert es, daß auch die Transzendenz entschwindet, einer apersonalen Immanenz Platz macht – und da hat man einen »Gott« ohne Transzendenz, der eine Verlegenheit bedeutet. Gibt es nichts Personhaftes, so kann man auch nicht recht einen personhaften und persönlichen Gott haben, folgerichtig überhaupt keinen Gott. (Näheres zur Gottesfrage in der Kleinschrift des Verfassers »Christentum und Kommunismus – Unüberwindbare Gegensätze« als Beiheft 27 des Monatsblattes der Ev. Notgemeinschaft in Deutschland e. V. »Erneuerung und Abwehr«, 1978).

Bei fehlender Transzendenz kann man auch das Gegenüber von Gott und Schöpfung nicht recht sehen und bestimmen. Vielfach wird da Gott bloß als ein Teil der Schöpfung, etwa »in der Tiefe«, oder als eine Hilfskonstruktion zur Erreichung ihres vermeintlichen Zieles gesehen, als eine mehr oder weniger entbehrliche Hilfskonstruktion, so daß das Gerede vom »Tode Gottes« nur folgerichtig ist.

Wo das Gott verleugnende und den Menschen vergewaltigende Welt- und Menschenbild in der Kirche heimisch wird, kann man Gott und den Menschen auch nur noch naturhaft sehen und um so mehr personhaft falsch handeln, besteht ja doch das verleugnete oder verdrängte Personhafte fort, das sich in seiner Gottfeindschaft unter der Maske des Naturhaften raffinierter tarnen kann. Da spricht man zwar noch von »Gott«, von »Glaube«, »Liebe« u. dgl., meint aber mit diesen Begriffen oft etwas anderes, kann etwa nicht mehr recht zwischen Gemeinschaft und Geselligkeit unterscheiden (z. B. beim »Feierabendmahl«), verliert sich in Randfragen oder in Fragen, die man unter fremdem Segel angeht (so wird ja auch der Unterschied von Kirche und Welt verwischt), in allerlei Aktivitäten und in unfruchtbarer Betriebsamkeit. Eine solche Kirche setzt antigöttlichen Kräften keinen rechten Widerstand mehr entgegen, sondern überläßt ihnen sehr leicht das Feld oder bildet sogar deren Avantgarde.

4) Angabe mit Mystik und dunklen Ekstasen

Die Veränderung und Erweichung der biblischen Botschaft, das ichsüchtige Streben nach »höheren Erkenntnissen« und nach einem »höheren Christentume« und in manchem auch das materialistische

Welt- und Menschenbild können ein Streben nach pantheistischer, naturalistischer und sonstiger Mystik und nach außergewöhnlichen (vermeintlichen) Geistesgaben begünstigen oder hervorrufen. In letzter Zeit ist das Interesse an diesen Dingen wie auch an allerlei christuslosen und -fernen Meditationen und an verschiedenen Formen des Yoga gestiegen, unterstützt durch das Geheimnisvolle östlicher Religionen und der »Jugendreligionen«, wie auch durch »Trips« im Drogenrausche. Diese Bestrebungen, auch wenn sie naturhafte, oft bloß technische Wege beschreiten, sind nicht naturhaft, keineswegs neutral, sondern ihnen liegen personhafte Entscheidungen zugrunde, und sie haben es auch mit Personhaftem, eben mit Götzen – wie z. B. Yoga mit indischer Religion und deren Götter – zu tun.

Mystik treffen wir in verschiedensten Religionen an, dies u. a. als einen – vergeblichen – Versuch, die Kluft zwischen dem personhaften Gott und dem personhaften Menschen durch Aufhebung eines naturhaft gesehenen Unterschiedes zwischen Gott und Mensch zu schließen, indem der Mensch mit Gott (naturhaft) »eins« werde, mit »Gott« verschmelze (oder mit der »Natur«, mit dem »Universum« u. dgl.), und dadurch womöglich selber Gott werde, weshalb manche Mystiker in der Ekstase »Ich bin Gott!« ausriefen. Also wollte man oft nicht nur Gott »genießen«, wobei man bestenfalls nur sich selber »genoß«, sondern »wie Gott sein«, ja selber Gott sein. Die durch Techniken und Methoden erreichte Verschmelzung der Mystiker mit Gott war bestenfalls eine rein seelische Erscheinung und sofern mit »Gott«, nicht mit dem Vatergott Jesu Christi, sondern mit einem Götzen (falls sich Gott entgegenkommenderweise nicht doch zeigte). Sucht der von Christus Ergriffene die personhafte Nähe Gottes, so sucht der Mystiker bestenfalls die erotische, pantheistische und sonstige naturhafte Nähe Gottes. Eine echte Gottesbegegnung geschieht nicht durch Techniken und Methoden und nicht auf dunklem Wege.

Sofern sich christliche Mystiker des Mittelalters um biblische, personhafte und christozentrische Komponenten ihrer Mystik bemühten, kann man ihre Mystik eher als »christlich« bezeichnen. Aber das Gefährliche ist, daß christliche Elemente das Widergöttliche des mystischen Weges tarnten und es »hoffähig«, sprich: kirchenfähig machten. Etwas wesentlich anderes war und ist es, wenn Gott von sich aus mystische Erlebnisse schenkt. Auch bei den Propheten gab es Ekstasen, Visionen und Auditionen; aber sie wurden nicht mühsam und egozentrisch hervorgerufen, sondern stammten von Gott. (Näheres zur Mystik im Buche des Verfassers »Evangelische Kirche – wohin?«, Seite 131 ff.)

Eher noch verhängnisvoller als mystische Versuche sind Versuche, technisch, methodisch und egozentrisch außergewöhnliche, wenn nicht absonderliche sogenannte Gnaden- oder Geistesgaben zu erlangen. Pfingstler und ihre heutigen Nachfolger, Anhänger verschiedenster charismatischer und ähnlicher Gemeinschaften, beanspruchen, die in der Urchristenheit lebendigen besonderen Gnadengaben, wie Zungenreden, außerordentliche Heilungserfolge, wiedererlangt zu haben. Ohne diese Gaben an sich zu diskreditieren, sie sind ja legitim christlich, muß doch betont werden, daß hier nicht der »Geist von oben«, der Heilige Geist am Wirken ist, sondern der »Geist von unten«. Wir finden hier zumindest eine Nähe zum Okkultismus; manches ist wohl ausgesprochen okkultistisch, ist »Besessenheit«, die auch sonst zur Hellsichtigkeit, zum Geistersehen, zur Levitation und zu anderen paranormalen Erscheinungen führen kann. Schon in den frühesten schwarmgeistigen Strömungen zeigten sich solche Dinge. Engelerscheinungen, Privatoffenbarungen mit »Stimmen« und »Schauungen«, Stigmata und andere Erscheinungen, die als besondere Zeichen der Heiligkeit angesehen oder ausgegeben werden, sind fast durchweg satanischen Ursprungs. Daß die Pfingstler die am meisten zersplitterte und sich weiter zersplitternde Sekte bilden, straft schon ihre Behauptung Lügen, das Pfingsten der Apostel wiedergebracht zu haben; und das Durcheinander des Zungenredens in der charismatischen Bewegung widerspricht z. B. 1. Korinther 14,27.28: »So jemand mit Zungen redet, so seien es ihrer zwei oder aufs meiste drei, und einer um den andern; und einer lege es aus. Ist aber kein Ausleger da, so schweige er in der Gemeinde ...« Bezeichnend auch, wie Paulus selbst das unanfechtbare Zungenreden einschätzt. Er schreibt im 19. Verse: »Ich will in der Gemeinde lieber fünf Worte reden mit meinem Sinn, auf daß ich auch andere unterweise, denn zehntausend Worte mit Zungen.« Also ist es auch hier nichts mit einem »höheren Christentume«. Diese augenfälligen, gewiß (auch mit ihrer Frömmigkeit und oft großem Ernst) beeindruckenden und »ansteckenden« Bewegungen sind eine besondere Gefahr für die Christenheit. Um so mehr gilt es, sich an die Bibel zu halten.

Der christliche Glaube ist sowohl in der Verkündigung als auch in seinem Vollzuge schlicht und natürlich, führt zu dem wahren Geistlichen und hemmt das Menschsein gerade nicht, sondern entfaltet es mit all seinen Anlagen und guten Fähigkeiten, läßt so auch der Freude den ihr gebührenden Platz und wehrt gerade aller Verkrampfung, aller Verachtung des Irdischen, allem »Überchristentume«, allen »Seelenmassagen oder -manipulierungen« und aller Flucht in die Mystik oder ins »Pfingstlerische«, »Charismatische« u. dgl. Der christliche Glaube nimmt froh und dankbar alle drei Glaubensartikel ernst: den von der Schöpfung, den von der Erlösung und den von der Heiligung.

(Ergänzendes und Weiteres zu diesen Fragen mit Betonung aktueller Verfälschungen der Kirche finden wir in III, 6 und IV, 3.)

II. Kapitel: Religiöse, philosophische und okkulte Hintergründe der »endzeitlichen« Entwicklung

1) Versuchungen aus Religionen und religiösen Strömungen

Religionen und religiöse Strömungen bedrohten nicht nur den christlichen Glauben, sondern beeinflußten im Morgen- und Abendlande auch das weltliche Leben der Menschen in Kultur, Lebensgestaltung und Lebensgefühl, und tun es auch heute. Die alten Religionen wirken zumindest im Untergrunde fort – und da fand die griechische und römische Götterwelt in gewissen Epochen erneut große Beachtung –, und die Gnosis, der Manichäismus, religiös auftretende Philosophien, der Mithraskult und andere Mysterienreligionen, das Druidentum, die geheime theosophisch-spiritistische Bruderschaft der Rosenkreuzer (die u. a. auf die Freimaurerei einwirkte) und andere dunkle Strömungen haben wohl einen größeren Einfluß ausgeübt, als man es meist annimmt, und sind zum Teil auch heute eine Versuchung. Seit den letzten Jahrhunderten ist auch ein stärkeres Interesse an Religionen des Ostens festzustellen, und in jüngster Zeit für die sogenannten Jugendreligionen. Neugnostische Bewegungen wie die spiritistisch beeinflußte Theosophie und Anthroposophie und allerlei ähnliche Strömungen und Sekten sind am Niedergang der Neuzeit beteiligt. Bezeichnend ist auch das wachsende Interesse an a- bis antichristlichen Meditationen.

Ohne manch Bestechendes und Wertvolles in diesen Religionen und religiösen Strömungen zu leugnen, müssen wir doch sehen, daß ihnen das »Wie-Gott-Sein-Wollen« innewohnt und sie mehr und mehr einen antichristlichen Charakter annehmen. Ob es sich um Religionen, um Gnosis, um Mystik, um Pantheismus, um philosophische Gottes- und Weltanschauungen, um Magie, um alle möglichen »Subkulturen« – in den verschiedensten Ausprägungen, Kombinationen und Fortentwicklungen – handelt, so ist in ihnen doch der Drang stark, den Menschen in den Mittelpunkt zu stellen, letztlich im Dienste des Satans bzw. Antichristen, wird ja doch von der »Welt« abgrundtief gehaßt, was Jesus sagte und tat.

Auch unter diesem Aspekte sollten wir den wachsenden Synkretismus (= Religionsmengerei) sehen. Schon beim an sich richtigen und notwendigen ökumenischen Denken der Christenheit (Johannes 17, 21:

»auf daß sie alle eins seien«) sehen wir, wie es von einem anderen Geiste begleitet, umworben und bedroht wird, der, in einem Haß auf die Wahrheitsfrage, die Verachtung oder Zerstörung allen konfessionellen Erbes und Gutes betreibt, eine Nivellierung, ein verhängnisvolles »Auf daß sie alle gleich seien» anstrebt. Schon in diesem Bemühen zeigt sich z. B. die »charismatische Bewegung« als antichristlich. Man möchte auch sonst das Konfessionelle und zugleich das Eigentliche des christlichen Glaubens zerstören und damit auch die Grenze zu den Religionen, um zu einem allgemeinen Religionsmischmasch zu kommen und damit zu einer Welteinheitsreligion, die man für die geplante Welteinheitsgesellschaft für notwendig hält. Diese Tendenz tarnt sich vorerst meist mit »Dialogen«: man spricht von einem »Dialoge mit Religionen«, von einem »Dialoge mit dem Judentum« und von einem »Dialoge mit dem Marxismus« (bezeichnenderweise nicht von einem »mit dem Faschismus«); aber es gibt vermehrte Anzeichen, daß es nicht bei einem »Gespräche« bleiben soll. Die Kirche und die Menschheit sind aufs Höchste gefährdet.

Weil die Menschheit immer ratloser wird, sich in zahlreichen Sackgassen befindet, geht ein unheilvolles Suchen vor sich. Mehr und mehr wird in der »Welt«, im »Menschen« und in den Religionen gesucht und gehorcht, ob sich da nicht Auswege abzeichnen. Was wir da an Naturhaftem finden, könnte an sich unsere Schöpfung bereichern; aber unter dem genannten Aspekte, und damit als Ersatz für Personhaftes und Geistliches, kann es ebenfalls zerstörerische Wirkungen ausüben, durch »uns«. Und das Personhafte, das wir finden, wird, sofern es im Dunkeln steht – und in den Religionen kann alles Personhafte dunkel werden – gefährlich, wird dämonisch, wird »menschlich« im negativen Sinne. Bestenfalls kann das Personhafte in der Welt Philipper 4,8: »Was wahrhaftig ist, was ehrbar, was gerecht. . ., dem denket nach!« entsprechen. Dieses Gute ist aber im Christentum sowieso vorhanden, und dazu unter anderem Vorzeichen. Es ist darum Abfall, wenn eine unsicher gewordene Kirche wähnt, bei Religionen naturhaft wie personhaft Anleihen machen zu können. Als Christen haben wir nicht auf das Gute in den Religionen zu »schauen«, soviel wir da auch zu respektieren haben mögen, und haben uns nicht von dem Bösen in ihnen bannen zu lassen (so wie man über Sünde und Tod nicht meditieren darf, da sie einen leicht hinabziehen), sondern haben in dieser Frage allein und noch mehr auf Jesus Christus zu schauen und uns daher in die Heilige Schrift zu vertiefen. Da dies nun selbst in den Kirchen weithin nicht mehr getan wird, kommt es auch in ihnen zu einer Ziellosigkeit und zu einer Zerrüttung, und die Welt wird noch ratloser und, mit der Kirche, anfälliger für allerlei dubiose Einheitsbestrebungen.

Auch dort, wo man sich nicht ausdrücklich oder nur verwaschen »religiös« gibt, kann man im Dienste der synkretistischen Welteinheitsbewegung stehen. W.A. Visser' t Hooft, früher Generalsekretär des Ökumenischen Rates der Kirchen, Genf, schreibt in den »Informationen Juni 1978 »der Evangelischen Sammlung in Württemberg in seinem Artikel »Im Zeitalter des Neuheidentums: »Die neue Religion ist nicht mehr nur die Religion von kleinen, auserwählten Gruppen, die schöne Literatur lesen oder die an den Wagner-Festspielen in Bayreuth teilnehmen... Der Film, die Tagesliteratur und das moderne Theater bieten die neue Religiösität allen dar, die Ohren haben zum Hören und Augen zum Sehen. Die Botschaft lautet, daß das Leben selbst göttlich ist und daß die Zeit gekommen ist, sich frei zu machen von den lebensverneinenden Lehren und Vorschriften des christlichen Glaubens... Es ist höchste Zeit, daß die Christen begreifen, daß sie mit einem neuen Heidentum konfrontiert sind... Diese Konfrontation zwingt uns dazu, eine gründliche Reinigung vorzunehmen, eine Reinigung der Botschaft, die wir der Welt gebracht haben; sie zwingt uns, zu den Quellen zurückzukehren, denn sie weist uns wieder hin auf die niemals vollständig entdeckten Schätze der wahren Offenbarung.« Und weil diese nie vollständig entdeckt sind, sollte man nicht woanders suchen.

2) Versuchungen aus der Philosophie und aus den Weltanschauungen

Neben, mit und in religiösen Strömungen oder auch als religiöse Strömungen haben auch philosophische Strömungen die Menschheitsentwicklung und -geschichte oft unheilvoll beeinflußt. So wurde z. B. der christliche Glaube nicht nur von der Gnosis, sondern auch, von Anfang an, vom Rationalismus bedroht, besonders durch Begegnungen mit Philosophien. Diese haben an ihrem Platze ihre Notwendigkeit, und etwa als »ancilla theologiae« (= Magd der Theologie) haben sie auch gute Dienste geleistet. Aber dort, wo entweder sie selber einen Absolutheitsanspruch erhoben oder wo man ihren Aussagen die höchste oder alleinige Wirklichkeit zuerkannte, kam es zu verhängnisvollen Verkehrungen der Wirklichkeit. Sah man etwa Gott und Mensch durch die Brille der Philosophien, so sah man sie genauso blaß, leblos, starr und gleichsam als Konstruktionen wie die Philosophien, die bloß Hilfsgerüste zum Erkennen der Wirklichkeit geben wollten oder konnten.

Konnte schon in Philosophien – vielleicht unbewußt – Antigöttliches mitschwingen oder die Tendenz, den Menschen in den Mittelpunkt zu stellen, so kann es, womöglich durch gewisse Philosophien bedingt oder verstärkt, auch zu geistesgeschichtlichen und kulturellen Strömungen und Epochen kommen (dieses oft Wechselseitige und besondere Miteinander von Theoretischem und Praktischem liegt im Zugleich von Naturhaftem und Personhaftem des Menschen), die das »Wie-Gott-Sein«-Wollen fördern. Renaissance, Humanismus, Aufklärung, Liberalismus und auch Revolutionen der letzten Jahrhunderte haben gewiß so manche Erkenntnis und so manchen Fortschritt gebracht, die wir nicht missen wollen, aber auch eine ungute Emanzipation bewirkt.

Es ist deutlich zu sehen, wie ein sehr bedeutender Teil der Philosophie zu immer größeren Verkürzungen und Einseitigkeiten führte. Von einem blassen »Gott«, der aber immer noch erste Ursache in allem Geschehen war, kam man im Pantheismus letztlich zur Nivellierung Gottes und im Deismus zu einem »Gott«, der zwar die Welt geschaffen hat, aber nicht mehr in die Natur und ins Weltgeschehen eingreift, schließlich im Positivismus, Materialismus, Marxismus u. dgl. zur völligen Leugnung Gottes (entsprechend dort, wo man die Psychologie, Soziologie und andere das Naturhafte betreffende Disziplinen absolut setzt). Hand in Hand mit dieser Entwicklung ging ein immer stärkeres Zurücktreten der Transzendenz zugunsten der Immanenz, bis es zum bloßen Immanenzdenken oder Immanenzglauben kam. Dieser Verlust an Weite und Offenheit machte sich auch innerhalb der Immanenz bemerkbar: es kam zum unbedingten Determinismus, zum strengen Kausalitätsdenken, das erst in letzter Zeit wieder erweicht wird, besonders durch neue Erkenntnisse in der Physik, die schon den kleinsten Partikeln eine gewisse Freiheit zubilligen und in unserer Welt Vielschichtigkeit und Offensein annehmen lassen (aufschlußreich das Sonderheft zum »ibw Jornal«, Dezember 1979: Thomas F. Torrance »Determinismus und freie Schöpfung aus der Sicht der Theologie«, herausgegeben vom »Deutschen Institut für Bildung und Wissen e. V.«, Berlin, und das Buch »Weltformel contra Schöpfungsglaube« von Horst W. Beck, Theologischer Verlag, Zürich, 1972).

Als ein kleiner Exkurs ein Gedanke aus der erwähnten Kleinschrift des Verfassers »Christentum und Kommunismus – Unüberwindbare Gegensätze« (Seite 5) zur Gottesfrage: »Noch vordergründig, wenigstens unzureichend ist es, wenn man die Gottesfrage in der Frage der Ewigkeit oder Nicht-Ewigkeit der Welt ausficht, in der Frage, ob die Materie ewig sei, oder ob Gott die Welt geschaffen habe. Ist es schon wenig überzeugend, daß die Materie – ob ewig oder nicht ewig – von selbst entstanden sei, so sollte man den Kommunisten die nicht minder folgenreiche Frage stellen, wie es zum Personsein des Menschen, eben zum ›Menschen‹ habe kommen können, der als solcher eben nicht der naturgesetzlichen Schöpfung entstammt . . . Kann man die Person, und da nicht nur ein Exemplar, sondern in Milliarden Exemplaren, von selbst entstanden denken? Die Kommunisten kämen, wenn man sie vor die Frage des Personseins stellte, in folgendes Dilemma: Betrachteten sie die Person nicht als ewig, müßte man sie fragen, wieso das Höhere, weitaus Gewaltigere nicht ewig, die Materie dagegen ewig sein sollte; und betrachteten sie die Person (auch) als ewig, müßte man sie fragen, warum es dann nicht auch außer- oder übermenschliche Personen geben sollte und da vor allem die Person Gottes. Es kommt ja zur Frage des Schöpfers der Person dies hinzu, daß die Verantwortlichkeit des ‚Menschen' den voraussetzt, demgegenüber man die letzte Verantwortung besitzt. Schon rational ist also die Position des Kommunismus in der Gottesfrage schwach«, und dann: »Das Contra des christlichen Glaubens gegen den Atheismus und Antitheismus hat sein Schwergewicht nicht im Bereich der Argumente, sondern in der geistlichen Auseinandersetzung: in der Verkündigung Jesu Christi.«

Die geschichtliche Entwicklung des Abendlandes als Niedergang in personhafter wie naturhafter Hinsicht mit fortschreitendem Verlust der Transzendenz und die Verlagerung bzw. der Abstieg des Lebens in immer niedere Bereiche des naturhaften Menschseins finden wir treffend durch Herbert Kremp, den Chefredakteur der Tageszeitung »Die Welt«, in seinem Buche »Am Ufer des Rubikon« (Seewald Verlag, Stuttgart, 1973) erfaßt. Er spricht vom »Sinndefizit« und von der »Entfremdung als metaphysischer Angelegenheit« und auf Seite 57 stehen die treffenden Sätze: »Ein wütender, alles zerstörender Ausfall gegen die Transzendenz überhaupt, ein Zurückkriechen in den biologischen Zirkelrhythmus des Lebens gehört denn auch zu den letzten Erscheinungen dieser Entwicklung. Am Sturz des ideologischen Planeten, den unsere Heilssehnsucht aus sich entließ, an der Materialschlacht seiner Zerstörung, waren wir beteiligt.«

In Anlehnung an diese Gedanken könnten wir den Abstieg ganz grob folgendermaßen skizzieren: Es kam mehr und mehr zur Ablösung der Theologie durch die Philosophie bzw. des Glaubens durch die Aufklärung. Als (letztlich teilweiser) Gegenschlag gegen den Rationalismus und den durch ihn gezeugten Fortschrittsglauben mit dem Kapitalismus und mit der äußeren Weltdurchdringung kam es auf der einen Seite zur Betonung des »Bios« (Bergsohn, Nietzsche bis hin zur »Blut- und Boden-Ideologie«), auf der anderen Seite zum Marxismus und Neomarxismus. Hierbei schreibt Kremp auf Seite 119: daß . . . der Bolschewismus die Totalisierung des Gesellschaftsprozesses, der Nationalismus die Totalisierung des Lebensprozesses darstellt. Beide entfernen sich von der Gegenwart in dem Sinne, daß sie die Lösung in der Zukunft beziehungsweise in der zeitlosen Fixierung eines bestimmten Zustandes suchen.«

Man könnte den Abstieg damit auch folgendermaßen sehen: Vom Personhaften zum Naturhaften und dann dort vom »Geist« zur »Seele« mit der Vergötzung der Psychologie und Tiefenpsychologie, wie auch der Soziologie, des Behaviorismus u. dgl., und dann zum »Leibe« bis hin zum bloßen Genußleben mit der Sex-, Porno- und Rauschgiftwelle und sogar zur rein »technischen« Betrachtung des Lebens – der Mensch eine Nummer, ein Objekt für Statistiken, für den Computer und für Planungen. Es gibt auch Abstiege in eine Teilwirklichkeit gleicher Ebene, so den Nationalismus und neuerdings den Feminismus, eine sich als ganzes fühlende Teilideologie im marxistischen Raume. Und begleitet wird all dieser Abstieg vom Abstieg vom Glauben zum Skeptizismus bis hin zum Nihilismus, von einem Abstiege, der die erwähnten Abstiege zumindest mit verursacht.

Auf eine dem Abstiege ins Niedere ähnelnde Tendenz, die zugleich ein »Zurückkriechen« bedeutet, weist Georg Huntemann hin, z. B. in seinen 10 Thesen (niedergelegt im Flugblatte »Vatermord und Gottesmord«), vorgetragen am 20. Oktober 1979 in der Beethovenhalle zu Hannover vor dem Theologischen Konvent der Konferenz Bekennender Gemeinschaften in der Evangelischen Kirche in Deutschland. Er erwähnt hierbei den zerstörerischen Einfluß der neo-anarcho-marxistischen Philosophie, schreibt u. a.: »Freiheit wird heute als Freiheit von Gott verstanden. Vor allem aber wird in dieser Flucht vor Gott die Geborgenheit des Kollektivs gesucht, das wie eine heidnisch-vorchristliche, göttliche Urmutter verehrt und in deren Schoß die Geborgenheit vor dem Lebenskampf gesucht wird. Unser Zeitalter ist ein Zeitalter der Flucht vor der Herausforderung des Lebens, vor Individualität, Verantwortung und Überwindung im Lebenskampf«, »Die Orientierungslosigkeit unserer Jugend wurzelt im Ungehorsam gegen Gottes Wort und endet in der Katastrophe des Chaos« und »Die Rückkehr zur Natur (Naturalismus), das Eintauchen in die Masse, die Verachtung christlicher Tradition, die Verherrlichung der Vitalität als unmittelbares, rauschhaftes Leben, die Verhöhnung von Personalität und Individualität führen zur Auflösung willenhafter Daseinsgestaltung, zur Verachtung von Pflichtbewußtsein. Es bleibt Ehrfurchtlosigkeit und Schamlosigkeit eines nur lustbetont umhergetriebenen Menschseins.«

Wenn es im allgemeinen nicht um eine Abwertung der genannten Richtungen in ihrem Positiven, Berechtigten und in ihrem Wahrheitsgehalt zu gehen hat, so ist doch ihre Tendenz, und d. h. des Menschen Tendenz in ihnen, zu sehen, nämlich sie absolut zu setzen, in ihnen zu »wohnen«, zu »wurzeln« u. dgl., auch, daß sie nicht nur gegen das Vorhergehende bzw. »Höhere« und gegen ihre Konkurrenz (wie z. B.

der Marxismus gegen den Faschismus) kämpfen, sondern immer noch und womöglich verstärkt gegen das Personhafte, gegen die Transzendenz und gegen Gott. Da diese drei Größen immer noch bestehen, wovon auch das »Anti« zeugt, kann es auch zum positiven Bezug kommen. Den hat es z. B. bei den Christen alle Jahrhunderte hindurch auch in allen ideologischen Gefängnissen gegeben. Da unsere Weltanschauung und unser Lebensgefühl weithin von unserem »Wohnen« geprägt werden und niemand sich den geistigen, kulturellen und weltanschaulichen Tendenzen des »Zeitgeistes« ganz entziehen kann, werden unser Leben und unser Menschsein durch diese Richtungen oder Strömungen sehr erschwert. Darum ist es notwendig, daß wir, ohne alles Positive in ihnen zu übersehen und unbenutzt zu lassen, wieder die rechte »Rangordnung« sehen und setzen, ein rechtes Verhältnis zum Personhaften, zur Transzendenz und Gott finden, und damit auch in rechter Weise zum Naturhaften, zur gesamten Schöpfung.

Heute wird alles bis ins Letzte bedroht. Am Zerstörungswerk nehmen nicht nur weltanschauliche Strömungen, sondern auch religiöse und okkulte Strömungen teil und vereinen sich – bei allem ständigen oder zeitweisen Kampfe gegeneinander – im Kampfe gegen Gott und Mensch. So schrieb der Verfasser in »Zwischen ‚Rassismus' und ‚One-World'« auf Seite 45: »Das materialistische Welt- und Menschenbild ist weltweit und rasch auf dem Vormarsche. Die Stoßrichtung des Kampfes geht gegen beides: *Gegen Gott* und damit gegen die Sittlichkeit – und *gegen die natürlichen Ordnungen*, d. h.: gegen Ehe, Familie, Volk, Tradition, Heimatliebe usw., so mit der Zerstörung der Sittlichkeit und der natürlichen Ordnungen *gegen den Menschen selber.*« Der Kampf geht gegen Gott und gegen das von ihm Geschaffene, auch bis ins Kleinste und Niederste hinunter; er geht gegen Gott, gegen die Transzendenz, gegen das Personhafte und das Naturhafte des Menschen und gegen seine Individualität und Originalität, wobei man auch das naturhafte Ich durch gruppendynamische Prozesse auflösen bzw. umfunktionieren will, und er geht bis ins Letzte gegen die außermenschliche Schöpfung. Es ist also um Gottes, der Menschheit und der Schöpfung willen erforderlich, daß wir diesem Generalangriffe nicht nur standhalten, sondern auch zum Gegenstoß kommen, eine Gegenbewegung schaffen, ein Umdenken und eine Umorientierung einleiten. Und hier haben wir Christen eine besondere Aufgabe, anstatt womöglich eine Avantgarde des antichristlichen Generalangriffes zu bilden.

3) Versuchungen aus dem Okkultismus

Der zerstörerische Einfluß des Okkultismus wird meist unterschätzt, sofern überhaupt wahrgenommen. Religionen, religiöse Strömungen und Sekten enthalten mehr oder weniger okkulte Elemente, manchmal als wesentliche Bestandteile, und wo im christlichen Raume Glaubenswahrheiten erweicht, verfälscht oder gestrichen werden, nistet sich auch in ihm der Okkultismus ein. Der Okkultismus in all seinen Formen, wie Aberglaube, Spiritismus, Astrologie usw. bis hin zum Yoga, zum autogenen Training, zum Mesmerismus, zur Homöopathie, Biochemie u. dgl. kann – bis ins 3. und 4. Glied – okkult belasten bis hin zu Besessenheiten, wie wir sie im Neuen Testament finden, dunkle Folgen, die weithin eine Ablehnung oder Verfälschung des Wortes Gottes bewirken (hierüber z. B. die Bücher »Seelsorge und Okkultismus« von Dr. Kurt Koch, jetzt bei M. Rahner, Knüllweg 4, 36341 Lauterbach, zu beziehen, und »Okkultismus im Angriff« von Richard Kriese, Hänssler-Verlag, Neuhausen-Stuttgart, 1976).

Der Okkultismus ist in der Tat »im Angriff«, ist auf raschem Vormarsche: In Brasilien gibt es spiritistische »Kirchen« mit Millionen Anhängern, fast in jeder Zeitschrift findet man Horoskope, okkultistische Literatur in Büchern und Zeitschriften weitet sich aus, und das Amuletten- und Maskottchenunwesen wächst. Sogar der seit Urzeiten vorhandene Satanskult kommt, ähnlich wie das Hexenunwesen (und mit ihm), mehr und mehr ans Tageslicht. Der Okkultismus wie der Satanskult – oft verbunden mit Rauschmitteln, Porno u. dgl. – dringen auch in die moderne Musik ein, bzw. haben sie weithin mitgezeugt und benutzen sie nun als Lockmittel auf dem antichristlichen Vormarsche. Und Okkultismus wie Satanskult verbünden sich dabei mit Religionen und Weltanschauungen in einer Hochstimmung, der »neuen Welt«, in einem Geiste, der vielfach mit dem schillernden Worte »Spiritualität« bzw. »neue Spiritualität« ausgedrückt oder verdeckt wird. Diese »neue Welt« ist im Grunde die »alte Welt«, wobei der Satan, der im Johannesevangelium der »Fürst dieser Welt« genannt wird, zum letzten Schlage ausholt. Das »Neue« ist die besondere antichristliche Tarnung und Spitze dieses Kampfes gegen Gott, eine endzeitliche Steigerung des Bösen. All diese Hintergründe und Tendenzen sollten beachtet werden, wenn wir das Phänomen der One-World-Bewegung betrachten.

III. Kapitel: Die antichristliche One-World-Bewegung in Umrissen

1) Weltherrschafts- und Weltvereinigungspläne

Eine weltumgreifende Herrschaft haben schon viele erträumt und dabei oft alles verloren. Neben diesen Welteroberungsplänen nationaler oder persönlicher Art gab und gibt es auch internationale und übernationale Ziele der Weltdurchdringung. Ursprung und Ziel der Weltumfassung können sehr verschieden und vielschichtig sein, können die Welt sogar transzendieren, wie es etwa der christliche Glaube tut, der universal, aber nicht kosmopolitisch ist. Weltherrschaftspläne treten auch als Weltverbesserungspläne auf (auch Weltverbesserungspläne oder -versprechungen können im Grunde Weltherrschaftspläne sein oder sich zu solchen mausern); sie greifen nach der Weltmacht zumindest mit dem Anspruche, den ersehnten Weltfrieden und das Menschheitsglück zu bringen.

Über- oder internationale, kosmopolitische, kosmoreligiöse – wie etwa im Islam – u. dgl. Weltbeglückungspläne sind keineswegs für die Menscheit vorteilhafter oder weniger verheerend als nationale und persönliche Welteroberungspläne; sie können deshalb sowohl in ihrer Reichweite und negativen Auswirkung als auch in ihrer »menschen«- und »menschheitsfreundlichen« Tarnung jene übertreffen.

Weder die einen noch die anderen Pläne sollten schlechthin verteufelt werden: Sie können in der Tat eine gewisse Befriedigung und einen gewissen Wohlstand bringen. Aber da sie den Menschen und die Wahrheit der Offenbarung des Johannes verkennen, gehen alle Ideologien und Pläne, die ein irdisches Paradies schaffen wollen, in die Irre. Unbestritten, daß wir relative Paradiese schaffen können und sollen, aber gerade wenn wir mit unserer Macht ein ewiges Paradies auf Erden schaffen wollen, schaffen wir leicht eine Art Hölle.

Gerade wenn man um dies – schuldhafte – Verhängnis weiß, wird man den Verfechtern der verschiedensten Ziele nicht pauschal den guten Willen absprechen. Überall kann es edle, opferbereite Menschen geben, und das Böse kann überall an unerwarteten Stellen hervorbrechen, weil »der« Böse durchaus am Werke ist. Hierbei muß aber gesehen werden, daß manche persönliche Fehlentscheidung und verhängnisvolle Weichenstellung und besonders manche Idee oder Ideologie das Böse begünstigen. Darum haben wir nicht nur einzelnen Menschen und Nationen, sondern auch weltanschaulichen und religiösen Strömungen gegenüber wachsam zu sein.

Auch für die Hoffnung auf »eine« Welt sollten wir Verständnis haben.

»Eine« Welt, das sollten wir in der Tat sein, und daß wir angesichts der großen gemeinsamen Probleme und Nöte und angesichts der bedrohlichen Zukunft eine gemeinsame, über alle einzelnen und über nationale und kontinentale Interessen hinausgehende Verantwortung haben, sollte unbestritten sein; wir sollten alle tatkräftig unterstützen, die sich über die gemeinsame Zukunft verantwortliche Gedanken machen und sich über kleinliche Zänkereien hinwegsetzen. Jedoch, die bisherige ideologische und geschichtliche Entwicklung der One-World-Bewegung kann uns eher befürchten lassen, daß die »eine« Welt einen kaum vorstellbaren Niedergang erlebt oder ein universales Gefängnis wird. Auch sollte gesehen werden: Selbst wenn es einmal zur Welteinheitsgesellschaft oder zum Welteinheitsstaate oder zu beiden kommen sollte (läßt sich doch auch eine Welteinheitsgesellschaft ohne einen Welteinheitsstaat schlecht denken, und umgekehrt), gäbe es doch bis dahin furchtbare Entscheidungsschlachten der miteinander konkurrierenden Gesellschaftsideen, bis eben eine als Alleinsiegerin hervorginge oder – ein kaum wahrscheinlicher Fall – alle ideologische Richtungen auf ihr Monopol verzichteten und eine Welteinheitsgesellschaft als eine Kompromißgesellschaft bildeten (für wie lange?). Diese Vorbedingungen machen es verständlich, daß ein Welteinheitsstaat nicht nur im Dienste einer Ideologie stehen könnte, sondern es wohl auch müßte, und zwar – der Beschaffenheit der Menschen wegen – als eine Diktatur. Und wohin könnte man vor ihr noch fliehen?

Was uns von »Einweltlern« noch blühen kann, zeigt folgender Ausspruch von James Warburg vom Council on Foreign Relations (CFR) vor einem Vierteljahrhundert vor dem außenpolitischen Senatsausschuß der USA: »Wir werden zu einer Weltregierung kommen, ob Sie es wollen oder nicht – durch Unterwerfung oder Übereinkunft« (»Die Rockefeller-Papiere« Garry Allen, Verlag für Angewandte Philosophie, Wiesbaden, 1976, Seite 126) und noch deutlicher die unverhüllte Drohung des ersten Präsidenten der United World Federalists Cord Meyer, auch CFR- Mitglied, für den Fall, daß der ersehnte Zustand der »Einen Welt« eingetreten sein wird: ». . . nachdem sie sich einmal der Föderalistischen Weltregierung angeschlossen hat, wird keine Nation mehr abfallen oder revoltieren können. . . denn mit der Atombombe in ihrer Hand würde die Bundesregierung (der Welt) diese Nation von der Erdoberfläche wegblasen können« (ebenda, Seite 108). Einer solchen Zwangswelt sollen wir entgegengehen?

Stellen wir uns der Frage der One-World-Bewegung, so mögen wir nicht nur die im Auge haben, die sich ausdrücklich zur »einen« Welt ihrer Ideologie gemäß bekennen, sondern alles, was zur antichristlichen Universalmacht hindrängt. Es ist ja hier nicht alles geplant oder auch nur bewußt in Angriff genommen, geschweige denn alles organisiert, wiewohl wir auch dies zu beachten haben. Weithin geschehen Schritte zur dunklen »einen« Welt nur durch den Druck des »Zeitgeistes« oder verschiedener Ideen (die diesen »Geist« mitbilden), die einem bestimmten Welt- oder Menschenbilde entstammen oder entsprechen. Auch sollten wir uns beim Geplanten wie Ungeplanten der One-World-Bewegung sowohl vor Verallgemeinerungen als auch vor

Verabsolutierungen einer Strömung oder Gruppe hüten, darum etwa nie sagen, daß es »die« Freimaurer, »die« Juden, »die« Kommunisten seien.

Hat man sich in der Frage der One-World-Bewegung so sehr wohl vor Einseitigkeiten und Verabsolutierungen zu hüten, so gewiß auch vor starren Weltverschwörungstheorien, die unnötige Angriffsflächen bieten und dem Vorschub leisten, daß man nun auch berechtigte Hinweise und Warnungen als böswillig hinstellt oder doch lächerlich macht. Es wäre aber falsch, weltweite Verschwörungen und Pläne zu leugnen. Was uns weit mehr begegnet, sind Verharmlosungen, oft unbegreifliche Verharmlosungen. Diese können aus folgenden Gründen geschehen: 1) weil man die Wahrheit beim Anblicke des Grauenhaften der Zukunft nicht ertragen kann; man verdrängt sie, da man befürchtet, sonst den Lebensmut zu verlieren, 2) weil man vom Positiven der »Weltveränderung« so überzeugt ist, daß man das Negative nicht sieht oder für unbedeutend hält und 3) weil man die Menschen bewußt irreführen möchte, damit sie diesen »Veränderungen« keinen Widerstand entgegensetzen.

Historisch und konkret gesehen, ist allerdings, bei aller Vorsicht gegenüber Verschwörungstheorien, zu beachten, daß wir unter denen, die die »Eine Welt« besonders vorbereiten und propagieren, vor allem Marxisten und Neomarxisten, Linksliberale, linke Gruppen in den Kirchen und gewisse Finanz- und Wirtschaftskreise finden und daß wir dabei den Einfluß dunkler Geheimorganisationen zumindest vermuten können.

Wie weit die Pläne zur »Einen Welt« bereits gediehen und Teilziele schon erreicht worden sind und was für Menschen und Gruppen sie verwirklicht haben und nach dem Endziele streben, ist nur wenigen bekannt; und welches die tieferen Absichten mancher »Einweltler« sind, liegt so gut wie völlig im dunkeln. Über solche Dinge informiert man nicht oder doch nur sehr vordergründig oder schönfärberisch verdrehend. In der folgenreichen Frage der »Einen Welt« genügt es auch nicht, über theoretische Möglichkeiten nachzudenken. Hier muß man konkret werden, das Erkennbare wahrnehmen und beurteilen.

2) Der Beitrag der Illuminaten zur One-World-Bewegung

Die ersten modernen »Einweltler« waren die »Illuminaten«, ein Geheimorden, der von Adam Weishaupt gegründet wurde. M. Basilea Schlink schreibt im Büchlein »Kurz vor der Christen-Verfolgung« (Ev. Marienschwesternschaft Darmstadt-Eberstadt, 1974) auf Seite 18: »Der

Professor des Kirchenrechts hatte sich fünf Jahre lang in Alchemie und Hexerei einführen lassen und, unter dem Deckmantel der Münchner Freimaurer-Loge, okkulte Praktiken ausgeübt. Dieser als atheistische Institution gestiftete Orden pflegte nicht nur Okkultismus und Satanismus, sondern verfolgte auch politische Ziele: 1. Den Umsturz der Regierungen und Religionen, besonders des Christentums; 2. Die Auslösung eines Chaos mit Hilfe von Revolutionen und Kriegen, um dann selbst die Macht zu ergreifen und eine Weltherrschaft mit dem Satanismus als verbindlicher Staatsreligion aufzubauen ... In Frankreich hatten sich die Jakobiner als fanatischste Gruppe der Freimaurer den Illuminati angeschlossen. Sie waren es, die die grausame französische Revolution mit dem Blutbad unter den Christen schürten. Weishaupt, später auch der ‚Patriarch der Jakobiner' genannt, war in seinem Orden bekannt unter dem Namen ‚Spartakus'. Dieser Name tauchte in Deutschland bei marxistischen Gruppen, den sogenannten ‚Spartakisten', nach dem Ersten Weltkrieg wieder auf, die 1918/19 blutige Unruhen auslösten. Daran war auch der bis heute einflußreiche Philosoph Herbert Marcuse beteiligt. Aus dem Spartakusbund entstand 1919 die KPD. Heute kennen wir wieder eine marxistische Studentenbewegung namens ‚Spartakus'. Die wichtigsten Strömungen, die aus der Gedankenwelt der Illuminati mit ihrem Satanismus und daher Gottes- und Christenhaß hervorgingen, sind der Kommunismus, der Anarchismus, der Nationalsozialismus und der Faschismus.«

Curtis B. Dall – Schwiegersohn von Präsident Franklin D. Roosevelt – schreibt in »Amerikas Kriegspolitik« (Grabert-Verlag, Tübingen, 1975) auf Seite 255: »Auf der Grundlage mehrerer älterer europäischer Geheimverbände gründete Adam Weishaupt am 1. Mai 1776 (dem Mai-Tag der Kommunisten) den Orden der Illuminaten oder der Erleuchteten ... sein Plan wurde eine revolutionäre Weltverschwörung mit dem Ziel, alle bestehenden Regierungen und Religionen zu zerstören. Stattdessen wollte er eine Einwelt-Regierung errichten, die jedoch von einem sorgfältig ausgewählten Despoten beherrscht werden sollte.«

Gary Allen schreibt in »Die Rockefeller-Papiere« auf Seite 810 »Die ‚Neue Weltordnung' ist nur eine Übersetzung des novo ordo seclorum der Illuminaten.«

An der Wiege der One-World-Bewegung standen somit Okkultismus, Anarchismus und Satanismus. Ihre Urheberschaft und ihr Einfluß läßt sich nicht bestreiten, auch wenn die Einweltler sich mit einem »menschlichen« Gesichte tarnen.

Der Marxismus stand und steht in einem gewissen Zusammenhange mit dem Illuminatentum. Abgesehen vom bereits Erwähnten – »Das kommunistische Manifest« von Karl Marx wurde von Clinton Roosevelt und Horace Greely direkt finanziell unterstützt. Bemerkenswert ist, daß Clinton Roosevelt 7 Jahre vorher ein Buch veröffentlicht hat, in dem er Weishaupts Muster von der Ein-Welt-»UN«-Diktatur darstellt (Dall, Seite 255). Dieser gemeinsame Ursprung und diese Verwandtschaft erklären auch, warum Einweltler des Westens den Kommunismus und Sozialismus so stark unterstützen, bei allen – oft nur an der Oberfläche liegenden – Gegensätzen. So schreibt Gary Allen (»Die Rockefeller-Papiere, Seite 129): »Die Bolschewisten kamen . . . nicht an die Macht, weil die unterdrückten Massen in Rußland sie gerufen hätten, sondern weil sehr mächtige Männer in Europa und in den Vereinigten Staaten, darunter die Mitglieder der Familie Rockefeller, sie hingeschickt hatten . . . Das größte Geheimnis ist aber geblieben, daß die Finanzierung der Revolution während dieser ganzen Zeit von den Superkapitalisten im Westen, und vornehmlich in den Vereinigten Staaten, vorgenommen wurde.«

Von der Verwandtschaft zwischen Illuminatentum und Marxismus – vom gleichen dämonischen Hintergrunde – zeugt auch dies (»Ideologien-Herausforderung an den Glauben«, Seite 176), »daß Karl Marx- . . . sich in seinen studentischen Jahren dem Satansdienst zuwandte und dabei sogar eine Hymne auf den Teufel schrieb unter dem Titel »Oulanem« (Verdrehung des Namens Emanuel).« Die Verdrehung oder Umkehrung gehört wesentlich zum Satanskult, so wie das Verdrehen zum Satan. Sehr bezeichnend die Worte in Marx' Jugenddrama: »Mich umarmend wird die Welt stumm vergehen und dann in das äußerste Nichts hinabsinken, vernichtet, ohne Existenz – das hieße wirklich leben.«

3) Der Beitrag der Freimaurerei zur One-World-Bewegung

Die »Eine-Welt«-Bewegung hat ihre Impulse besonders aus dem Freimaurertume empfangen und erhält auch heute aus ihm eine starke ideologische und politische Unterstützung. Wieweit die »Eine-Welt« im einzelnen von Freimaurern direkt geplant und forciert worden ist, läßt sich (bei einer Geheimorganisation!) natürlich schwer feststellen. Es kann aber nicht bestritten werden, daß viele der maßgeblichen Einweltler Freimaurer sind, und daß die Idee der Gleichheit und andere Ideen, die in der »Eine-Welt«-Bewegung richtungweisend sind, wesentlich zum Freimaurertum gehören. Sprache und Zielvorstellungen verraten die Nähe zur geplanten »Einen Welt« im Bulletin Nr. 43 des »Großorients von Frankreich« (einem »Europabericht« der »Liga Europa« entnommen): »Die Freimaurerei, wie wir sie verstehen, transzendiert gleichzeitig die Katholische Kirche und den Kommunismus ... Die Katholische Kirche deshalb, weil wir feststellen, daß sich diese nur durch Verneinung ihrer ganzen Vergangenheit am Leben erhält ... Ganz allmählich über einen Papst des Fortschritts zum nächsten Papst des Fortschritts richtet sich die römische Kirche auf unsere Ideale aus. Den Kommunismus deshalb, weil wir der Ansicht sind, daß dieser in der Evolution der Menschheit seinen berechtigten Platz hat. Ihm haben wir es zu verdanken, daß die menschliche Gesellschaft auf verschiedenen Ebenen größerer sozialer Gerechtigkeit und wirtschaftlicher Gleichheit teilhaftig wird.« Wenn man bedenkt, daß laut »Figaro-Magazin« vom 18. November 1978 der Kommunismus seit seinem Bestehen in verschiedenen Teilen der Welt insgesamt 143 Millionen das Leben gekostet hat und welche Sklaverei und Unterdrückung in leiblicher, seelischer, geistiger und geistlicher Hinsicht im kommunistischen Machtbereiche zu finden sind, muß man solche Worte fast zynisch finden, ihnen jedenfalls entnehmen, wie verwandt sich die Freimaurerei dem Marxismus und anderen Ideologien der »One-World« fühlt.

(Ausführlicheres zur Freimaurerei in IV, 1.)

4) Der Beitrag jüdischer Strömungen zur One-World-Bewegung

Auch die Rolle des Zionismus in der »Eine-Welt«-Bewegung darf nicht unterschätzt werden. Dall spricht auf Seite 161 von der Rothschild-Bankgruppe« und fügt hinzu: »Sie sollen 1919 die Urheber des Council on Foreign Relations gewesen sein, die die Vereinten Nationen und das Ein-Welt-Projekt forderten.« Auf Seite 121 spricht er vom »großen Einfluß, den die Welt-Zionistenbewegung auf die amerikanische Außenpolitik ausübte«, und sagt von diesem Thema, daß »es im politischen Raume absichtlich im Dunkeln gehalten wird« und spricht auf Seite 134 von einem »Ablenkungsmanöver«, eines »Hirn-Trusts«: »Es diente dazu, die öffentliche Aufmerksamkeit von einigen mächtigen prozionistischen Beratern Roosevelts, die emsig hinter den Kulissen arbeiteten, abzulenken.«

Der jüdische Einfluß erschöpft sich nicht im Zionismus. Auch andere jüdische Strömungen und einzelne Juden haben sich an der Vorbereitung der unseligen »Einen Welt« beteiligt, und manche der heutigen progressiven Danaer-Geschenke hatten schon vor Jahrhunderten ihre Vorläufer. So gelangte bereits die pseudomessianische Bewegung der Sabbatianer, von Sabbataj Zbi um 1666 geschaffen (unter dem Einflusse der Kabbalah, einer Wesensverwandten und Vorläuferin christusfeindlicher religiöser Strömungen und Geheimorganisationen, die nun in die »Eine-Welt«-Bewegung eingemündet sind), zum Nihilismus und Anarchismus wie auch zur Perversion der geltenden Moral, indem die alte Sexualmoral auf den Kopf gestellt wurde, Erscheinungen, die auch heute stark unter jüdischem Einflusse stehen.

Auch der Kommunismus ist weithin, wenn nicht vorwiegend, jüdisches Werk, sowohl theoretisch – und da haben wir nicht nur an Karl Marx zu denken – als auch praktisch. Jüdische Hochfinanz finanzierte die Revolution in Rußland, und auch die anderen kommunistischen Revolutionen wurden fast durchweg von Juden durchgeführt. Z. B. wurde 1919 in Bayern die Räterepublik von Eisner und zehn anderen Juden gegründet, in Ungarn 1919 durch Bela Kuhn (Cohn), von dessen 26 kommunistischen Führern 18 Juden waren. Das bolschewistische Zentralkomitee Rußlands bestand 1918 aus 9 Juden und bloß 3 Russen. Von einem Total von 502 Ämtern ersten Ranges in der Organisation und Leitung der kommunistischen Revolution Rußlands und in der Leitung des sowjetischen Staates während der ersten Jahre seines Bestehens sind nicht weniger als 459 von Juden besetzt gewesen, während nur 43 dieser Ämter andere innehatten, also nicht einmal ein Zehntel. Auch heute ist das Verhältnis in Rußland nicht wesentlich anders: Von den 9 höchsten Männern sind etwa 6 Juden. Auch die Militärführung, Wirtschaft, Geheimpolizei usw. sind fast ganz in jüdischer Hand. Auch Ungarn, Tschechoslowakei, Polen, Rumänien und Jugoslawien werden weithin von Juden geleitet.

Über den überaus starken jüdischen Beitrag zur kommunistischen Revolution schreibt Henry Ford in seiner 1976 durch die White Power Publications (P. O. Box 55 A, Liverpool, W, V. A. 25257, USA) neuverlegten Schrift »Der internationale Jude« auf Seite 188: »Sowjetrußland wäre überhaupt nicht möglich gewesen, wenn nicht 90 v. H. der Kommissare Juden gewesen wären«, auf Seite 187: daß ». . . die jüdische Finanz in allen Ländern am Bolschewismus als einem jüdischen Unternehmen interessiert war. Während der Kriegszeit verbarg sich das jüdische Welt-Programm unter diesem oder jenem nationalen Namen – die Alliierten schoben die Schuld auf die Deutschen, die Deutschen auf die Alliierten, die Völker aber wurden in Unkenntnis über die wahren Hintermänner erhalten . . . Schlußfolgerung, daß die bolschewistische Revolution ein sorgsam vorbereitetes Unternehmen von seiten der internationalen jüdischen Finanz gewesen ist«, auf Seite 188: »Die ‚jüdische Chronik' in London sagte 1891: ‚Von großer Bedeutung ist die Tatsache des Bolschewismus selbst, die Tatsache, daß so viele Juden Bolschewisten sind, die Tatsache, daß die Ideale des Bolschewismus in vielen Punkten mit den höchsten Idealen des Judaismus übereinstimmen« und auf Seite 209: »Der jüdische Umsturz in

Rußland wurde von New York vorbereitet und ausgerüstet. Die gegenwärtige jüdische Regierung Rußlands wurde fast vollzählig aus dem unteren Ostteil New Yorks hinüber befördert.«

Nicht uninteressant dürfte im Hinblick auf die »Eine-Welt«-Bestrebungen die Tatsache sein, daß auch im Westen der jüdische Einfluß auf verschiedenen Gebieten unverhältnismäßig groß, wenn nicht überwiegend oder führend ist. So waren im Kabinett des US-Präsidenten Ford fast sämtliche der etwa 13 Minister – »Sekretäre« genannt – Juden (wobei zu sehen ist, daß die unverhältnismäßig große jüdische Beteiligung an der Leitung nur begrenzt dunklen Machenschaften zuzuschreiben ist, sondern den Fähigkeiten des jüdischen Volkes – und da wäre ein Neid auf jüdische Tüchtigkeit genauso abzulehnen wie ein Neid auf deutsche Tüchtigkeit –, und daß Gott so segnen kann, wie wir es im Buche Daniel finden). Diese Dinge lassen sich auf die Dauer nicht verschweigen, auch wenn man die Aufdeckung dieser Zusammenhänge als einen »Antisemitismus« brandmarken möchte in Verkennung dessen, daß gerade die starke jüdische Beteiligung am Bau der furchtbaren, im Grund antichristlichen »Einen Welt« zu neuen und womöglich weltweiten Judenverfolgungen führen kann. Dankbar möge zugleich betont werden, daß viele Juden engagiert gegen den »Eine-Welt«-Plan kämpfen. Es dürfte nicht uninteressant sein, daß z. B. besonders unter den Juden der USA ein starker Rechtsruck zu bemerken ist, Ähnliches in Rußland, wo junge Juden Christen werden.

(Näheres – unter Abwehr des Antisemitismus –
über den jüdischen Einfluß in IV, 2.)

5) Der Beitrag des Rockefeller-Imperiums und verschiedener Konzerne und Linksbankiers zur One-World-Bewegung

Hinter den Einwelt-Bestrebungen stehen auch mächtige Familien. Neben den Rothschilds sind es die Rockefellers, die ein weltweites Imperium errichtet haben, wohl das mächtigste. Daß der Einfluß der Rockefellers im Council on Foreign Relations (CFR) sehr groß ist, daß sie 1945 die Vereinten Nationen geschaffen haben, daß die Trilateral Commission von David Rockefeller geschaffen worden ist, daß bei den Präsidentenwahlen in den USA mindestens seit 1952 sowohl der Kandidat der Republikaner als auch der Kandidat der Demokratischen Kandidaten Rockefellers waren (so daß, ganz gleich, welcher Kandidat siegt, der Präsident »ihr« Mann ist; wie weit die Demokratie in den USA auch durch solche Machenschaften zur Farce geworden ist, zeigt das Goldmann-Taschenbuch »Halleluja – Die Geschichte der USA« von Joachim Fernau, 1977 by F. A. Herbig Verlagsbuchhandlung, München / Berlin) – die auf diese Weise ihre Macht nicht nur behielten, sondern sogar vergrößerten – und daß sie eine wohl nicht zu überbietende Wirtschafts-, Finanz- und Pressemacht darstellen, zeigt eine Machtkonzentration, die, selbst wenn sie nicht unter sehr negativen Vorzeichen stünde, für die Menschheit gefährlich wäre. Es schreibt Gary Allen in den »Rockefeller-Papieren« auf Seite 80: »Die Lösung ... liegt für die Rockefellers seit mehr als fünfzig Jahren klar auf der Hand: Man gründe eine Weltregierung, die man kontrolliert, und sorge dafür, daß diese Regierung über alle anderen herrscht«, auf Seite 198: »Die Rockefeller-Leute besetzen die Schlüsselpositionen, insbesondere auf den Gebieten Außenpolitik und Finanzen. Das Haus Rockefeller ist die Macht hinter dem Thron«, auf Seite 99: »Der Einsatz der Psychologie und der Propaganda oder, wenn man es so sagen will, der Gehirnwäsche, ist keine kommunistische Erfindung. Er wurde im Westen in solchen Häusern wie dem von Rockefeller finanzierten Tavistock Institut in England entwickelt. Ebenso wie die Kommunisten haben die Rockefellers diese Werkzeuge benutzt, um sich Menschen geistig gefügig zu machen. Die heimlichen Verführer von der Madison Avenue, die Leute aus dem Denktank der Ran Corp. oder dem Hudson-Institut können die öffentliche Meinung manipulieren, und sie tun es auch« und auf Seite 209 über die unter dem Einflusse der Rockefellers stehende Weltbank: »Der gegenwärtige Chef der Weltbank ist ... Robert Strange Mc. Namara. Es ist sicher nicht überraschend, daß sich Mc. Namara bemüht, die Kredite der Weltbank zur Finanzierung des Sozialismus zu vermehren ... im Einklang mit der CFR-Politik ist Mc. Namara dabei, die Weltbank dahin zu bringen, daß sie ihr Geld in den kommunistischen Block pumpt.«

Verhängnisvoll ist auch, daß der ehemalige Vizepräsident Nelson Rokkefeller unter Einsatz von Stiftungen, Organisationen, Instituten, Rundfunkanstalten, Presse usw. die Abtreibung propagiert. Dr. H. Knowles, Präsident der Rockefeller-Stiftung, sagte 1973, daß es »Aufgabe des privaten wie öffentlichen Sektors ist, die Entwicklung der legalen Abtreibungen zu beschleunigen, auf daß sie in den USA 1,2 bis 1,8 Millionen pro Jahr erreichen.« Er sieht gesetzlichen Druck vor, um zu Massenabtreibungen zu zwingen, und erhebt sich gegen Institutionen, die eine Alternativlösung vorschlagen (»Das Rockefeller-Unternehmen«, Vortrag von Dr. E. Tremblay, Paris, am 21. Februar 1976 in Innsbruck).

Von den Rockefellers wurde und wird auch ein unheilvoller Einfluß auf Kirchen ausgeübt. Wenn wir heute erleben, wie politisiert Kirchen sind, wie weit im marxistischen Sinne unterwandert und vielfach zu Avantgardisten der One-World-Bewegung geworden, so ist dies kein unerklärliches Naturereignis, sondern schon vor Jahrzehnten geplant. Gary Allen schreibt (»Die Rockefeller-Papiere«, Seite 63 und 64): »Seit vielen Jahren finanziert die Rockefeller-Dynastie das Union Theological Seminary in New York, das schon viel dafür getan hat, die Geistlichkeit sozialistisch-faschistisch zu infizieren und die alten Inhalte des Christentums zu zerstören. Das sehr einflußreiche Seminar ist heute dafür bekannt, daß auf ihm ‚Christ-Kommunisten' ausgebildet werden. Die religiöse Menschenfreundlichkeit der Familie kam eine ganze Reihe von Jahren hauptsächlich dem Federal Council of Churches (Bundesrat der Kirchen) zugute, der vom Geheimdienst der amerikanischen Marine 1936 als eine der gefährlichsten umstürzlerischen Organisationen des Landes eingestuft wurde ... In seinen vielen offiziellen Erklärungen griff der Bundesrat das freie Unternehmertum, den Kapitalismus und die amerikanische Lebensart an und machte sich zum nachhaltigen Fürsprecher des Sozialismus ... Der Bundesrat ... wurde zum Nationalen Rat der Kirchen, der heute für sich in Anspruch nimmt, mehr als vierzig Millionen Protestanten zu vertreten.«

Auch große Konzerne beteiligen sich am Aufbau der mörderischen »One-World«. Einer Besprechung des Buches »‚Wodka-Cola' – die gefährliche Kehrseite der wirtschaftlichen Zusammenarbeit zwischen Ost und West« (Rowohlt Verlag) von Charles Levinson in »Der Beobachter«, 1970, Nr. 2, sind die Sätze vorangestellt: »Aus westlichem Kapital und östlichem Rückstand macht eine Handvoll internationaler Spekulanten das größte Geschäft aller Zeiten. Da sie gleichzeitig auch über die Insignien der Macht verfügen, ist der gigantische Coup nach allen Seiten abgesichert. Die Operation trägt den Decknamen ‚Entspannungspolitik'. Die Akteure sitzen in Washington und Moskau, in Rom und Paris, in Bonn und London. Die Verlierer sind die Menschen aller Völker – sind Staaten und Nationen.« Es wird gezeigt, wie Schlüsselpositionen von Leuten des Coca-, Pepsi-Cola und IBM-Konzernes besetzt werden. So erfahren wir: »Sechs wichtige Regierungsposten sind von ehemaligen Mitgliedern oder Partnern des IBM-Vorstandes besetzt« (in den USA). Zu beachten sind auch die Worte »Wodka-Cola-Pakt zwischen Kommunismus und Kapitalismus läßt natürlich keinen Raum für nationale Anliegen. Auch nicht für Menschenrechte.«

Es ist auch sonst nachteilig, wenn Volksvertreter durch Verquickung ihres Auftrages mit persönlichen Interessen in Abhängigkeiten geraten und so leicht bloß noch ein Gruppeninteresse, »ihr« Gruppeninteresse vertreten. Es ist nachteilig und bedeutet eine Einengung der Entscheidungsfreiheit, daß z. B. ein ungewöhnlich hoher Prozentsatz der CDU-Politiker im Vorstande (zum Teil als Vorsitzende) von Industrieunternehmen und Banken sind; so haben 1975 von den Mitgliedern des CDU-Bundesvorstandes mindestens 18 enge Beziehungen zur US-Hochfinanz (so auch außenpolitisch in gewisser Weise »gebunden«), und unter den SPD-Abgeordneten findet man viele Gewerkschaftsführer – als hätte man eine Arbeitgeber- und eine Arbeitnehmerpartei. Solche Verquickungen können zum Verfall der wahren Demokratie beitragen, indem eine Entwicklung begünstigt wird, die im Parlamente fast nur noch Lobbyisten sitzen läßt an Stelle von Volksvertretern, die das Wohl der Gesamtheit zwar gemäß ihrer Erkenntnis und Überzeugung, aber selbst zum Nachteile eigener Interessen im Auge haben. Daß viele gegen die polypenhafte Macht der Konzerne, der Gewerkschaften usw. sind, die durch ihren Einfluß auf die Politik bzw. durch ihre Unterwanderung der Politik ihren Vorteil zuungunsten der Allgemeinheit suchen können, ist verständlich und teilweise auch berechtigt, sollte aber nicht dazu führen, »Das Kind mit dem Bade auszuschütten«. Man sollte den multinationalen Konzernen, den Gewerkschaften und anderen keineswegs den ihnen gebührenden und doch auch für die Allgemeinheit nicht unwichtigen Platz bestreiten oder mißgönnen, aber wachsam gegenüber Grenzüberschreitungen sein, damit z. B. »das Recht nicht gebeugt werde.« Eine Demokratie, in der durch Besetzung aller wichtigen Stellen nur die Interessen einzelner Unternehmen oder Cliquen zum Zuge kommen, dazu über alle Maßen, hat aufgehört, eine Demokratie zu sein. Daß der Weg zur »Einen Welt« von Anfang an vom Hange zur wirtschaftlich-politischen Cliquen-Herrschaft gekennzeichnet ist, spricht auch unter diesem Gesichtspunkte gegen die »Eine Welt«.

6) »Kirchlicher« Beitrag zur One-World-Bewegung

Die im I. Kapitel genannten Verkehrungen des christlichen Glaubens und eine »Offenheit«, wenn nicht »Öffnung« für antichristliche Ideen und Ziele der »One-World-Bewegung« haben Kirchen oder doch kirchliche Kreise zu Vorkämpfern der »One-World« gemacht. Die Kirchen sind weithin unterwandert, zum Teil so, daß sie willfährige Werkzeuge für antichristliche Bestrebungen abgeben. Bei verschiedensten One-World-Bestrebungen und bei dunklen Kräften, die hinter ihnen stehen, machen Kirchen mit, teils blindlings und »im guten Glauben«, teils mit einem gewissen Unbehagen, aber indem sie sich einreden, daß diese »Entwicklung« notwendig sei, so daß sie die Gefahren, auch die Gefahren solcher Bundesgenossenschaften herunterspielen, jedenfalls unterschätzen, vielleicht unterschätzen wollen. Deswegen, ja auch um der Kirche willen, ist es notwendig, daß wir die Gefahren sehen und beim Namen nennen, auch die Hintergründe gegensetzlicher Bewegungen deutlich machen, und dabei niemanden auslassen, auch wenn man sich an ihm auch noch so schuldig gemacht hat.

In Kirchen finden wir die zunehmende Tendenz, ihren Auftrag durch Vermischung mit Sachfremdem zu verfälschen und das Amt, »Frieden zu stiften« (Matthäus 5, 9), zu vermitteln, mit einer einseitigen Parteinahme zu vertauschen, dazu auf sachfremdem Gebiet. Dies vermehrt die Verwirrung und den Niedergang in Kirche und Welt. Ein Beispiel für dieses »neue Verständnis« als Parteinahme, dem auf politischer Ebene die Verkehrung der Demokratie in »Demokratisierung« entspricht: Im Monatsblatte der Evangelischen Notgemeinschaft in Deutschland e. V. »Erneuerung und Abwehr« vom August 1976 lesen wir folgendes über die Umprogrammierung der evangelischen Studentengemeinden: »Die ESG-Geschäftsstelle bekannte in dankenswerter Offenheit 1973 in einem Flugblatt: Seit 1967 habe die ESG aufgehört, ein neutrales Forum aller Meinungen, ein Vermittler in den Konflikten aller Parteien an der Hochschule zu sein. Sie entwickelte sich zu einem Forum, auf dem die Auseinandersetzungen für eine Veränderung der Gesellschaft stattfinden.« Wohin diese »Veränderung der Gesellschaft« – die nie ein biblisches Ziel war und daher nie ein kirchliches Ziel sein kann, vielmehr ein neomarxistisches Ziel ist – geht und wozu sie gebraucht wird, kann man den Einweltlern mehr und mehr entnehmen.

In den Zusammenhang »christlicher« Einwelt-Bestrebungen gehört es, daß auch »progressive« Christen das »Friedenszeichen« – ein auf dem Kopfe stehendes Kreuz, auch bekannt als Petrus-Kreuz mit abfallendem Balken oder als Todesrune – tragen, das z. B. vom »Ostermarsch« wiederaufgegriffen worden war. Über dieses antichristliche Zeichen schreibt Richard Kriese (»Okkultismus im Angriff«, Seite 101): »Kaiser Nero, der es entwerfen ließ, wollte damit seine Respektlosigkeit Gott gegenüber bekunden... Dr. Gerhard Encaussee bezeichnet es in »Wissenschaft und Okkultismus« als das beliebte Symbol der Anhänger Satans aller Jahrhunderte. Es verhöhnt den allmächtigen Gott und setzt das Vertrauen auf den Teufel. Anton Lavey, ein Anbeter des Teufels, erklärte im November 1968: ‚Die Masse, die dem Bösen anhängt, verkehrt das Vaterunser, vermischt es mit Obszönitäten und tritt das Kreuz Christi mit Füßen oder hängt es auf den Kopf gestellt auf.' Es gibt Nichtchristen, die in diesem Zeichen des nach unten abgewinkelten Kreuzes ein geheimes Symbol sehen, um ihre antichristliche Einstellung kundzutun«, und vom Gründer der Bewegung »bann the bomb« schreibt er auf Seite 102: »Bertrand Russell... gab selbst einmal zu, mit dem Satan verbündet zu sein.« Das Auf-den-Kopfstellen oder Umkehren war schon früher im Satanskulte üblich: Bei »Schwarzen Messen« werden die Altarkerzen auf den Kopf gestellt und wird das Innere des Meßgewandes nach außen gewendet. Wir sehen: Auch das «Friedenszeichen« verrät das Antichristliche der »Eine-Welt«-Bewegung; um so schlimmer, wenn Christen sich an ihr beteiligen, eine »Mission« des Satans schon mit »Friedens« Symbolen treiben! (Weiteres zu antichristlichen Symbolen unter 7.)

Wo sich Christen unter antichristliche Zeichen und antichristliche Ziele stellen und eine Verquickung des christlichen Glaubens mit Sachfremden und dazu Gegenchristlichem vornehmen und propagieren, wird das »Christliche« bei ihnen – vielleicht ihnen selber unbewußt – zu einer bloßen Tarnung, wenn nicht, womöglich in dieser Funktion, zum Propagandisten und Vollzugsgehilfen eines weltlichen und dazu antichristlichen Zieles. Im Gegensatz zu ihrem Auftreten, als ob sie die eigentlichen Christen seien, steht eine Begebenheit, in der man die Maske fallenließ. Im Rahmen einer »Südafrika-Solidaritätswoche« in Stuttgart, vorwiegend von »christlichen Gruppen« veranstaltet, fand am 17. Dezember 1978 im Gustav Siegle-Haus ein Abend mit einem Dia-Vortrage von Herrn Gottfried Wellmer von der ISSA (Informationsdienst südliches Afrika), Bonn, statt. Sah man am Eingange einen ganzen Tisch allein mit marxistisch-leninistischer Literatur für Spanien und Portugal, so konnte man sich bereits fragen, was all dieses mit Südafrika zu tun haben soll. Konnte man da anderes erwarten, als daß auch an diesem Abend der bei »christlichen Südafrika-Tagungen« leider meist übliche Terror herrschte? Als unter tosendem Beifalle der Rauswurf der Andersdenkenden gefordert wurde, schritten zwei ältere Herren der Minderheit dem Ausgange zu. Auf meinen Einwurf hin: »Christen hören auch andere an«, sagte eine Teilnehmerin laut: »Wir sind keine Christen«, und nicht ein einziger sagte: »Doch, ich bin ein Christ!« Selbst auf meinen Hinweis hin nicht, daß doch auch »christliche Gruppen« eingeladen hätten. Unter »Raus!«-Gebrüll und unter Drohungen (wenn auch nicht unter Tätlichkeiten, wie schon anderweitig – in einer Kirche – erlebt), mußte man den Raum verlassen. Man konnte also aus ihrem eigenen Munde erfahren, daß die »christlichen« Weltveränderer »keine Christen« sind.

Auch der Weltkirchenrat in Genf und der Vatikan stehen zumindest in Gefahr, die dunkle »Ein-Welt«-Bewegung zu unterstützen. Hier kann sich ein doppelter Verrat ihres Auftrages abzeichnen: Der Versuch, weltliche Macht durch Politisieren, das mit dem christlichen Glauben unvereinbar ist, zu erlangen, und die Bereitschaft, sich weit allerlei »linken« Strömungen zu öffnen, nicht nur das Evangelium und die Kirche der Welt, hier: der »Einen Welt« anzupassen, sondern auch die Welt selber ins Fahrwasser der marxistisschen, liberalistischen und zionistischen »Eine-Welt«-Bewegung zu leiten. Heinz Delft, von 1947 –

1977 Präses der Evangelisch-lutherischen Synode Südafrikas, der späteren »Kapkirche«, schreibt in »Südafrika auf der Waage« (Verlag Wissenschaft und Politik, 1978) auf Seite 150: »Besonders seit dem Beginn der siebziger Jahre läßt sich die Unterstützung weltkommunistischer Zielsetzungen durch den Weltkirchenrat nachweisen. Sowohl beim modernistischen Christentum als auch beim orthodoxen Marxismus steht der ideologische Begriff der Befreiung im Mittelpunkt. Befreiung heißt: Zusammenarbeit zwischen Kirche und Moskau in der Förderung sowjetischer Dominanz, die durch die Aufnahme des Moskauer Patriarchats in die Ökumene obendrein noch institutionalisiert worden ist. Die zu schaffende ‚one world' ist damit eine Synthese aus synkretistischen und marxistischen Elementen, angereichert mit Nationalismus der farbigen Welt. Die Mischung aus ‚Black Power', Spätmarxismus und einer ‚natürlichen Theologie à la Blut und Boden' vereinigt so ziemlich alle Elemente, die an theologischen und ideologischen Verirrungen möglich sind.«

(Weiteres hierzu in IV, 3, und vorher in I.)

7) Symbole, die das Antichristliche der One-World-Bewegung zeigen

Heute erkennt man wieder mehr und mehr die große Bedeutung der Symbole im naturhaften und personhaften Raume und da besonders im Verhalten des Menschen zu Gott oder zum Satan. Es zeigt sich, daß Symbole, die Jahrhunderte, wenn nicht Jahrtausende antigöttliche oder antichristliche Strömungen ausdrücken und begleiten – auch in einer gewissen Wechselbeziehung zu ihrer Wortverkündigung stehen –, eine große Rolle in der One-World-Bewegung spielen und damit deren antichristlichen Charakter offenbaren. Möge man auch diesen Charakter und entsprechende Ziele mit gewandten und verharmlosenden Worten zu vertuschen versuchen, so sprechen die Symbole doch eine deutliche Sprache.

Außer dem erwähnten »Friedenszeichen« seien nun ein paar der häufigsten Zeichen der One-World-Bewegung skizziert:

Verbreiteter als das »Friedenszeichen« ist der *»Fünfstern«*. Über ihn erfahren wir im Ergänzungsband des Buches »Die sieben Säulen der Hölle« (Juan Maler, Belgrano 165, Bariloche, Argentinien) auf Seite 379: »Den Weg der Alchimie, den Niedergang des Menschen können wir verfolgen, nehmen wir als Beispiel die Wertung, die das Pentagramm, der fünfzackige Stern, erfuhr.« Professor Bernhardt Philberth sagt dazu: »Im Altertum stand das Pentagramm zum Zeichen von Kosmos, als höchster Ordnung, und von Logos, als allherrschender Weisheit.

Damit wurde es zum Zeichen des ‚Höheren Wissens', der gehüteten Geheimnisse, der geheimen Wissenschaften. Es wurde zum Zeichen der magischen Bannung und Beschwörung der bösen Mächte, der Dämonen, der Nachtgeister, der Druden. Aber eben damit wurde der ‚Drudenfuß' zum Zeichen der Gnosis und weiterhin zum Zeichen der Dämonen und der gefallenen, bösen Engel. Es wurde gar zum Zeichen der selbstherrlichen Gewalt und des mitternächtlichen Glanzes des ‚Fürsten dieser Welt', des ‚Anderen Alten', des Satans selber. Die mächtigsten und dunkelsten Geheimbünde, welche die Erde hervorgebracht hat, tragen (heute) dieses Zeichen; aber auch die größten Wirtschafts- und Militärmächte der Erde: Als Stern der UdSSR ebenso wie als Stern der USA ziert der Fünfstern in Ost und West Raketen, Flugzeuge und Panzer, die Machtmittel endzeitlicher Vernichtung eines in Selbstherrlichkeit zugrundegehenden Menschengeschlechtes.« Wie sehr auch das unter diesem Zeichen kämpfende Amerika antichristliche Züge verrät, zeigt die Tatsache, daß der ersten nuklearen Bombe, die am 16. Juli 1945 in Los Alamos detonierte (mit größter Beleidigung des Dreieinigen Gottes), der Name »Trinity« beigegeben wurde, was auch ein Licht auf das Thema »Atombombe« wirft. Daß in Ost und West dasselbe Zeichen – bloß in einer anderen Farbe, aber letztlich »dasselbe in grün« – verwendet wird, gibt zu denken, weist auf einen gemeinsamen Hintergrund hin. Auch der sechseckige Davidstern taucht in »One-World«-Verbindungen auf, wodurch sich bedeutsame Zusammenhänge zeigen.

Weiteres zum Pentagramm und zu anderen Symbolen finden wir im Juniheft 1979 des »Politischen Lexikons« von der Conföderation Organisch Denkender Europäer (C.O.D.E.) unter »Symbole« mit dem Untertitel »Esoterische Zeichen«. Zum Pentagramm heißt es dort u. a.: »Durch das Pentagramm – Kennzeichen von USA, UdSSR, Rotchina und fast aller seit der sogenannten ‚Französischen Revolution' gegründeten Staaten ... ist der größte Teil der Menschheit unter das Sinnbild Luzifers (= strahlender Stern, Lichtträger) gestellt worden, der das Kreuz in seinen verschiedenen Formen ... verdrängt hat. Mythologisch steht das schon in babylonischen Zeiten bekannte Pentagramm für den sich von jeder Vormundschaft (Gottes) befreienden Menschen, dem höchsten Wesen, den es stilistisch (mit Beinen und hochausgebreiteten Armen) darstellt ... von Leonardo da Vinci als wertfreier Modulator verwandt und im obigen Sinne motiviert. Von Lenin ins sowjetische Hoheitsemblem eingefügt, um den westlichen Freimaurern zu signalisieren, daß der Kommunismus von den gemeinsamen Oberen (den ‚Wissenden') abgesegnet sei. Kommunismus und Hochgrad-Freimaurerei stehen unter dem gemeinsamen Nenner: ‚Höchstes Wesen ist der Mensch' ...«

Zum esoterischen Zeichen der *»Gespreizten Finger«* heißt es: »Es handelt sich um das verfälschte Christus- oder Papstzeichen. Das Christentum will das, was einander dialektisch zugeordnet ist (Mann und Frau, Himmel und Erde, Körper und Geist usw.) zu einer höheren Einheit hin koordinieren und zwar in freier Entscheidung. Die Gnosis hingegen mißbraucht die Freiheit des polardialektisch Geschiedenen, um sie entweder zu verabsolutieren oder zu negieren. Beides führt letztlich zur Spaltung, also zum Zwist und zur Zerstörung. Letzteres bringen die gespreizten Finger der Hochgrade zum Ausdruck. Bis etwa 1940 war dieses Zeichen nur Höchsteingeweihten bekannt. Als der mit der freimaurerischen Magie vertraute Hochgrad Winston Churchill 1940 befürchtete, daß England ein Opfer von Hitlers erfolgreicher Handmagie (‚Deutscher Gruß') zu werden drohte und Hitler den Weg über den Kanal freigeben würde, riet ihm sein Mentor in Magie, der Satanist Alister Crowley, dieser Gefahr die Magie der gespreizten Finger entgegenzusetzen. Das Symbol wurde als ‚Victoryzeichen' in den Verkehr gebracht.« Diese Verbindung bzw. Linie von Gnosis, Freimaurerei, Magie und Satanismus ist sehr bezeichnend. Horst Knaut (»Das Testament des Bösen«, Seite 134 ff) schreibt nach Erwähnung der Teufelsmessen Crowleys in der Abtei Thelema Cefalù: »Sechzig Jahre nach Teufelsmessen in Cefalù existiert im abendländischen Kulturkreis eine weltweit verzweigte und beinahe undurchsichtige religiöse Szene von Teufelsanbetung, schwarzer Magie und seltsamen Opferhandlungen. Der Stammvater dieser dunkelsten Variante des religiösen Untergrunds unserer Zeit ist Alister Crowley. »Tu, was du willst!« wird zum obersten Gebot aller Anhänger dunkler Mächte und Kräfte.

Für Eingeweihte, die heute im magisch-mystischen Orden wirken, sich dort hierarchischen Systemen unterwerfen, geheimbündische Gelöbnisse leisten, Geheimnisse hüten, satanische Messen und religiöse Orgien zelebrieren, ist Alister Crowley, der Tempelherr von Cefalù, ein Heiliger, ein Prophet, ein Gott.« Auf ihn hörte Churchill! Ja, sagte man, dies Treiben sei nicht ernstzunehmen, sei bloß eine Spielerei. Nein, all dieses ist alles andere als ein Spiel, wenn es auch diesen Charakter zur Anlockung benutzen kann. Das »Victoryzeichen« ist eben sehr dunklen Ursprungs. Und welch einen »Sieg« wollen Millionen in aller Welt mit dem satanischen »Victoryzeichen« erringen? Beachtet werden sollte hierbei auch, was Horst Knaut auf Seite 195 schreibt: ». . . sollte doch einmal jemand ihre Crowley'schen Hühnerkiller und Blutrituale als obszön und abstoßend anklagen, dann können sich die Satanoiden auf ihre »Bibel« neuester Auflage berufen, da steht: „. . . der Vermerk des hessischen Hochschullehrers: ‚Die vorgelegte Arbeit wurde gefördert mit Mitteln der Deutschen Forschungsgemeinschaft, Bad Godesberg, Kennedy-Allee 40 . . . Sie ist ein Teil der Forschungsarbeit über Organisation, Rituale, Lehren und magische Thematik der freimaurerischen und freimaurerartigen Bünde im deutschen Sprachraum Mitteleuropas.'«

Zum *»UNO-Emblem«* heißt es: »Doppelsymbol aus a) »Globus«-Weltherrschaft. Dieses Symbol ist sowohl auf den Arbeitstafeln der Freimaurerlogen als auch auf dem Hoheitsemblem der Sowjetunion enthalten. In der Hermeneutik der Gnosis ist nichts Zufall: Die 33 Gradfelder auf dem Globus stellen die 33 Hochgrade des weltumspannenden ASSR = Alter Angenommener Schottischer Ritus dar . . . (Anmerkung: = Freimaurer).

b) ‚Weizenähren' = Aussaat und Ernte. Auch dieses Symbol tritt sowohl im freimaurerischen wie im kommunistischen Symbolbereich in Erscheinung. Identisch sind die Symbole ‚Getreidegarbe' und ‚wogendes Kornfeld'. Daß Freimaurerei und Kommunismus, trotz gewisser Unterschiede im ideologischen Bereiche, der gleichen Wurzel entstammen, wird durch die Tatsache belegt, daß das sowjetische Hoheitszeichen aus sieben freimaurerischen Symbolen zusammengesetzt ist: Globus, Sonne, Mond (Sichel), Hammer, Bruderhand, Pentagramm (Sowjetstern, US-Stern) und Weizenähre. Im UNO-Emblem ist diese Identität beider Ideologien klar zum Ausdruck gebracht. Die beiden Großmächte, synthetisch im Gegensatz zu Volksstaaten, sind als Befehlsempfänger überstaatlicher (= superkapitalistischer) Organe (s. Bilderberger, CFR, Kommunismus, Round Table, Trilateral Commission) Vollzugsorgane der UNO, Vorläuferin der geplanten Weltdiktatur.«

8 Die Entwicklung der One-World-Bewegung in den letzten Jahrzehnten

Die Erwähnung des Einflusses verschiedener Mächte auf die One-World-Bewegung und nicht zuletzt das Aufschlußreiche ihrer Symbole haben es deutlich gemacht, daß es sich hier keineswegs um eine Bewegung handelt, die eine neue, bessere Welt, einen paradiesähnlichen Zustand bringt, oder auch nur um eine Bewegung, die harmlos wäre. Sie ist wohl noch antichristlicher und verhängnisvoller, als wir es darstellen können (jedenfalls sind wiederholt unsere pessimistischen Progoosen von der Wirklichkeit überrundet worden). Nach der Charakterisierung der One-World-Bewegung möge nun eine Skizzierung ihrer Entwicklung in den letzten Jahrzehnten erfolgen.

Im Buche »CFR« von Quina von Brackenhausen (Verlag für zeitgenössische Dokumentation GmbH, Euskirchen, 1977) wird auf Seite 93 erwähnt, daß die »Internationale Regierung« bereits »1915 von dem Forschungs-Ausschuß der Fabian Society konzipiert wurde« und hinzugefügt: »Wir schließen daraus, daß die abstrakten Theorien sowohl der Fabier wie der CFR-Mitglieder Utopien sind, die zu Realitäten werden.«

Weithin von Leuten, die der bolschewistischen Revolution mit zum Siege verholfen hatten, wurde 1919 unter Beteiligung der britischen Geheimorganisation »The round Table«, die ebenfalls die bolschewistische Revolution unterstützt hatte, der *»Council on Foreign Relations«* (CFR, »Rat für Auswärtige Beziehungen«) gegründet, finanziell von den Rockefellers unterstützt. In London wurde das Gegenstück dazu geschaffen, »The Royal Institute of International Affairs«. Diese beiden Gruppen sind nun unter der Bezeichnung *»die Bilderberger«* bekannt geworden, an deren Spitze bis vor ein paar Jahren Prinz Bernhard von den Niederlanden stand. Die Bilderberger haben ihren Namen vom Hotel Bilderberg in Oosterbeek, wohin Prinz Bernhard die erste Konferenz im Mai 1954 einberufen hatte. Die Bilderberger-Konferenzen finden alljährlich statt. Eingeladen werden führende Leute aus aller Welt, Politiker, Bankiers, Vertreter multinationaler Konzerne und andere. Hierbei werden Entscheidungen von weltweiter Bedeutung gefällt, oft wichtiger als Ergebnisse von Staatsbesuchen. Daß dabei kein Reporter zugelassen ist, die Sitzungen geheim sind und so die Weltöffentlichkeit nichts von den sie doch sehr betreffenden Beschlüssen erfährt, ist sehr bedenklich. Viele fahren vielleicht zu diesen Sitzungen nur hin, um auch dabei zu sein, neueste Informationen zu erhalten und etwas mitreden zu können. Daß aber führende Leute verschiedenster Länder und Parteien hierher zu geheimen Beschlüssen zusammenkommen, zeigt, wo die eigentliche Weltzentrale ist, zeigt, daß wir schon so weit sind, daß kaum jemand eine führende Stellung einnehmen kann, wenn er sich dieser unheimlichen und wohl auch unheilvollen Bewegung nicht anpaßt.

In Verbindung mit den bisherigen Einweltler-Organisationen wurde vor einigen Jahren *»The Trilateral Commission«* geschaffen, mit dem Schwerpunkte für die Industriegebiete Vereinigte Staaten, Westeuropa und Japan. Die Gründungsversammlung ist von David Rockefeller einberufen worden. Ca. 200 führende Bankiers, Geschäftsleute, Politiker und Geschäftsführer aus aller Welt waren zur Bildung einer übernationalen Planungskommission eingeladen worden. Deren Direktor wurde Zbigniew Brzezinski.

Heinz Scholl schreibt in »Bilderberger & Trilaterale« (Verlag für zeitgenössische Dokumentation GmbH, Euskirchen, 1977) auf Seite 28, daß »Rockefeller ... Japan, die stärkste Wirtschaftsmacht im Fernen Osten, in die Konstruktion seiner »Dreiseitigen Kommission« einbezog und damit eine Verzahnung zwischen den maßgeblichen gesellschaftlichen Machtträgern Nordamerikas, Westeuropas und Japans herbeiführte. Die Persönlichkeiten, die in der Trilater Commission zusammengeschlossen sind, repräsentieren eine Wirtschafts- und Finanzmacht, wie sie in solcher Kompaktheit und Stärke noch nie in der Geschichte der Menschheit in Erscheinung getreten ist«, auf Seite 29: »Die Heranziehung prominenter Gewerkschaftsbonzen zu den Beratungen der Trilateral Commission unterstreicht die Tatsache, daß zwischen Kapitalismus und Marxismus kein gravierender Interessengegensatz besteht, sondern daß Kapitalisten und marxistische Funktionäre an einem Strang ziehen und einander ergänzen, um die Welt zu transformieren in eine globale Produktionsgemeinschaft, in der ein Milliardenheer von Sklaven zu monotoner Zwangsarbeit an den Fließbändern anonymer Kapitalgesellschaften verurteilt ist, während die kapitalistisch-marxistische Oligarchie die Menschheit mit den herkömmlichen Instrumenten zur Machterhaltung (Polizei, Militär, Justiz) unterdrückt«, auf Seite 30: »Den alten Traum des amerikanischen Kapitalismus, eine neue Weltordnung in einer Welt unter seiner Herrschaft herbeizuführen, versucht die Trilateral Commission zu verwirklichen ... Die Kooperation der Kapitalisten mit den Kommunisten ist keine Spezialität der Carter-Administration. Die internationale Hochfinanz pflegt die Zusammenarbeit mit den Regierungen des Ostblocks schon seit langen Jahren. Es ist daher konsequent, wenn Organisationen wie die Bilderberg-Gruppe und die Trilateral Commission ihre Beziehungen zu den großen kommunistischen Parteien in Italien und Frankreich intensivieren. Die Zusammenarbeit mit den Eurokommunisten, die von Rokkefeller verlangt wird, ist weiter fortgeschritten, als die meisten Menschen ahnen«, auf Seite 34: »Die Geschichte der sogenannten Arbeiterbewegung erweist sich bei näherem Hinschauen als eine Chronik der von der Freimaurerei eingefädelten Allianz des antichristlichen und antisozialen Kapitalismus mit dem antichristlichen und antisozialen Marxismus zur Einführung einer auf Zinswucher beruhenden menschenfeindlichen Weltherrschaft. Dieses Zusammenspiel der Kommunisten mit den plutokratischen Dynastien vollzieht sich im Namen der Demokratie, die der Nobelpreisträger und Wirtschaftswissenschaftler Friedrich August von Hayek für durch und durch korrupt hält und von der er meint, sie verdanke ihre Autorität ausschließlich der Illusion, ‚daß eine solche demokratische Regierung den Willen des Volkes ausführt'«, auf Seite 35: »... die Theologie der großen christlichen Kirchen lehnt den Kapitalismus ebenso wie den Sozialismus als menschen- und freiheitsfeindliche Systeme scharf ab«, auf Seite 36: »Jede Entscheidung in der Politik ist das Ergebnis planmäßiger Überlegungen der tatsächlichen Inhaber der Macht hinter den Kulissen. Von ihnen, nicht von den Parlamenten, Wählern oder Völkern hängt es ab, mit welchen Leuten die Machtapparate besetzt oder unbequem gewordene politische Spitzenfunktionäre durch andere ersetzt werden« und auf Seite 37: »Die hervorragende Rolle, die der CFR beim Kampf um die Weltmacht spielt, ist in der politischen Literatur bisher kaum gewürdigt worden. Das liegt daran, daß der CFR sich seit seiner Gründung den Blicken der amerikanischen und der Weltöffentlichkeit weitgehend zu entziehen vermochte dank der Tatsache, daß er über die Instrumente verfügt, um eine breite öffentliche Diskussion über den konspirativen Charakter des CFR zu unterbinden.«

An sich wären solche weltweiten Organisationen – und die Vertretung gegensätzlicher Gruppen in ihnen – begrüßenswert; jedoch, ihr falsches Menschenbild, ihr bewußt undurchsichtiges Arbeiten und Manipulieren, ihr Streben nach einer unheimlichen Weltregierung (jedenfalls nach Weltherrschaft), die ungeheure Machtkonzentration, in deren Hintergrunde weithin anonyme Gesellschaften, Gruppen und Mächtige wirken, und manch anderes können uns trotz mancher positiver Ergebnisse kein Vertrauen zu dieser One-World-Bewegung gewinnen lassen..

Kritiker dieser Einweltler-Organisationen sind der Ansicht, daß sich ein neuer Trend abzeichne (der wirklich oder aus taktischen Gründen nur scheinbar im Widerspruche zum bisherigen Trend zur Partnerschaft zwischen dem internationalen Monopolkapitalismus und dem revolutionären Sozialismus steht): Nachdem durch Propaganda für den Sozialismus und durch Preisgabe halber Erdteile an den Ostblock ein gewisses Gleichgewicht erzielt worden sei, wolle man nun durch eine erneute weltweite kriegerische Auseinandersetzung, durch den »Dritten Durchgang«, der Weltregierung näherkommen, schon etwa dadurch, daß ein Dritter Weltkrieg einweltlerischen Finanzmächtigen noch mehr Geld und Macht vermittelte. Hierzu werde ein neuer Antikommunismus geschaffen bzw. der bisherige angeheizt und eingeplant. Diese Möglichkeit nötigt uns, selbst antikommunistischen oder konservativen Gruppen, Medien u. dgl. gegenüber wachsam zu sein, da sie von Einweltlern ihre Befehle beziehen könnten. Die Veränderung nach »Afghanistan« (wieso kam sie erst jetzt, hat es doch schon vorher viele »Afghanistans« gegeben?) sollte uns noch wachsamer werden lassen. Es gilt, der unrealistischen und tendenziösen »Entspannungspolitik« wie einem Kriegstreiben entgegenzutreten.

IV. Kapitel: Mächte, welche die antichristliche One-World-Bewegung begünstigen oder bilden

1) Geheimorganisationen und Geheimkulte

Schon seit Urzeiten gibt es Geheimorganisationen und Geheimkulte. Sie haben weithin eine größere Wirkung als meist angenommen wird; manchmal sind sie die eigentlichen Machtträger. In ihnen können religiöse, kulturelle und politische Elemente enthalten sein bzw. in sie einströmen. Sie können unterwandert und umfunktioniert werden: bis hin zur Entstehung von Verbrecherorganisationen.

Auch die One-World-Bewegung ist durch Geheimorganisationen gefördert, wenn nicht hervorgerufen worden, zumindest durch Ideen, die in ihnen beheimatet sind. Die größte und einflußreichste Geheimorganisation ist die Freimaurerei, von der nun – als pars pro toto – besonders die Rede sein wird.

A) Komponente der Freimaurerei

Im Freimaurertum sind – auch an seinen Symbolen erkenntlich – gnostische, manichäische, mystische, alchemistische und naturphilosophische und deistische Elemente enthalten, auch die der Rosenkreuzer und anderer religiöser Sondergruppen, ob nun ursprünglich oder später einverleibt. Schon dies zeigt, daß die Freimaurerei antigöttlich, wenn nicht antichristlich ist. »Das Bertelsmann-Lexikon« von 1953 schreibt im ersten Band auf Seite 1334 über sie: »Geschichtlich faßbar wird die F. zunächst in England mit dem Erscheinen des Konstitutionsbuches der ‚Alten Pflichten' von Anderson und der Bildung von Logenzusammenschlüssen (Großlogen) zu Beginn des 18. Jh. In jener Zeit ist die F. bereits zu einem Sammelbecken der Aufklärungsphilosophie geworden, der sie seitdem verhaftet blieb. Am Beginn der Epoche, die sich rationalistisch von der Offenbarungsreligion abwendete, wird die F. die erste der modernen Ersatzreligionen, die unter den Vätern der amerikanischen und der französischen Revolution ihre wichtigsten Vertreter hatte« (auch hierdurch wird bestätigt, daß die Freimaurerei von Anfang an gegen den dreieinigen Gott war und daß die amerikanische wie französische Revolution weithin ein Werk der Freimaurer ist – und weil die heutige Zeit und die heutigen Mächte von diesen Revolutionen abhängen, diese von den Freimaurern abhängen).

Die Freimaurerei zählt u. a. die Tempelritter zu ihren Ahnen. Gibt es auch starke Einwände, daß dies historisch nicht haltbar sei und die Templer eine dualistische Gottesvorstellung, die Freimaurer aber eine deistische Gottesvorstellung hätten, so gibt es doch eine gewisse Art- oder Geistesverwandtschaft (schon dadurch, daß sie die Templer zu ihren Ahnen zählen), finden wir dies doch auch sonst, daß man »unhistorisch« Früheres wiederaufnimmt, gleichsam als ein Programm, denken wir an die wiederholte Wiederaufnahme oder »Wiederentdeckung« der Antike oder des Mittelalters. Eine Wiederaufnahme, die auch in unserem Zusammenhange von Bedeutung ist: Die palästinesischen Aufständischen haben die Bezeichnung »Fedayin« für die »Todeskämpfer« wiederentdeckt, indem sie sie der vor 900 Jahren entstandenen, selbst Europa in Schrecken versetzenden mörderischen Sekte der Assassinen entnahmen, von der die Tempelritter wohl stark beeinflußt worden sind. »Die Welt« brachte am 3. November 1977 den sehr aufschlußreichen Artikel Hermann Schäfers »Der Alte vom Berge und sein Eden«. Der »Fedayin« war das Kind einer mystischen Geheimlehre und das Ergebnis einer Dressur, war nach Schäfer eine »Fernlenkwaffe«. Nach ihm war der Ordensgründer Hassan Ben Sabbah der »Vater des politischen Attentats«, der »Ordensidee vom Staate im Staate« und der »Erfinder des Partisanentums«. Schon dies zeigt, daß es bei den palästinensischen Aktionen nicht nur um einen nationalen Befreiungskampf geht, sondern um eine internationale und recht dunkle Angelegenheit, um ein Fundament des internationalen Terrorismus. Auch das Assassinentum ist ein Beweis dafür, daß die Mystik eine Perversion des wahren Glaubens ist und Böses gebären kann, wie es auch jüdische Mystik, etwa bei Sabbataj Zbi, zeigte.

Über die Tempelritter schreibt Friedrich-Wilhelm Haack in »Geheimreligion« der Wissenden. Neugnostische Bewegungen« (Kreuz-Verlag, Stuttgart-Berlin, 1966, Seite 15 ff): »Ebenfalls in den Zusammenhang der Gnosis gehören blasphemische Aufnahmeriten der Templer. Die Initianden mußten bei der Aufnahme das Kreuz mit den Füßen treten und bespucken, einen Kußritus befolgen (Mund, Nabel, Gesäß), eine Absageformel sprechen und ein männliches Haupt verehren. Dieses Haupt, »Baphomet« genannt, ist als Symbol jenes »Großen Männlichen« zu verstehen, an dessen Kraft der Initiand Anteil bekam, wenn er beim Ritus der Aufnahme in den Orden seinen Gürtel darum schlang. Auffallend waren die guten Beziehungen der Tempelritter zu den Ismaeliten, die ihrerseits eine gnostisch-mystische Tradition im Islam pflegten. Die Hierarchie der Ismaeliten ähnelte der des Tempelordens. Diese forderte wie sie blinden Gehorsam von seinen Angehörigen. ‚Beide kamen jedoch von den Pythagoräern her Es gibt keine Geheimbünde, die nicht aus derselben Quelle stammen: den Mysterien Ägyptens. Die strengen Gesetze des Meisters von Samos, der sich an den Ufern des Nils bildete, sind weitgehend von den Regeln der Priester von Memphis inspiriert.« Vieles deutet darauf hin, daß es den Tempelrittern darum ging, die Welt geistig und politisch zu einigen. So gibt es etwa Spekulationen, ob etwa das Haupt »Baphomet« nicht ein Symbol dieses pazifistischen Universalismus gewesen sei.« Also dann auch darin Vorläufer der One-World-Bewegung.

Nachfahren der Templer oder doch die der mit ihnen verbundenen Bruderschaften der Bauleute (die Freimaurer knüpften an die alten Steinmetzzünfte an) mündeten in die Französische Revolution ein, entweder als gewisse Vorläufer der Freimaurer oder doch als ihre Bundesgenossen. Bischof Rudolf Graber von Regensburg schreibt in »Reich Gottes oder Weltgemeinschaft?«, Seite 200 ff: »Immer wieder kann man lesen, daß die Französische Revolution auf das Konto der Freimaurerei zu setzen ist. Ein neueres Werk jedoch stellt die Formel auf: ‚Die Freimaurerei macht nicht die Revolution; sie bereitet sie vor und setzt sie fort'. Wie dem auch sei, im Schoße dieser und ähnlicher Geheimgesellschaften wurden die Keime für das gelegt, was man später Synarchie nannte, d. h. einen einheitlichen Weltstaat mit einer einheitlichen Regierung, die als Gegenkirche geplant ist. Jedenfalls stellt die Französische Revolution ein wichtiges Glied dar im luziferischen Plan.«

In diesem Zusammenhange sind auch Hinweise auf »Denkgesellschaften« zur Zeit der Französischen Revolution interessant. In der konservativen Zeitschrift »Criticon«, Nov./Dez. 1979, schreibt »Critilo« auf Seite 259 in seinem Kommentar »Denkgesellschaften und kulturelle Macht«, daß es Cochin gelungen war, bei seinen Studien über die »sociétés de penseé (Denkgesellschaften) aus der Zeit vor der Französischen Revolution die Mechanismen der geistig-kulturellen Gleichschaltung aufzudecken. Er hat gezeigt, wie in den Denkgesellschaften ein egalitärer Konsens entstand, der die Mitglieder aus ihren konkreten und besonderen Bindungen (des sozialen Status etwa) löste und sie in abstrakte, egalisierte und der Diktatur der kollektiven Meinung ausgelieferte Wesen verwandelte. So entstand kulturelle Gegenmacht, die dann im Jakobinerstaat zu öffentlicher Gewalt wurde. Die Macht im Hintergrund zieht nicht, wie die Verschwörungstheorie vermeint, Marionetten an Fäden, sondern bedient sich der Osmose. Die kulturelle Mehrheit, die vor über 200 Jahren entstand, besteht bis heute fort. Ihre Kennworte blieben Freiheit, Gleichheit, Brüderlichkeit. Auch in der heutigen Bundesrepublik, in der eine bis in die kleinsten Verästelungen durchorganisierte Gegenkultur blüht und in der derzeit eine publizistische Gleichschaltung noch bestehende konservative Widerstandsnester ausschaltet, ist der Köhlerglaube allgemein verbreitet, daß es auf parteipolitische Mehrheiten ankomme und auf sonst nichts.« An solchen Prozessen hat die Freimaurerei wesentlichen Anteil. Auch an der

Änderung des Wortsinnes, die wir heute besonders bei den Kommunisten sehen, wenn sie etwa von »Frieden« und »Freiheit« sprechen, sind Freimaurer nicht unbeteiligt. Juan Maler schreibt in seiner neuesten Schrift »Die Verschwörung« (Buenos Aires, 1980) auf Seite 280/281: »Nicolas de Bonneville, als geistig bedeutender Freimaurer einer der Urheber der Französischen Revolution, schreibt in ‚Esprit des Religions': ‚Um die Revolution zu machen, muß man damit beginnen, den Sinn des Wortes zu ändern.'«

Da wir, was in der Natur der Sache liegt, von und über Geheimgesellschaften nur wenig erfahren können, sind Deutungen recht blind, schlimmstenfalls irreführend, zum Teil aber aufschlußreich. Jedenfalls wäre es das Falscheste, die Augen vor all diesen Dingen zu verschließen. Nein, so wenig wir auch erfahren können, sollte dieses doch bekannt gemacht werden, damit man sich Gedanken hierüber machen kann und damit man vor Unheilvollem warnen kann.

B) Die Unvereinbarkeit von Freimaurerei und christlichem Glauben

Eins sei vorausgeschickt: Es geht hier nicht um »Verteufelung« einer unbequemen Gesellschaft (zudem: das Satanische hat sie sich schon selbst zugelegt). Wir wollen für alles Positive dankbar sein, uns darüber freuen, z. B. über so manche soziale Verbesserung und über den Ausbau von Menschenrechten. Schon deswegen, weil es bei den Freimaurern auch Positives gibt und geben kann, wäre es verkehrt, alles abzulehnen, was aus ihren Reihen kommt. So kann z. B. so manche von Freimaurern bestimmte Politik durchaus richtig sein; es wäre daher falsch und nachteilig, eine Politik, z. B. eine Friedensvermittlung, nur deswegen abzulehnen, weil auch Freimaurer da ihre Hände stark im Spiele haben. So haben wir in äußeren Fragen gegebenenfalls durchaus mit Freimaurern zusammenzuarbeiten. So wie Predigten und Sakramente unabhängig vom Zustande der Pfarrer gute Wirkungen hervorbringen können, so auch gute Taten und Ideen der Freimaurer bei ihrem sonstigen Dunkel. Wenn wir dies nicht sähen oder anerkennten, könnten wir aus der Welt gehen oder doch nichts mehr wagen, uns über nichts mehr freuen. Und dies auch, weil ja nicht nur die Freimaurer, sondern alle an dem Gefallensein des Menschen teilhaben, auch ihre Gegner, wobei etwa die Völkischen jederzeit in Gefahr stehen, nationalistisch-chauvinistisch zu werden. Schon der einzelne Mensch ist ein Sünder und darum als solcher nicht dagegen gefeit, ein Medium oder Werkzeug des Bösen zu sein. Weil der Mensch und die Menschengruppen so sind, haben wir umso mehr schon auf den besten äußeren Rahmen zu schauen, der es am besten verhindert, daß das Böse ermutigt oder verdeckt werden kann. Darum ist etwa die Frage nach dem politischen System so wichtig. In den Fragen der Menschenrechte hat das demokratische System besonders viel für sich, mag es auch sehr mißbraucht werden, was aber keine Berechtigung dafür gibt, nach anderen Systemen zu greifen, die nicht minder mißbraucht werden können, dazu noch eine Kontrolle und manch notwendige Änderung sehr erschweren oder unmöglich machen. Mag die Freimaurerei manches in der Demokratie auch in Mißkredit gebracht haben, so hat sie doch auch manch positiven Anteil an ihr; und für manchen Kampf von Freimaurern gegen Vergewaltigung des Menschen durch Kriege und Machthaber sollten wir dankbar sein.

Auch hat es nicht um einen Kampf oder gar Haß gegen den einzelnen Freimaurer zu gehen, abgesehen davon, daß Freimaurer unterer Grade – oft lautere und idealistisch gesonnene Persönlichkeiten – in Unkenntnis der Machenschaften höherer Grade sind. Hierbei sollte auch bedacht werden, daß viele nur, um persönlich voranzukommen oder um besondere Achtung zu genießen, Mitglieder der Freimaurerei oder der von ihnen geschaffenen Organisationen der »Rotary International« und der »Lions International« geworden sind. Manche sind vielleicht auch in der Meinung Freimaurer geworden, sie könnten in Konfliktfällen unabhängig ihrem Gewissen folgen, ohne zu sehen, daß ihnen, vor allem bei höheren Graden, wenig Spielraum gelassen wird. Auch ist zu sehen, daß viele in diesen Organisationen den »Ein-Welt«-Plan in seiner radikalen Tendenz nicht so ernst nehmen, das Ganze mehr als eine Art Spielerei, als ein amüsantes Party-Ereignis betrachten, und auch, daß der Mensch nicht ständig gegen die Wirklichkeit leben kann, so daß diese Leute auch weithin »normal«, auch menschlich leben, als nette Durchschnittsbürger erscheinen. Dies ist einerseits tröstlich, kommt doch manches dadurch nicht so schlimm heraus, wie es könnte oder wie es geplant war, ist aber andererseits gefährlich, da es zur Verharmlosung der dunklen Pläne führt, die Gegner dieser »Eine-Welt«-Bewegung als Phantasten oder als Böswillige hinstellen kann. Wir sollten dem einzelnen Gliede einer Geheimorganisation oder Tarnorganisation schon in der Hoffnung menschlich begegnen, daß er seinen Irrtum und seine Schuld erkennt und dann mit uns gegen das Dunkle steht.

Alles Positive, das wir bei Freimaurern sehen, darf uns aber nicht davon abhalten, das viele Unheilvolle wahrzunehmen, das von ihnen ausgeht, und die entscheidende Frage zu stellen, wie sie zu Gott und zu Christus stehen. Wie schon in I, 1 dargelegt, geht es letztlich nicht um Fragen der Quantität, sondern um solche der Qualität. Selbst wenn die Freimaurer viel mehr Positives und viel weniger Negatives aufzuweisen hätten, könnte es aus mehreren Gründen keine Vereinbarkeit von

Freimaurertum und christlichem Glauben geben. Hierbei wollen wir nicht ein besonderes Gewicht auf das legen, was der Freimaurerei weithin vorgeworfen wird: auf politische Morde – dies umso weniger, weil wir bedenken müssen, daß es von Anfang an auch viele Verleumdungen gegen die Freimaurerei gegeben hat und noch gibt. Andererseits ist zu sehen, daß von Geheimgesellschaften begangene Morde leicht zu vertuschen und schwierig zu fassen sind. Daß viele, die politische Morde begingen, Freimaurer waren und daß viele, die besonders menschheitsfeindliche bzw. gottfeindliche Gedanken äußerten, vom liberalen Weltbilde und von einem verdeckten Ziele her destruktiv wirkten, läßt doch Rückschlüsse zu, dürfte kein Zufall sein. Auch der von Freimaurern entworfene und mitherbeigeführte Zustand der Welt mit vermehrten Kriegen, Massenmorden und Unterdrückungen spricht nicht für sie. Aber entscheidend sind andere Gründe, eben nicht so sehr mögliche oder wirkliche Folgen freimaurerischen Seins, sondern dieses selber.

Es sei nun Wesentliches genannt, das ausschließt, daß ein Christ Freimaurer sein kann:

1) Die erwähnte Entstehung der Freimaurerei mitsamt ihren antigöttlichen, wenn nicht antichristlichen Symbolen und Riten. Jedenfalls ist dort, wo von »Gott« gesprochen wird, nicht der Vater Jesu Christi bzw. der dreieinige Gott gemeint.

2) Ihr unzureichendes, weithin unpersönlich anmutendes Weltbild. So starr das deistische Gottesbild, so starr, so »künstlich«, so machbar – und dazu so flach optimistisch – das Menschenbild.

3) Die Anonymität, die Undurchschaubarkeit, die Abwälzung der Verantwortung auf solche, die nicht kontrolliert werden können, was eben zu einer Geheimgesellschaft gehört.

Selbst wenn es die unter 1 und 2 genannten Dinge nicht gäbe, dürfte schon aus dem letztgenannten Grunde kein Christ Freimaurer sein. Bereits die Unkontrollierbarkeit an sich ist verwerflich. Selbst die besten Systeme und Regierungen kommen nicht ohne Kontrolle ihrer Ziele und Führer aus, so wenig wie ein Wirtschaftsunternehmen oder eine Behörde. Geheimgesellschaften decken ihre wahren Ziele nicht nur nach außen hin zu, sondern weithin auch ihren eigenen Anhängern gegenüber, denen niederer Grade gegenüber. Es gehört bereits zum Menschsein, zu seiner Verantwortung, daß man nichts bejahen oder unterstützen darf, dessen Ziele man nicht genau kennt. Selbst wenn man annähme, daß in höheren Graden die gleichen »guten Ziele«

herrschen, so hätte man doch nie die Garantie, daß dem so ist oder daß nicht gerade dort eine Unterwanderung geschieht und die Ziele umfunktioniert werden. Man hat keine Möglichkeit, nach oben hin zu kontrollieren oder zu beeinflussen, sondern erlebt das Gegenteil, daß es einem selber von höheren Graden widerfährt. Ein jeder Grad muß schon dem nächsthöheren gegenüber in völliger Unkenntnis leben (bei jedem Grade nehmen bei Treffen unerkannt solche höherer Grade teil und bei diesen wiederum solche noch höherer Grade und so fort bis an die geheime Spitze, die damit bis ins Kleinste informiert ist, alles gängeln und auch umfunktionieren kann), und unterstützt zugleich doch – damit unbesehen – die Gesamtorganisation und die Ziele einiger weniger »Wissender«. Das beste Wollen kann damit in satanische Dienste gestellt werden. Diese anonyme und – etwa auch durch ihre Hilfsorganisationen, wie »Rotary International« und der »Lions International« – bis ins Kleinste informierte und ihren Einfluß ausübende Macht hebt nicht nur die Unabhängigkeit einzelner auf, sondern auch die vom Vertrauen vieler getragener gewählten Vertreter verschiedenster Gremien und Funktionsgruppen, etwa die Unabhängigkeit von Politikern (die womöglich entgegen dem Interesse der ihnen Anvertrauten entscheiden oder handeln »müssen«) und die von Richtern.

Ein Christ kann aus den genannten Gründen um der ihnen anvertrauten Menschen und um Christi und um seines Seelenheiles willen nicht der Freimaurerei angehören. Auch in den Organisationen der »Rotary International« und der »Lions International«, die den Freimaurern zumindest Zubringerdienste leisten, diente er letztlich einer dunklen Sache. Daß sich jetzt Kirchen den Freimaurern nähern und dem Liberalismus, Marxismus und dgl. öffnen, ist geistliches Dirnentum, ist Abfall.

C) Die Freimaurerei unter endzeitlichem Aspekte

Schon von ihrem Menschen- und Weltbilde her »bauen« die Freimaurer theoretisch und praktisch an einem anderen Reiche als an dem, das uns die Bibel als das – ohne Zutun der Menschen kommende – Reich Gottes verheißt. Ihre Hoffnung ist nicht unsere christliche Hoffnung. Ihre Hoffnung mag dabei große Zustimmung unter den Menschen erhalten; wir brauchen nur daran zu denken, wie sehr man vom »Fortschritte« spricht, vom »neuen Menschen«, von der »neuen Welt« usw. träumt. Das Beifallklatschen der Massen kann sogar bedeuten, daß es sich um ein Gegenreich, um ein antichristliches Reich handelt. In der Offenbarung des Johannes heißt es nach der Tötung zweier endzeitlicher »Zeugen Gottes« in 11, 10: »Die Erdbewohner werden sich über sie freuen und Jubellieder anstimmen und einander Geschenke senden; diese zwei Propheten haben die Erdbewohner gequält.« Schon jetzt zeigt sich ein wenig ein solcher Jubel beim Niederreißen der sittlichen und naturhaften Ordnungen, bei Verhöhnung und Aufhebung der Gebote Gottes und bei Lästerungen Christi, im Wahne, dadurch »frei« oder »mündig« zu sein.

Es wird vielfach auf den starken jüdischen Einfluß auf die Freimaurerei hingewiesen, und man kann folgende einander widersprechende Behauptungen hören: Die Freimaurerei sei ganz von Juden unterwandert worden, und: Die Juden seien ganz in die Hand der Freimaurer geraten, seien bloß noch ausführendes Organ der Logen. Nun, abgesehen davon, wer hierbei mehr recht hat, oder ob keine der beiden Möglichkeiten zutrifft, oder ob beide Möglichkeiten zum Teile zutreffen, haben wir uns doch sowohl vor Freimaurern als auch vor gegen Gott stehenden jüdischen Kreisen zu hüten. So wie – auch politisch einflußreiche – Wirtschaftsimperien, wie z. B. die von Rockefeller und von Rothschild, gegeneinander kämpfen können, so gewiß auch die beiden genannten Mächte, die gleicherweise antichristlich nach der Weltherrschaft streben, womöglich im Interesse einer hinter beiden stehenden Macht, vor der wir uns nicht weniger hüten müssen und die vielleicht so vollends und seicht weltlich geworden ist, daß es ihr nur noch um's Geld und um's Beherrschen geht; und der Satan vermag hinter den verschiedensten gegensätzlichen Mächten zu stehen, schon die Verwirrung auszunutzen, daß viele von der einen Seite zur anderen fliehen und doch in seinem Bannkreise bleiben, womöglich nun erst recht in Knechtschaften geraten.

Daß Mächte, die einander bekämpfen – wie die genannten Mächte oder wie die unter dem gleichen Fünfstern stehenden Mächte USA und UdSSR oder wie der säkularisierte »Westen« und der säkularisierte »Osten« –, dies sehr wohl im Dienste einer höheren Macht tun können, zeigt bereits die Offenbarung. In ihr finden wir das Gegeneinander der antichristlichen Mächte »Tier« und »Hure«, so in 17, 16.

Es kann gewiß auch dieses geben, daß einander verwandte Mächte nur vorübergehend oder nur in Randbezirken oder auch nur scheinbar einander bekämpfen, sich aber sehr einig sind, wenn es gegen Christus geht. Daß manche aus dem Judentume sich der Freimaurerei und dem Kommunismus (auch zwei Mächte, die manchmal nur einen Scheinkampf gegeneinander vollführen) verbunden fühlen, zeigt folgendes Aufschlußreiche: Erzbischof Marcel Lefebvre sagte in einem Vortrage am 6. März 1977 in München: »Ich will nicht von den Juden sprechen ... aber sie sind es ja, die mich angreifen ... In einer Zeitung in Israel ist ein Artikel mit dem Titel ‚Israel und Econe' erschienen. Ich habe nie von Israel gesprochen und ich habe nicht von den Juden gesprochen, ich habe nichts gesagt. Und sie sagen dies auch in ihrem Artikel: ‚Exzellenz Lefebvre hat in Lille nicht über die Juden gesprochen, er hat nichts über uns gesagt.' Und sie sagen dann etwa: ‚Exzellenz Lefebvre ist viel zu klug, um von den Juden zu sprechen. Aber wenn er die Kommunisten angreift, wenn er die Freimaurer angreift, weiß er sehr gut, daß er damit uns angreift. Denn wir haben unter ihnen unsere Freunde, Freunde unter den Freimaurern, Freunde unter den Kommunisten.'« Damit wird nicht nur der starke jüdische Einfluß auf den Kommunismus und die Freimaurerei zugegeben, sondern sogar eine gewisse Identifizierung vorgenommen.

Ohne Zweifel hat man sowohl gegen Freimaurer als auch gegen Juden mit vielen Lügen und Fälschungen gearbeitet, die letztlich die Probleme nur verwirrt und den dunklen Elementen auf beiden Seiten geholfen haben. Die einen konnten aufgrund der Verleumdungen unmenschliche Verfolgungen beginnen oder unterstützen, die anderen mit dem Aufdecken der Fälschungen berechtigte Kritik abwürgen oder lächerlich machen und daher umso mehr »im trüben fischen«. Aber auch hier darf weder ein falsches noch ein berechtigtes Schuldgefühl dazu führen, daß man notwendige Auseinandersetzungen scheut, etwa eine mit dem Zionismus (einem komplexen Gebilde mit einem Facettenreichtum unterschiedlichster Strömungen), der von vielen orthodoxen Juden als eine Entstellung, wenn nicht Verkehrung des jüdischen Glaubens angesehen wird, und mit dem Freimaurertume, das in seiner Geisteshaltung weithin nicht nur anti»kirchlich«, sondern auch anti»christlich« ist, einen »Humanismus« will, der mit dem christlichen Glauben letztlich unvereinbar ist, mögen die Freimaurer auch Christen in ihren Reihen haben und dulden, sofern sie in den Grenzen freimaurerischen Humanismus' bleiben. Das heißt: So sehr wir als Christen auch die Freimaurer zu lieben haben, so sehr ist es doch unsere Aufgabe, gegen alles Anti»christliche« im Freimaurertume zu zeugen.

Beim Thema »Freimaurer und Juden« sollte jedoch auch gesehen werden, daß auf Israel – bei allem noch stattfindenden jüdischen Abfall – Gottes Verheißung liegt, auf Freimaurerei aber nicht.

(Über die Entstehung »Über das Wesen und über das Wirken der Freimaurerei« kann man viel aus den Büchern Juan Malers – Avda Belgrano 165, 8400 Bariloche, Argentinien – erfahren: »Die Große Rebellion«, »Gegen Gott und die Natur«, »Die sieben Säulen der Hölle«, »Der Sieg der Vernunft« und »Verschwörung«; zum Thema »Freimaurer« stand schon etwas in II, 3).

2) Jüdische Strömungen und Gruppen

A) Jüdische Unterwanderungsversuche dürfen nicht verschwiegen werden

Bewußt wird hier nicht von »Unterwanderungsversuchen« ‚der' Juden gesprochen, ist ja eine jede Verallgemeinerung unwahr und verhängnisvoll. Auch soll die Erwähnung jüdischer Beiträge zum Niedergange und zur Versklavung der Menschheit nicht bedeuten, daß das jüdische Volk als solches abgewertet wird, vielmehr die dankbare Feststellung miteinschließen (siehe B), daß es in besonders hoher Zahl und in besonders hohem Maße Juden waren und sind, die sich für die äußere und innere Entwicklung der Menschheit eingesetzt haben und damit uns Geschenke in den Schoß gelegt haben, die wir nicht missen möchten.

Auch ist man sich der Schwierigkeit bewußt, als Deutscher, wenn auch erst nach Kriegsbeginn nach Deutschland gekommen, über Juden zu sprechen angesichts der Greuel und Ausrottungen im »Dritten Reiche«, die nicht durch den Hinweis darauf aus der Welt und aus der Ewigkeit geschafft werden können, daß es hier viele Übertreibungen und Fälschungen gibt (z. B. bei der Frage der 6 Millionen Ermordeten und bei der Frage der Vergasungen); diese machen aber leider auch das Glaubwürdige für viele unglaubwürdig, erzielen also einen gegenteiligen Effekt. Wieviel Schuld auch vorliegen mag – es dürfte doch selbst einem auch noch so schuldig Gewordenen nicht verwehrt werden, die Dinge beim Namen zu nennen.

Es wäre im vorliegenden Falle wahrheitsverfälschend und den anderen One-World-Kräften gegenüber unfair und ungerecht, würde man nur sie kritisieren, aber die große Rolle jüdischer Unterwanderer hierin unterschlagen. Dann müßte man eher völlig schweigen; aber das wäre für die Menschheit verhängnisvoll. Wir sind für die gesamte Welt verantwortlich und dürfen daher vor keiner Gefahr schweigen. Zudem, große Offenheit ist überall wichtig, auch damit Vorurteile und falsche Tabus ausgeräumt werden. So sollte auch das Thema »Juden« nicht tabu sein und Schriften verfemt werden, die sich mit diesem Thema befassen. Man sollte so sehr gegen jegliche Diktatur sein, daß man auch Unterdrückungen in der Judenfrage für übel hält.

Es geht auch nicht an, eine Diskussion in diesen Fragen mit der Behauptung abzuwürgen, da wir Christen jahrhundertelang viel Unheil über Juden gebracht haben (unter Verschweigung dessen, daß es in der

Geschichte auch wiederholt zu Massenmorden an Christen und Nichtchristen durch Juden gekommen ist), hätten wir den Mund zu halten. Man sollte, vielmehr umgekehrt, sagen, daß gerade, wenn man ein gutes und wahres Verhältnis zwischen Juden und Christen – entsprechend: zwischen Juden und Deutschen – erreichen will, gegenseitige Offenheit unumgänglich ist. So wie zwischen Freunden ein gutes Verhältnis nur bestehen kann, wenn Offenheit und Wahrheit herrschen, so kann es auch nicht ohne sie zu einem guten Verhältnis zwischen Juden und Christen und zwischen Juden und Deutschen kommen. Zudem sitzen wir alle in demselben Boote.

Sagte man, wer Juden kritisiere, sei antisemitisch, so müßte ich, da ich auch und noch viel mehr Entwicklungen in der Kirche kritisiere, »antikirchlich« oder »antichristlich« sein. Aber so wenig eine solche Folgerung zulässig wäre, ist die Folgerung, wer Juden kritisiere, sei ein Antisemit, zulässig. Ja, so wenig Kritik an der Kirche mir die Liebe zur Kirche (erfolgt doch die Kritik an der Kirche ja gerade aus Liebe zu ihr) absprechen kann, so wenig Kritik an Juden die Liebe zum jüdischen Volke. Von Anfang an greife ich doch in dieser Schrift auch kirchliche Probleme auf. Darum ist meine Erwähnung jüdischer Unterwanderung weder eine Überheblichkeit noch ein Anzeichen von Haß.

B) Der Blick auf jüdische Gefahren leugnet weder das Besondere des jüdischen Volkes noch seine positiven Beiträge

a) Das Geheimnis des jüdischen Volkes

Weder ungeheure Verfolgungen und Zerstreuungen noch Assimilationsversuche haben das jüdische Volk vernichten können. Weit zahlreichere Völker sind in kürzerer Zeit schon untergegangen; aber die Juden haben Jahrtausende überdauert und Machtstellungen erlangt, die weder relativ noch absolut von anderen Völkern erreicht worden sind. Alle Versuche, das jüdische Volk wie ein jedes andere Volk zu sehen und zu behandeln, scheitern und werden scheitern.

Mehr oder weniger spürt man es schon – auch wenn man noch nicht die Bibel aufschlägt –, daß wir es hier mit einem Geheimnis zu tun haben. Dieses Geheimnis liegt in der »Erwählung«, im Geschenke der »Gotteskindschaft«, dem Bewußtsein, »Volk Gottes« zu sein. Dies ist keine »Anmaßung« der Juden und darf auch zu keiner führen, etwa in der Meinung, besser als die anderen zu sein, die Erwählung »verdient« zu haben, schließt doch Gottes freies Erwählen jegliches Verdienst aus. Die Erwählung wollte gerade zeigen, daß Gott nicht aufgrund besonderer Vorzüge oder Verdienste erwählt, sondern es aus freien Stücken, ja allein aus Gnaden tut. Er kann der Welt sein liebendes Handeln gerade an einem unsympathischen oder gar verhaßten Volke besonders anschaulich machen (wie Gott handelt, zeigt z. B. – mit einem Gerichtswort über die anderen – Korinther 1, 26 ff). Die Erwählung Israels bedeutet nun nicht nur nicht, daß es besser als andere wäre, sondern auch nicht, daß es durch die Erwählung es »besser« als die anderen hätte, daß Gott bei ihm »fünf gerade sein« ließe. Nein, Gott geht mit ihm viel strenger um. Gericht und Gnade, beides übt Gott an ihm viel sichtbarer aus. Nicht nur, daß beides, Gericht und Gnade an ihm, auch uns zugute, deutlicher gezeigt wird, sondern es erfüllte sich, in Christus, auch das Wort »Das Heil kommt von den Juden« (Johannes 4, 22 b). Zu unserem Heile wurde uns schon das Alte Testament geschenkt, das wir als Christen nicht missen können, und dann Jesus Christus und damit das Neue Testament.

Die Erwählung bedeutet gewiß auch einen großen Schutz. Von Gottes Verhalten Jakob gegenüber gilt (5. Mose 32, 10): »Er behütete ihn wie einen Augapfel«. Dieser Schutz besteht auch nach der – bisherigen – Ablehnung des Heilsangebotes Gottes in seinem Sohne. Es ist der Gott der Liebe, der seine Hand auch noch über den hält, der in größte Sünde gefallen ist, es ist der Gott, der sogar zum Mörder Kain gesagt hat (1. Mose 4, 15): »Wer Kain totschlägt, das soll siebenfältig gerächt werden«.

Dieser besondere Schutz sollte einen jeden davor warnen, sich an diesem Volke zu vergreifen (schon das Schicksal unseres deutschen Volkes nach den Verbrechen im Dritten Reiche sollte alle davon abhalten, antisemitisch zu sein und zu handeln), aber auch davor, durch einen falschen Philosemitismus Dunkles im Judentume zu verschweigen und dadurch zu fördern und durch die Unwahrheit und Ungerechtigkeit den Antisemitismus zu steigern. Wir sollten einen Weg zwischen dem Antisemitismus und dem falschen Philosemitismus finden und hierbei sehen: Dem Probleme des Volkes Israel werden wir nicht gerecht, wenn wir es nur oder in erster Linie weltlich sehen. Schon gegenüber der übrigen Völkerwelt gilt: Daß in manchen Völkern auch besonders Böses erfolgen kann, ist gerade nicht (oder nicht in erster Linie) biologisch bedingt, etwa volks- und rasseeigen, sondern kann der Schuld und dem schlechten Vorbilde der Vorfahren zugrundeliegen (man hat die Dinge auch geschichtlich und gottesgeschichtlich zu sehen) – wobei das Erste belastet, das Zweite verführt –, wie auch einer eigenen besonderen Gottesferne bzw. dem, daß man sich verschiedenen Götzen und Dämonen unterworfen hat. Das Wort in Sprüche 14, 34: »Gerechtigkeit erhöht ein Volk; aber die Sünde ist der Leute Verderben« zeigt eine tiefe Wahrheit. Manch besonders dunkler Widerspruch gegen Gott und gegen seine Schöpfung beim Volke Israel erklärt sich daraus, daß es in seiner Gesamtheit noch ferne vom wahren Messias wandelt. »Das ist kein Grund zur Überheblichkeit«, sagte doch Paulus uns im Hinblicke auf Israel in Römer 11, 20: »Sei nicht stolz, sondern fürchte dich!« und in den Versen 22 und 23: »Schau die Güte und den Ernst Gottes; den Ernst an denen, die gefallen sind, die Güte aber an dir, sofern du an der Güte bleibst; sonst wirst du auch abgehauen werden. Und jene, so sie nicht bleiben in dem Unglauben, werden sie eingepfropft werden.« Auf dieses »Eingepfropftwerden« von »ganz Israel« in den Leib Christi sollten wir hoffen. Biblischen Erkenntnissen haben wir hier zu folgen und eine bibelgemäße, christusgemäße Haltung einzunehmen.

Mit der Verwerfung Jesu Christi geht das jüdische Volk immer noch einen bitteren Weg. In dieser Frage machen sich zwei falsche Haltungen in der Christenheit breit: 1. Die Juden für immer ihrer Kindschaft beraubt zu sehen und 2. in den Juden immer noch das eigentliche Volk Gottes zu sehen, bei ihm in der Endzeit eine beherrschende Rolle anzunehmen – eine neue Welt unter jüdischer Herrschaft – und (nur) für einen »Dialog« mit Israel einzutreten, aber die Judenmission abzulehnen, da Israel in seinem Glauben schon den wahren Gott verehre, bereits beim »Vater« sei, während die Christen erst durch Christus (quasi auf einem Umwege?) zu ihm kämen.

Zu 1.) Dieser Haltung widerspricht die Bibel. So sagt Paulus in Römer 9, 4 und 5 von seinen Volksgenossen: »welchen gehört die Kindschaft und die Herrlichkeit und der Bund und das Gesetz und der Gottesdienst und die Verheißungen« – also immer noch – und fährt fort: »welcher auch sind die Väter und aus welchen Christus herkommt nach dem Fleisch . . .« Von Israels »Blindheit« heißt es »zum Teil«, also einschränkend (Römer 11, 25 b): »Blindheit ist Israel zum Teil widerfahren«, und daß dies auch bloß zeitweilig ist, zeigt die Fortsetzung: »so lange, bis die Fülle der Heiden eingegangen ist«. Was dies bedeutet, zeigt der folgende Vers: »und also das ganze Israel selig werde«.

Zu 2.) Bereits die schon in Römer 11, 22 und 23 angeführten Begriffe »gefallen« und »abgehauen« wie auch der soeben angeführte Begriff »Blindheit« (in 2. Korinther 3, 14 »ihre Sinne sind verstockt« und »Decke . . . über dem Alten Testament« und in Vers 15 »Decke vor ihren Herzen«) widersprechen dem, daß Israel nicht einen unseligen Weg gehe, und erst recht dem, daß es bereits beim »Vater« sei. In Matthäus 8, 12 sagt Jesus sogar: »Die Kinder des Reichs werden ausgestoßen in die Finsternis hinaus« und in Matthäus 21, 43: »Das Reich Gottes wird von euch genommen und einem Volke gegeben werden, das seine Früchte bringt« (in 1. Petrus 2, 9 wird dementsprechend den

Heidenchristen gesagt: »Ihr ... seid das auserwählte Geschlecht, das königliche Priestertum, das heilige Volk, das Volk des Eigentums«), und in Apostelgeschichte 13, 46 sagt Paulus: »Euch mußte zuerst das Wort Gottes gesagt werden; nun ihr es aber von euch stoßet und achtet euch selbst nicht wert des ewigen Lebens, siehe, so wenden wir uns zu den Heiden«. In 1. Tessalonicher 2, 15 und 16 sagt Paulus sogar die sehr ernsten Worte über die Juden: »welche auch den Herrn Jesus getötet haben ... und gefallen Gott nicht und sind allen Menschen zuwider- ...der Zorn ist schon über sie gekommen zum Ende hin«. Weder Bibelverdrehungen noch ein Sich-Einschmeicheln bei Israel können diese Tatsache aus der Welt schaffen, daß die Juden unter dem »Zorne« sind!

Von einer Herrschaft oder auch nur Vorherrschaft der Juden in der Endzeit spricht das Neue Testament keineswegs. Was der Jude bestenfalls werden kann, ist: unser Bruder, aber nicht ein primus inter pares und erst recht nicht unser Herr. Epheser 2, 14 ff: »... der aus beiden eines hat gemacht«, zeigt uns gerade, daß kein Unterschied mehr sein soll, und Galater 3, 26 ff: »Hier ist kein Jude noch Grieche ...« bestätigt dies. Alle Träumereien vom herrschenden Israel in der Endzeit sind gegen die Bibel. Auch Römer 11, 23 zeigt uns dies eindeutig mit dem Bilde vom Ölbaume und seinen Zweigen, indem von den »ausgebrochenen« Zweigen höchstens gesagt wird: »Gott kann sie wohl wieder einpfropfen«; d. h., die Juden können sich höchstens einordnen lassen in den »Leib Christi« aber sich nie zu »Führern« oder Herrschern in der Christenheit aufschwingen, nicht zuletzt, weil das »Herrschenwollen« gerade dem Geiste Christi entgegengesetzt ist (siehe Matthäus 20, 26). In Matthäus 19, 28 sagt Jesus zu seinen Nachfolgern sogar: »Ihr werdet sitzen auf zwölf Stühlen und richten die zwölf Geschlechter Israels«, also im gewissen Sinne sogar umgekehrt! Dem entspricht auch das Wort in Offenbarung 3, 9: »Siehe, ich werde geben aus der Satans Schule, die da sagen, sie seien Juden und sind's nicht, sondern lügen; siehe ich will sie dazu bringen, daß sie kommen sollen und niederfallen zu deinen Füßen und erkennen, daß ich dich geliebt habe.« In der Auslegung hierzu schreibt Landesbischof Hanns Lilje (»Das letzte Buch der Bibel«, Furche Verlag, Hamburg, 6. Auflage, 1960, Seite 95): »Die Erwartung, die einst Israel hatte und die seine abgefallenen Söhne noch festhalten, daß nämlich einmal die Völkerwelt Israel huldigen wird, tritt nun in majestätischer Umkehr gegen sie auf: das abgefallene Israel, das jetzt zum Verfolger der Gemeinde Gottes herabgesunken ist, wird einst kommen und dem geistlichen Gottesvolke huldigen, der Gemeinde Christi, die Israel heute verfolgt. Die schönste Verheißung, die einst dem Gottesknecht gegeben wurde (Jes. 43, 4), gilt nun dem geistlichen Israel: ‚Ich habe dich lieb'.« Und auf derselben Seite schreibt Lilje: »Sie sind nicht mehr Volk Gottes, sondern nur noch ‚Teufelssynagoge' (9; vgl. 2, 9).«

Bereits das »unter dem Zorne sein« ergibt für die Juden die Notwendigkeit, daß ihnen uneingeschränkt Jesus Christus verkündigt wird. Aber noch abgesehen davon, mit welcher Notwendigkeit wir die Judenmission begründen, sie ist uns aufgetragen, wie es mehrere Bibelstellen zeigen bzw. einschließen, z. B. Markus 16, 15: »Gehet hin in alle Welt und predigt das Evangelium aller Kreatur!« Gewiß hat die Judenmission in einer anderen Weise als die Heidenmission zu erfolgen, wenn auch nicht weniger deutlich und engagiert. Diese Besondere wird aber bereits durch das Wort »Juden«mission im Unterschiede zum Worte »Heiden«mission angedeutet, so wie sich in gewisser Weise auch die Mission an Mohammedanern von den übrigen Missionen unterscheidet, ist ja der Islam eine nachchristliche und damit widerchristliche Religion.

Verzicht auf Judenmission bedeutete auch, daß wir die Judenchristen in aller Welt und besonders in Israel alleinließen, sie verrieten, ja gegen sie zeugten.

Die Judenmission legt uns für unser Sein und Tun eine besondere Verpflichtung auf. Damit sich Israel eher bekehren kann bzw. nicht an seiner Bekehrung gehindert wird, ist es nötig, daß wir nicht antisemetisch sind (was nicht ausschließt, daß wir in politischen Fragen oder angesichts einiger Mißbräuche und unguter Einflüsse oder bedenklicher Machtzusammenballung gegen Juden zu stehen haben), vielmehr selbst die feindseligen Juden lieben, auch eingedenk dessen, daß sie, wenn sie Jesus als den Messias ablehnen, auch gegen uns als Christen sein müssen. Auch sollten wir Erbarmen mit den Juden haben, weil sie unter dem »Zorne« leiden, weithin unglücklich sind – so ist z. B. die Selbstmordziffer unter den Juden weit höher als unter christlichen Konfessionen –, und ihnen nicht das Heil vorenthalten.

Wir sollten ein heißes Verlangen danach haben, daß auch Israel zu Gott durch Jesus Christus heimkehrt. Wenn wir die Juden lieben, werden wir auch ihnen das Beste nicht vorenthalten, vielmehr es ihnen wünschen und es ihnen zukommen zu lassen versuchen. Den Juden das Evangelium zu verweigern, wäre der schlimmste Antisemitismus. Eine Weltanschauung oder eine Idee, die auch nur einen einzigen Menschen ausschließt, ist menschenfeindlich, ja menschheitsfeindlich. Im christlichen Glauben, genauer: in Jesus Christus können alle Völker und alle Menschen ihr Heil und ihre Einheit finden.

Damit die Juden uns auch äußerlich näher kommen, uns verständlich und lieb werden, wäre es hilfreich, Bücher über sie, wie etwa die von Salcia Landmann zu lesen.

Die Ablehnung oder Mißachtung der Judenmission wird durch die Neigung mancher christlicher Kreise begünstigt, die Heimkehr jüdischer Menschen aus aller Welt in das Land ihrer Väter und die Gründung des Staates Israel als die schon im Alten Testament verheißene »Heimkehr« der Juden anzusehen oder doch als deren Anfang (wobei auch die gegenteilige Haltung entstehen kann, jetzt erst recht Judenmission zu treiben, da die Rettung von ganz Israel vor der Tür stehe).

Nun, der Staat Israel, in dem die gläubigen Juden sogar die Minderheit bilden und in dem Judenchristen unterdrückt, wenn nicht verfolgt werden, ist nicht nur ein weltlicher Staat, sondern steht auch weithin gegen Gott. In ihm sind 83 % glaubenslos, was sie nicht hindert, gegen Christen und gegen Judenmission zu sein. Es wird mir unvergeßlich bleiben, wie vor über zwei Jahrzehnten mein Landsmann Otto Freiherr von Taube in einem Vortrage sagte, daß der Staat Israel nicht von einer Heimkehr zeuge, sondern einen eigenmächtigen Weg darstelle. Er sei ein Makkabäerstaat, ob er nun 2, 200 oder 2000 Jahre bestehen würde. Man kann es mit Händen greifen, daß mein Landsmann recht behalten hat. Dies schließt nicht aus, daß Gott auch aus etwas Verkehrtem etwas Gutes machen, es in seinen Heilsplan stellen kann.

Ähnlich wie Otto Freiherr von Taube sieht Prälat Karl Hartenstein das Problem des Staates Israel. In seinem Buche »Der wiederkommende Herr« (Evang. Missionsverlag GmbH Stuttgart, 1954) – eine Auslegung der Offenbarung des Johannes – lesen wir auf Seite 105: ». . . stehen wir mitten in der Erfüllung des 11. Kapitels. Denn das, was sich in Palästina ereignet, ist nichts anderes als das Anheben der letzten, antichristlichen Zeit für Israel. Die Juden haben mit den Waffen in der Hand, mit den Panzern, mit den Bombern, mit den Flugzeugen das Land der Väter erobert. Das sind nicht die Heimgekehrten, die ‚gen Zion kommen werden mit Freuden'! Was heute sich in Palästina in dem sogenannten Staate Israel und in Jerusalem abspielt, ist ein unerhörtes antichristliches Zeichen. Die Mächte des Blutes und der Gewalt, die Tiergeister haben nun auch dieses jüdische Volk an das äußerste Ende von Christus entfernt weggetrieben. Aus Jerusalem wird Sodom und Ägypten werden. Dieses Volk wird völlig in die Hände der Geister und der Mächte dieser Welt fallen. Seht, man kann an Israel die ganze Heilsgeschichte ablesen. Dieses Volk hat sich Gott erwählt, und dieses Volk bleibt erwählt. Dieses Volk hat den Christus gekreuzigt und dieses Gericht bleibt über ihm bis zum Ende. Und dann wird die

Stunde kommen, in der Gott auch dieses erwählte Volk als Ganzes heimbringen und retten wird. Man kann an Israel das antichristliche Angesicht unserer Zeit am allerschärfsten ausgedrückt sehen. Wenn der Jude, über dem das ganze erwählende Geheimnis Gottes steht, in die Hände des Antichristen fällt, dann ist der Tag des Herrn nicht ferne«, und auf Seite 106: »Was ist für ein Haß gegen Israel aufgebrochen, und wie hat Gott uns darum gestraft, weil wir uns an dem Volke versündigt haben, das ihm gehört! Und doch ist dieser Haß auch das Zeichen des Gerichtes Gottes über Israel. Und an dem Haß der Völker ist in ihm der Haß gegen die Welt aufgebrochen und es hat sich sein Land mit Gewalt genommen, und es wird alle Zeugnisse von Jesus Christus aus seinem Lande entfernen.« Nun, inzwischen ist es schon zum sogenannten Antimissionsgesetz in Israel gekommen.

b) Mutige jüdische Kämpfer gegen »die Weltveränderung und für die Menschenrechte«

Von Anfang an gab es Juden, die viel für die jeweilige Gesellschaft getan haben, politische, wirtschaftliche und ethische Leistungen für ihre »Wirtsvölker« vollbracht haben, in heißer Liebe zu ihnen. Und da wollen wir auch daran denken, wieviel Juden für Deutschland getan haben, auch nach dem letzten Kriege, wie z. B. der jüngst verstorbene Erlanger Professor Hans-Joachim Schoeps. Das Zusammenleben – trotz vieler Spannungen – bedeutet eine beiderseitige Bereicherung, eine Schicksalsgemeinschaft mit auch fruchtbarem kulturellem Austausch. Man sollte darum die Gemeinsamkeit des betreffenden Kulturraumes anerkennen, wenn nicht sogar, daß die Juden zu dem Volke gehören, in dessen Mitte sie leben, zwar nicht biologisch, aber doch kulturell und schicksalhaft. Juden z. B., die aus dem »Dritten Reiche« geflüchtet waren, besaßen durch und durch deutsche Mentalität und fühlten sich daher in der Fremde echt »fremd«, dachten in tiefer Sehnsucht an das Volk und Land, das sie verfolgte. Welch echte menschliche Tragödie! Und nicht nur damals.

Wir sollten auch für alle jüdische Bundesgenossenschaft im Kampfe gegen die »Eine-Welt-Bewegung« dankbar sein. Es sollte auch nicht übersehen werden, daß in den USA die Zahl der Juden wächst, die zu den Rechten stoßen und den Kampf gegen den Marxismus und zersetzenden Linksliberalismus aufnehmen, und in Rußland die Zahl der Juden, die sich für Menschenrecht engagieren. Dies ist umso bemerkenswerter, als viele von ihnen selber überzeugte Kommunisten sind (oder waren), ein Zeichen dafür, daß viele Juden den Mut haben, auch ihrer eigenen Seite oder Partei um des Menschen willen und um der Wahrheit willen entgegenzutreten, ohne Rücksicht auf ihr eigenes

Schicksal, eine selten gewordene Haltung in unserer Zeit. Einer von ihnen ist der jüdische Schriftsteller Lew Kopelew, der als Offizier einer Propagandaeinheit Augenzeuge der furchtbaren Exzesse war, derer sich die rote Soldateska 1945, beim Einbruche in die Ostprovinzen des Deutschen Reiches, schuldig gemacht hat. Da er sich der durch Ilja Ehrenburgs (eines Volksgenossen!) Mordaufrufe mitentfesselten Mordgier widersetzte, verschwand er für mehrere Jahre in den Gefängnissen und den Lagern des Archipel Gulag. Gegen ihn, der Verfasser des Buches »Aufbewahren für alle Ewigkeit« ist, in dem rote Untaten beim Einmarsche in Deutschland geschildert werden, ist nach »Afghanistan« ein erneutes Kesseltreiben eröffnet worden. Der Bürgerrechtler Andrej Sacharow schreibt u. a.: »Ich erkläre meine Solidarität mit Lew Kopelew. Die Wahrheit und die moralische Kraft sind auf seiner Seite. Und ich bin sicher, daß er die Sympathie sehr, sehr vieler ehrlicher Menschen auf seiner Seite hat.« Inzwischen ist Lew Kopelew ausgebürgert worden und lebt nun im Westen.

In der Bundesrepublik ist es besonders J. G. Burg, der für sein Eintreten für die Wahrheit zu leiden hat. In einigen Büchern tritt er mutig gegen Rufmord am deutschen Volke ein. Durch eigenes Erleben ist er darauf gestoßen, daß eine großangelegte Verleumdungskampagne gegen uns besteht, die von den meisten nicht durchschaut wird, was daran liegt, daß im »Dritten Reiche« tatsächlich große Ungerechtigkeiten und Verbrechen geschahen, so daß jetzt auch bereitwillig an solche Verbrechen geglaubt wird, die nur in einer raffinierten Propaganda existieren. Im Buche »Maidanek in alle Ewigkeit?« (Ederer Verlag, München, 1979) schreibt er auf Seite 53: »Als Angehöriger einer staatlichen Erforschungskommission hatte ich Ende 1944 die Möglichkeit, Maidanek offiziell zu besuchen. Im Herbst 1945 privatim nochmals, Maidanek und Ausschwitz. Es stand mir alles offen, rundherum, innen und außen. Ich sprach ausführlich mit langjährigen Insassen, die alle Winkel im Lager kannten, keiner von ihnen aber hat je von einer Gaskammer gesehen und gehört, in der Menschenleben ausgelöscht worden sind. Ihnen waren nur Gasinfektionskammern zur Vernichtung von Ungeziefer, wie sie auch im Musterlager Theresienstadt gewesen sind, bekannt. Anfang 1946 wurde ich dem DP-Lager Neufreimann bei München zugeteilt. Ich war Lagerrichter und es unterstand mir auch die Polizei. Ich war in der Presseabteilung und arbeitete in der Kommission zur Erforschung der Ereignisse während der KZ-Ära mit, beim Zentralkommitee, mit Sitz in München, Sieber-Möhl-Straße. Nun hatte ich wieder mit dem Problem Massenmorde und Vergasungen zu tun. Hier mußten Fragebogen für die UNO ausgefüllt werden, die von Fragestellern, alle durchweg aus Israel, wenn nicht in ihrem Sinne beantwortet, mit Terror geahndet wurden« und fährt auf Seite 54 mit dem Schicksale eines jüdischen Arztes fort, der seine Verbannung zu gut geschildert habe: »Auch seine neu ausgefüllten Fragebogen wurden ihm wieder zurückgegeben, und man drohte ihm an, seine Auswanderung nach Übersee zu verhindern. Damals schon wurde der Grundstein zur Jerusalemer Gruselkammer ‚Jad Waschem' gelegt, die sich mit lauter Arabesken schmückte.«

Speziell zu den behaupteten Geschehnissen im KZ Maidanek bringt Burg ein persönliches Erlebnis, das es deutlich macht, was es mit den sogenannten Gaskammern in Maidanek auf sich hat: »Hier möchte ich einen Fall schildern, der symptomatisch ist. Während meines Aufenthalts in einer zionistischen Ausbildungsschule in Breslau für Propagandisten, wo man aus Juden gemachte Seife zu sehen bekam und die Gaskammer- und Ausrottungstheorien gelehrt wurden, fiel mir dort ein junger Mann auf durch seine mutvolle Ehrlichkeit. Bei einer Gedenkblattaktion begegnete ich ihm später in Hildesheim wieder. Er klagte darüber, daß man ihm seinen ausgefüllten Bogen schon zweimal zurückgegeben habe und man ihm drohe, seine Ausreise nach den USA zu verhindern, wenn er nicht über seine Tätigkeit in den Gaskammern ‚ausführlich' berichte. R. W. erzählte mir unter Tränen, daß er nicht lügen kann, wenn es auch um Gojim geht. Als Orthodox-Gläubigem verbietet ihm das das Gebot 2. Moses 210,16, wo es heißt: ‚Du sollst kein falsch Zeugnis ablegen wider deinen Nächsten'. Er sagte mir, daß er Chef einer Entlausungskammer in Birkenau und später in Maidanek war. R. W. sollte in den Fragebögen aus Läusen Menschen machen und aus den zurückgebliebenen Kleiderbündeln die Beweise für die Ausrottung.«

Wer diese Berichte anfechten wollte, sollte sich fragen, wer eher zu Unwahrheiten versucht sein könnte: solche, die für wahrheitsgetreue Berichte fast nur Unannehmlichkeiten erfahren, oder solche, die über Gegner, wenn nicht Feinde berichten? Burg lief ja Gefahr, sich sowohl bei seinen Volksgenossen als auch bei der Bundesrepublik unbeliebt zu machen. Sollte er nur ein paar alten und neuen »Nazis« zu Gefallen geschrieben haben, die ihm auch nichts nützen können, darüber hinaus ihm nicht sonderlich sympathisch sein dürften (im Dritten Reiche hatte Burg 12 Familienangehörige verloren)? Wenn schon Menschen ohne großes Risiko zum Unrechte schweigen, hätte er es erst recht tun können. Er hätte den wenigsten Grund gehabt, etwas zu »erfinden«, das ihm ja nur Scherereien brächte. Er hatte für seine Wahrheitsliebe wahrhaftig etwas in Kauf zu nehmen. So wurde er von der Israelitischen Kultusgemeinde ausgeschlossen. Hierzu sagt er auf Seite 15 und 16 sehr treffend: »Kultus hat mit Politik nichts zu tun ... gegen die deutsche Verfassung verstoßen, die Freiheit für politische Äußerungen und politische Tätigkeit garantiert.« Auf Seite 120 berichtet er, wie man mit solch Unbequemen verfährt, die sich gegen zionistische und andere dunkle Propaganga auflehnen: so »sprach ich auch im Stanislaus-Prozeß in Münster für die Angeklagten und wurde dafür von zionistischen Nazischurken auf dem jüdischen Friedhof in München tätlich angegriffen, wo ich das Grab meiner Frau besucht habe. Ich hätte keine Anzeige gemacht, wußte ich doch, daß nichtzionistische Juden im Rechtsstaat BRD rechtlos sind. Bekannte wollten das nicht wahrhaben, und um die ungläubigen Thomase zu überzeugen, erstattete ich Anzeige. Als die pflichtbewußten Polizisten den Fall fast anklagereif abschließen wollten, wurden sie vom zuständigen Oberstaatsanwalt gebremst. Ich erhielt einen Brief, der eines Staatsbeamten unwürdig ist, in dem man mir mitteilte, warum die Untersuchungen eingestellt werden müssen. Der den Zionnazis dienende Staatsanwalt machte, wie das so üblich ist, Karriere und wurde zum Präsidenten des bayerischen Verfassungsgerichts befördert.« Welch einen anderen Grund hat Burg, solch eine Verfolgung auf sich zu nehmen, als den, sich der Wahrheit verpflichtet zu fühlen? Unbequem für alle Greuel-Propagandisten!

Ein weiterer Jude, der seinen Ruf aufs Spiel setzt, ist R. G. Dommerque Polacco de Menasce, Docteur en psychologie, 5, Rue Saint-Just, F-91270 Vigneux, France, Tel. 903 25 98, der am 6. 2. 1980 an den »Herrn Gerichtspräsidenten in Sachen Lischka, Justizpalast Köln« schrieb: »Herr Präsident, ich hatte bereits Anlaß genommen, Ihnen zu schreiben, als ich von der Einleitung des oben erwähnten Verfahrens Kenntnis bekam. Ich möchte Sie bitten, das heutige Schreiben als unumgängliche Ergänzung des ersten zu betrachten. Ich habe durch das Fernsehen erfahren, daß der Staatsanwalt 12 Jahre Haft für den Angeklagten beantragt hat.

In meiner Eigenschaft als Jude, nicht mehr tätiger Freimaurer, Hochschulprofessor und ehemaliger Kämpfer gegen den Nazismus, wende ich mich mit äußerster Entrüstung gegen solche Ungerechtigkeiten.

Das Wort ist nicht zu stark, und ich möchte seinen Gebrauch rechtfertigen.

1. Unter meinen Freunden, die Juristen sind, findet sich nicht einer, der es für möglich hält, nach 35 Jahren eine Anklage zu erheben, besonders wenn es sich um Personen handelt, die bereits vor Gericht standen und verurteilt wurden. Eine solche Anklage ist demnach ein wahrer Rechtsbruch, ohne Beispiel in der menschlichen Geschichte.

2. Diese hysterische Verfolgung (ich verwende das Wort hysterisch im klinischen und nicht im übertragenen Sinne) 35 Jahre nach Kriegsende ist an und für sich schon gesetzwidrig nach dem Geist des internationalen Rechts, sie stellt eine unzulässige Ausnahmegesetzgebung dar. Diese traurige Wirklichkeit wird aber noch unterstrichen durch folgende grausigen und abscheulichen Tatsachen:

a) Die Untersuchung, die ich seit einem Jahr vorgenommen habe, hat mir bewiesen, daß die Anschuldigung des Völkermordes in Gaskammern von 6 Millionen meiner Stammesgenossen absolut falsch ist. In Wirklichkeit sind während des Krieges 800 000 Juden durch Kriegshandlungen zu Tode gekommen (eingeschlossen jene der Konzentrationslager), während 10 Millionen Deutsche gestorben sind, von ihnen mindestens 1 1/2 Millionen in deutschen und alliierten Lagern. Das Verschwinden von mehreren Millionen in sieben Konzentrationslagern zwischen 1942 und 1944 ist aus arithmetischen Gründen vollkommen unmöglich, und das Studium der Vergasungstechnik beweist unumstößlich, daß die Gaskammern niemals existiert haben. Die einzigen jemals erfundenen Gaskammern hat es in USA gegeben, und zwar für die Vergasung einer einzigen Person. Kollektive Vergasungen hat es nur auf den Schlachtfeldern des 1. Weltkrieges gegeben.

Daß Herr Lischka während des Krieges Polizeichef unter einem verfassungsmäßig legitimen Regime gewesen ist, kann kein Verbrechen sein. Das ist wesentlich. Dazu sollte man noch folgende Tatsachen beachten:

b) In der Sowjetunion sind mindestens 15 Jahre vor der Existenz deutscher Lager und bis zum Jahre 1972 ungefähr 120 Millionen Nichtjuden durch ein jüdisches Marxistenregime vernichtet worden, in einem Gefängnis- und Konzentrationslagersystem, das vollständig von Juden geleitet wurde. Yagoda, Chef des NKWD, und seine Mitarbeiter Ouritzki, Sorenson, Jejow, Davidowischt, Bergmann als Lagerchefs waren Juden, ebenso die Gefängnisdirektoren Kogan, Semen, Firine, Apetter. Ich halte die vollständige Liste aller dieser jüdischen Henker, für die noch ein Super-Nürnberg aussteht, zu ihrer Verfügung: Frenkel allein ist verantwortlich für den Tod von Millionen Nichtjuden.

Es ist unannehmbar, daß man nicht nur ihr Land zu Unrecht eines Völkermordes anklagt, den es in Wirklichkeit nie gegeben hat, sondern daß man sie auch noch zwingt, gegen jede juristische Logik und nach 35 Jahren Anklage zu erheben und Urteile auszusprechen gegen Leute, die nichts als ihre Pflicht getan haben. Aber was noch schwerer wiegt ist, daß man sie zwingt, eine Unehre zu ertragen, die sie nicht verdient haben, die aber Deutschlands Ankläger hundertfach verdienen.

(Der Vergleich ist sogar noch ungenau, da es kein gemeinsames Maß gibt für 800 000 durch Kriegshandlungen umgekommene Juden und für die 120 Millionen, die durch eine halbe Hundertschaft jüdischer Henker vernichtet wurden. Die Fotografien der wichtigsten finden Sie im Band II des Archipel Gulag von Solschenizyn.)

Ich möchte schließen, indem ich sage, daß meine Stammesgenossen übertrieben haben. Mehr noch, es gereicht ihnen nicht zum Ruhm, wenn man daran denkt, daß die symbolische Herrschaft der Rothschild, Marx, Freud, Einstein und Picasso einen weltweiten Selbstmord einleitet.

Die elementarste Gerechtigkeit erfordert, daß diese Anklage nicht erhoben wird, daß sie im schlimmsten Fall mit klarem und einfachen Freispruch endet oder besser noch als unzuständig abgewiesen wird. (Es handelt sich ja, wie ich weiß, nicht um Gewalttätigkeiten, die das allgemeine Strafrecht betreffen.)

Wenn ich die deutsche Sprache beherrschte, wäre ich gekommen, um vor Gericht die Namen der 50 jüdischen Henker zu nennen, die in den UdSSR 120 Millionen Goys vernichtet haben, und die rechnerische Unmöglichkeit der Vernichtung von 6 Millionen in einer begrenzten Zeit ebenso vor Augen zu führen, wie die technische Nichtexistenz von Gaskammern.

Sie können dieses Schreiben beiden Parteien übermitteln, wie auch der Presse, die gänzlich von meinen finsteren Stammesgenossen manipuliert ist.

Glauben Sie, Herr Präsident, an die Versicherung meiner Hochachtung, wie auch an meine Hoffnung, eines Tages Deutschland aus dieser erniedrigenden Knechtschaft auferstehen zu sehen, von der der gegenwärtige Prozeß eine wahre juristische Farce, ein betrübliches Zeichen ist.

R. G. Dommerque

Kopie darf nur absolut vollständig verbreitet werden. Jeglicher Auszug ist untersagt.«

Gewiß mag man inhaltlich so manche Einwände erheben, aber daß Juden sogar für Gegner so eintreten können, ist sehr beachtlich.

Wir haben somit Grund, sehr dankbar für den selbstlosen und bewundernswert mutigen Einsatz vieler Juden für Menschenrechte und gegen die zerstörerischen Absichten der One-World-Bewegung zu sein. Soviele Unterschiede und Mißverständnisse und Schuld es in der Vergangenheit auch gegeben haben mag – jetzt gilt es, um der Menschheit willen gemeinsam den Kampf um den Menschen und für eine unverplante und unmanipulierte Zukunft aufzunehmen. So wie heute in diesem Kampfe viele nationale und christliche Widerständler und Verfolgte des Dritten Reiches und viele ihrer ehemaligen Gegner, die im guten Glauben für das Nationale und für das Soziale eingetreten waren, in ihrer gemeinsamen Liebe zum Volke und in der gleichen Betroffenheit über die One-World-Bewegung, Gefährten sind, so gibt es auch zwischen ihnen und zwischen Juden ein gemeinsames Ringen für die Menschheit und Menschlichkeit, ein ermutigendes Vorbild für unsere Zukunft. Es ist vielversprechend, daß diese Gemeinsamkeit konkret ist, ungeachtet der Unterschiede der Rasse, der Herkunft, des Standes und dgl. und ungeachtet früherer Belastungen. Nicht zuletzt wird durch solch eine beispielhafte Gemeinschaft dem Antisemitismus viel Wind aus den Segeln genommen.

C) Antisemitismus und Reaktionen gegen jüdische Vormachtstellung

Der Antisemitismus ist so alt wie das jüdische Volk selber und für alle Teile unheilvoll. Alle Bemühungen, ihn zu beseitigen, sind letztlich ergebnislos – auch wenn sie hie und da relative Erfolge erzielen –, besonders, wenn man es mit »Aufklärungen« versucht, da die rationale Ebene hier sehr unzulänglich ist. Aber auch die irrationale Ebene ist es. Auch sie erfaßt das Geschehen nicht, wenn man betroffen vor spontanen und irrationalen Ausbrüchen von Judenverfolgungen steht. Diese entstammen in der Tiefe dem personenhaften Bereiche des Menschen, wo man dem Geistlichen wie dem Dämonischen und Satanischen begegnet. Und hier gilt: Wie das jüdische Volk ein Geheimnis ist, so ist es auch die Feindschaft gegen dieses Volk.

Die verschiedensten Formen des Antisemitismus – als politischer oder weltanschaulicher Antisemitismus, als wirtschaftlicher Antisemitismus, als kultureller Antisemitismus, als rassischer Antisemitismus, als kirchlicher Antisemitismus usw. – können Anlaß und Erscheinungsweise eines tieferen Antisemitismus, ja des eigentlichen Antisemitismus sein, als Feindschaft gegen »Gottes Volk«, gegen Gott selber. Es ist nicht von ungefähr, daß die Feindschaft sich oft zugleich gegen die Kirche richtet (das sollten sich besonders die Christen merken, die allzubereit antisemistische Parolen annehmen). Wo diese Feindschaft fehlt bzw. zurückgestellt ist, handelt es sich bei den aufgezählten Antisemitismen um uneigentliche Antisemitismen, die aber sehr real und auch – wenigstens zum Teile – berechtigt sein können. Da ist man nicht gerade gegen »die« Juden oder gegen Israel, sondern nur gegen eine jüdische Richtung oder Gruppe oder gegen eine jüdische Vormachtstellung oder gegen einen bestimmten jüdischen Einfluß. Es kann sich hier um ein Konkurrenzdenken oder um eine berechtigte Reaktion gegen Mißbräuche handeln, wie sie auch anderen Völkern gegenüber zu finden sind. Daß die Art und Mentalität der Juden vielen nicht liegt und sie deshalb Volk oder Gesellschaft von ihnen bzw. ihrem Einflusse freihalten wollen, sollte man nicht antisemitisch nennen; dies ist genauso legitim, wie sich gegen wirtschaftliche, politische, kulturelle und sonstige Einflüsse anderer Völker oder Rassen zu wehren. Daß Juden z. B. in manchem einen anderen Geist (im Sinne des Seelisch-Intellektuellen) haben und darum manchen – eben naturhaft – zuwider sind, hat mit »gut« oder »böse« nichts zu tun, sondern ist volks- oder rassebedingt oder entspringt dem persönlichen Empfinden. Sofern es uns fremd ist, braucht es von uns nicht übernommen zu werden. Es einem mit der Begründung aufzuzwingen, daß man sonst ein Antisemit sei, oder den Widerstand gegen das Fremde als Antisemitismus auszulegen, wäre eine Vergewaltigung. Hierbei ist auch zu sehen, daß manches, das als jüdische Eigenschaft angesehen wird (in Verkennung dessen, daß eine Eigenschaft nie personenhaft, sondern nur naturhaft sein kann), keine Eigenschaft ist, sondern Abfall von Gott bedeutet oder ihm entspringt, ein Wandern unter den Zorn. Allerdings gilt es, all diesen Erscheinungen gegenüber wachsam zu sein, daß nicht naturhafte Antipathien und personenhafte Verantwortung für die Seinen vom echten Antisemitismus ins Schlepptau genommen und zur Bemäntelung seiner Exzesse benutzt werden.

Über den Antisemitismus schreibt Martin Niemöller (»Reden 1955 - 1957«, Stimme-Verlag, Darmstadt, 1957, Seite 154): ». . . dunkel und geheimnisvoll ist der Weg des Judenhasses. . . daß dieser Haß etwas wesenhaft anderes ist als die Feindschaft zwischen zwei Völkern, die auch in regelrechten Haß ausarten kann. Der Haß gegen ein Volk richtet sich eben gegen das Volk und macht im allgemeinen Halt vor dem einzelnen in seinem Unglück oder Leiden; der Judenhaß meint gerade den einzelnen und erreicht gerade ihm gegenüber seine ganze abgründige Tiefe. Er ist auch noch etwas anderes als der Fremdenhaß. Denn der Judenhaß meint den Juden nicht, weil er ein Fremder ist, sondern weil er ein Jude ist.«

In einer alten Predigt von mir fand ich folgendes Zitat (leider ohne Vermerk des Verfassers) – nach Erwähnen dessen, daß wir im Juden unsere schlechten menschlichen Züge unverhüllt und noch radikaler, noch überspitzter sähen –: »Der Massenmörder Mardochai, der tausende Perser niedermetzeln ließ, der listige Jakob, der feige Abraham, der in Ägypten aus Angst seine Frau als seine Schwester ausgab und dem Pharao hingab, der lüsterne David, der trotz seiner vielen Frauen eine Nachbarin ihrem Manne wegnahm, der religiöse Eiferer Elia, der die Götzenpriester abschlachtete, die Pharisäer, der Geldjude, – alles Typen, die als Spiegel unverhüllt und in einer Vergrößerung oder Verschärfung unsere eigenen Schwächen und Sünden zeigen.«

Wir sollten uns sehr dafür einsetzen, daß der Antisemitismus – wie ein jedes »anti« Menschen gegenüber – geächtet und bekämpft wird, ja bereits dafür, daß ihm der Boden entzogen wird, was auch dadurch geschieht, daß man möglichst objektiv, möglichst sachlich an's Judenproblem herangeht, somit auch das Fragliche und Ungute im Judentume nicht verschweigt. Mag ein Antisemitismus aufgrund so mancher üblen jüdischen Machenschaft (wobei es ungerecht wäre, Machenschaften anderer nicht zu sehen) oder übergroßer jüdischer Machtpositionen auch verständlich sein, so möge man doch darauf hinweisen, daß er menschlich nicht berechtigt ist, schon gar nicht als Neid auf jüdische Intelligenz und Tüchtigkeit. Eine Kollektivbestrafung oder -ächtung ist nicht nur uns Deutschen gegenüber, sondern auch Juden und anderen Völkern und Rassen gegenüber unmenschlich, eines Menschen nicht würdig. So manche Kritik an Juden ist an sich kein Antisemitismus, sondern richtet sich gegen jüdische Übergriffe und gegen jüdische Vormachtstellungen. Es läßt sich z. B. nicht bestreiten, daß in vielen Ländern der Welt in führenden Stellungen der Politik, Wirtschaft und Kultur nicht nur ein unvergleichlich höherer Prozentsatz Juden sind als ihrem Bevölkerungsanteil entspräche, sondern daß sie in manchen Ländern in diesen Stellungen mit einer solchen Mehrheit vertreten sind, daß man schier von einem Monopol sprechen könnte (siehe auch III, 4). Bereits im Altertume und im Mittelalter bildeten die Juden eine starke wirtschaftliche Macht. Die landläufige Propaganda, daß die Juden ständig unterdrückt worden seien, nicht auf dem Lande hätten leben können, sondern hätten in die Städte ziehen und sogar in Ghettos leben müssen, erweist sich als ein »Märchen«. Johann Maier schreibt in seiner »Geschichte der jüdischen Religion« (Walter de Gruyter, Berlin, New York, 1972) auf Seite 209: »... die weitgespannte politisch-kulturelle Welt des Islams gab zugleich den Anlaß zu weiterer Zerstreuung des Judentums, zur Ansiedlung in den verschiedenen islamischen Ländern, z. T. infolge der Entwicklung des internationalen Handels, der nunmehr weitgehend in jüdische Hände überging«, auf Seite 216: »Zugleich breiteten sich die Juden im westeuropäischen und mitteleuropäischen Bereich aus, und zwar als willkommene und privilegierte Träger des Fernhandels im mediterranen Gebiet und darüber hinaus des Fernosthandels. In beiden Bereichen, im islamischen wie im christlichen, wurde zu dieser

Zeit das Judentum zu einem vorwiegend städtischen Element.«

Mag man auch zu bedenken geben, daß die überdurchschnittliche Besetzung von Schlüsselstellungen und Führungsgremien in den verschiedensten Lebensgebieten durch Juden wohl zum kleinsten Teile dunklen Machenschaften zuzuschreiben ist (eher einer »Vetterleswirtschaft« im weitesten Sinne) und daß Gott auch so segnen kann, wie wir es im Buche Daniel finden, so sollte man es doch verstehen können, daß viele aus Verantwortung für die Ihren über die – stark zunehmende – jüdische Machtzusammenballung in zentralen Bereichen betroffen sind und sich zu einer Gegnerschaft (die nicht Feindschaft bedeuten muß und sollte) herausgefordert sehen.

In dieser Verantwortung – besonders für Amerika – hat nach dem Ersten Weltkriege der Automobilkönig Henry Ford sein Buch »Der internationale Jude« geschrieben (schon in III, 4 erwähnt). In diesem Buche weist er auf so manche jüdische Macht- und Vormachtstellung hin – stichwortartig angeführt – (S. 31): »Das Judentum ist die straffste organisierte Macht der Welt«, (S. 71): »Die Juden, die weniger als ein Prozent von der Bevölkerung der Erde zählen, besitzen durch Tatkraft, Unternehmungslust, Betriebsamkeit und Klugheit 50 Prozent der Handels-Gewinne der Welt«, schreibt Herr Brisbane« (dieser hatte sich mit Ford auseinandergesetzt, bestätigte aber den hohen Prozentsatz. Wie hoch dürfte dieser heute sein!), (S. 230): »Daß das Theater unter jüdischem Einfluß steht, ist allbekannt«, (S. 233): »Die liederlichen Kabaretts und mitternächtlichen Vergnügen sind rein jüdische Einfuhrartikel. Eine dritte Folge der jüdischen Herrschaft über das amerikanische Theaterwesen ist das Erscheinen des ‚Star'-Systems, (S. 234): »Ungefähr 1855 gründeten zwei flinke Juden in Neuyork eine Theater-Agentur. Die Form der Theater-Agentur ist der Schlüssel zu dem Problem des Verfalls der amerikanischen Bühne«. Auf den Seiten 235/236 schreibt Ford, daß schon der erste Theater-Trust nur aus Juden bestand, dann weiter (S. 236): »Die Lichtspiel-Industrie trat auf den Plan, von Anfang an ein jüdisches Unternehmen. In die vom Trust niedergekämpften und leerstehenden Theater zogen die Lichtspiele ein – zwei Fliegen auf einen Schlag«, (S. 238): »Ein Dr. Empringham schrieb kürzlich: »Ich nahm an einer Sitzung von Lichtspiel-Besitzern in Neuyork teil; ich war der einzige Christ. Die übrigen fünfhundert waren Juden«, (S. 306/307): »Jazz ist jüdisches Machwerk. In einem Prozeß wurde gerichtlich festgestellt, daß 80 v. H. dieser »populären« Lieder Eigentum von sieben jüdischen Musik-Verlagen sind, die zu einer Art Musikalien-Trust verbunden sind. Die anderen 20 v. H. gehören ebenfalls Juden eigentümlich, die sich diesem Trust nicht angeschlossen haben«, (S. 308): »Die Quelle sittlicher Verwilderung ist die jüdische Gruppe Musik-Fabrikanten, welche die gesamte Produktion beherrscht.«

Ob man nun das Kabarett, den Film, den Jazz usw. in gleicher Weise negativ sieht, wie Ford (inhaltlich sind sie es weithin) oder nicht, so sind sie doch weitgehend oder teilweise jüdischen Ursprungs und in jüdischer Hand. Dies bedeutet auch, daß das, was von diesen Dingen aus Amerika kommt, ja, was weithin als Amerikanismus gilt und von vielen als zersetzend angesehen wird – wenn viele vom »faulen« oder »korrupten Westen« sprechen, so meinen sie diese Dinge –, nicht (ursprünglich) amerikanisch ist, sondern jüdisch. In seinem Aufsatze »Der liberale Gedanke auf der Waage« im Hefte »Kritik, die Stimme des Volkes« (Folge 48, 1979) schreibt auf Seite 86, Lothar Stielau, daß Theodor Roosevelt (US-Präsident 1901 - 1910) einmal gesagt habe: »Was wir Amerikanismus nennen, ist ja zu einem sehr großen Teil nichts anderes als geronnener Judengeist.«

Heute ist der jüdische Einfluß, ja die jüdische Macht zum Teil noch mehr gewachsen: Politik, Wirtschaft, Kapital, Kultur und Massenmedien sind weitgehend in jüdischer Hand. Dazu leben in New York nicht nur Millionen von Juden, sondern haben auch zum wiederholten Male den Oberbürgermeister gestellt, haben damit dort den größten Einfluß; und es geht in vieler Hinsicht in New York besonders übel zu. Wahrhaftig keine neue Welt, jedenfalls keine gute neue Welt.

Daß nicht nur in Amerika und im übrigen Westen der jüdische Einfluß unvorstellbar oder doch unbekannt groß ist, sondern auch in kommunistischen Ländern und daß der Kommunismus in Rußland weithin ein Werk amerikanischer Juden ist, erwähnt Ford auch in seinem Buche (S. 142): »Was jetzt in Rußland entstanden ist, ist eine dem nichtjüdischen Rußland von den jüdischen Revolutionären aufgezwungene Herrschaftsform, in der das Judentum seit den frühesten Zeiten seiner Berührung mit der übrigen Menschheit geschult ist. Sowjet-Rußland wäre überhaupt nicht möglich gewesen, wenn nicht 90 v. H. der Kommissare Juden gewesen wären. Ebenso nicht Sowjet-Ungarn, wäre nicht Bela Kuhn, der Ober-Rote, selbst und wären nicht 18 seiner 24 Kommissare Juden gewesen. Die Juden sind die einzige Volksgruppe, die in der Einrichtung und Verwaltung des Kahals geübt ist« – auf derselben Seite oben wird über den Kahal ausgeführt: »Der Kahal ist die überlieferte jüdische politische Verfassungsform während der Zerstreuung der Rasse unter den Völkern. Sein internationaler Charakter kommt in den höheren Behörden zum Ausdruck; diese wuchsen in dem Maße, als die Juden sich über die Welt ausbreiteten. Die »Jüdische Enzyklopädie« nennt den »Rat von drei Landen«, den »Rat von vier

Landen« und den »Rat von fünf Landen«, die in früheren Zeiten eine internationale Verbindung darstellte. Der letzte Zionisten-Kongreß in London könnte der »Rat der fünfunddreißig Lande« genannt werden« –, (S. 187): »daß die jüdische Finanz in allen Ländern am Bolschewismus als einem jüdischen Unternehmen interessiert war . . . die bolschewistische Revolution ein sorgsam vorbereitetes Unternehmen von seiten der internationalen jüdischen Finanz gewesen ist.« Ford schreibt auch, wie auch schon in III, 4, erwähnt, daß die Regierung Rußlands seiner Zeit fast vollständig aus dem unteren Ostteil New Yorks hinüberbefördert worden sei, was die Frage aufwirft, ob das wohl kein Zufall war, daß in Amerika wie in Rußland der Fünfstern Hoheitszeichen ist.

Nicht nur die beiden stärksten Weltmächte werden großenteils von Juden beherrscht, sondern auch die höchsten internationalen Gremien haben weithin Juden an der Spitze, denken wir etwa an die Präsidentin des Europaparlaments, an Simone Veil, die den »legalisierten« Massenmord an Millionen ungeborener Kinder in Frankreich durchgebracht hat (wohin sind wir gekommen? Aber solche »Schreibtischtäter« werden nicht zur Rechenschaft gezogen, sondern avancieren noch). Sehr aufschlußreich und auch ein Zeichen dafür, welche Macht gewisse Kreise oder Völker haben, daß schon Monate bevor die Wahl erfolgt, geschweige denn das Europaparlament konstituiert war, Massenmedien in breiter Front bereits meldeten, daß sie Präsidentin des Europaparlaments werden würde. Es ist sonst üblich, daß ein jedes konstituierte Gremium seine Leitung selber wählt aus seiner Mite, es sei denn, daß es sich in voller Abhängigkeit von anderen Gremien befände, somit eine Farce wäre. So wie bereits Völkerbund und UNO fragliche Organisationen sind, weithin Produkte der One-World-Bewegung, so ist damit auch das Europaparlament von vorneherein abgewertet. Schade!

Selbst wenn so manches des jüdischen Einflusses nicht so dunkel wäre, so bedeutete doch eine solche gewaltige und globale Machtzusammenballung – dazu so gut wie in allen Bereichen – eine große Versuchung und für die anderen eine große Gefahr. Ist die Macht in Amerika und im Westen und teilweise im Osten weithin, wenn nicht überwiegend in jüdischer Hand, so bedeutet dies doch eine starke Abhängigkeit der nichtjüdischen Bevölkerung. Daß diese Macht meist sofort eingesetzt wird, wo sich kritische Stimmen gegenüber dem jüdischen Einflusse oder Verhalten erheben, ist nicht dazu angetan, Bedenken zu zerstreuen. Bezeichnend, was dem Münchner Pfarrer Wilhelm Horkel widerfahren ist. In der von ihm herausgegebenen Schriftenreihe »Christliches ABC – Heute und morgen« hatte er im Artikel »Israel und wir Christen« nur ein paar Sätze mit für Juden unbequemen Tatsachen gebracht. Daraufhin wurde er so unter Druck gesetzt, daß er am 15. Mai 1979 seinen Aufsatz zurückzog. Das schützte ihn aber nicht vor der Rache Aufgebrachter; denn nun erhielt er von jüdischer wie christlicher Seite scharfe Angriffe. Der »Evangelische Pressedienst«, der ganz besonders die Ziele der »One-World-Bewegung« unterstützt, brachte am 3. Juli 1979 einen ganzseitigen Angriff, dazu auf der ersten Seite, mit der Überschrift »Proteste aus evangelischer Kirche gegen antisemitisches Glaubens-ABC« mit dem Satze darunter: »Stöhr: Alte deutsch-nationale Mischung auf Stammtisch-Niveau« (dies gegenüber einem Manne, der in 30 Jahren im »Deutschen Pfarrerblatt« 1750 Bücher besprochen hat und 500 weitere in anderen Zeitschriften. »Stammtisch-Niveau«!). Pfarrer Horkel erhielt von mehreren Amtsbrüdern Protestbriefe, mitunter im fäkalischen Stile. Auch erhielt er telefonisch von vier anonymen Juden Morddrohungen. Diese Aktionen zeigen, daß man feststehende Tatsachen nicht einmal erwähnen darf, wenn sie in eine unbequeme Richtung gehen. Demokratie! Pressefreiheit! Tatsachen darf man anscheinend nicht mehr nennen, wenn sie Juden betreffen. Außerdem, gibt es dann nicht den Weg sachlicher Auseinandersetzung, die Möglichkeit der Richtigstellung, sollte etwas falsch berichtet worden sein? Daß hier das, was anderen Völkern gegenüber noch möglich ist, nicht mehr möglich sein soll, spricht nicht für jüdische Macht, zeigt sie auf einer Stufe mit anderen Diktaturen.

Solch eine Macht kann auch staatsgefährlich werden. Was für die Freimaurer gilt, daß ihr Gehorsam ihrer Organisation gegenüber Nachteile ihrem Staate bringen kann, gilt auch für die Juden unter ihren Wirtsvölkern, sofern sie sich letztlich dem internationalen Judentume oder Israel (oft in den Zielen identisch) verantwortlich wissen. So haben Juden in den USA ihre Macht dazu gebraucht, Präsident Carter in die beschämende Lage zu versetzen, seine Zustimmung zur UN-Resolution Frühjahr 1980, Israel zur sofortigen Auflösung aller seiner Siedlungen in den besetzten Gebieten aufzufordern, als einen »Irrtum« auszugeben.

Bedenklich, daß eine jede Diskussion in der Judenfrage, sobald man am jüdischen Verhalten Kritik übt oder auf den unverhältnismäßig großen jüdischen Einfluß hinweist, durch den Vorwurf des »Märchens« von der »jüdischen Weltverschwörung« nicht nur lächerlich, sondern auch mundtot gemacht oder vom »höheren Orte« verboten wird. Abgesehen davon, daß eine Weltverschwörung – ob nun von Juden oder auch mit ihnen oder ohne sie – heute nicht mehr so abwegig erscheint, und abgesehen davon, daß eine jede skrupellose Macht total und universal sein will, jedenfalls keine Grenzen kennt oder anerkennt, gibt es doch nicht nur internationale, sondern auch weltweite Verschwörungen, und sei es auch »bloß« im weltweiten gemeinsamen Planen von Umsturz und einer »neuen Welt« (und da kann jüdische Macht in Verbindung mit freimaurerischer Macht bzw. in freimaurerischer Macht oder freimaurerischem Gewande besonders schlecht faßbar, hinterhältig und dunkel sein). Zudem ist der Plan einer »One World« keine Utopie mehr. Hätte er an sich nichts mit Bestrebungen machtgieriger Cliquen zu tun, so könnten doch diese einen solchen Plan sehr wohl für sich benutzen oder annektieren, und es können sich Menschengruppen (als Rasse oder Volk oder »Fachleute« oder Menschen besonderer politischer oder wirtschaftlicher Qualifikation) berufen fühlen, die One World zu regieren. Ist es so abwegig, anzunehmen, daß der Erwählungsgedanke mißbräuchlich als Aufruf oder als Freibrief zur Weltbeherrschung verstanden werden kann?

Kritik am negativen jüdischen Verhalten und am Mißbrauche jüdischer Machtkonzentrationen ist kein Antisemitismus, aber Unterdrükkungen solcher Kritik können zum Antisemitismus führen oder ihn verstärken.

D) Widergöttliches inmitten des Judentums

a) Widergöttliches in jüdischen Lehren und Strömungen

Bereits im Alten Testament wird wiederholt gezeigt, welche verhängnisvollen Folgen die Abwendung von Gott und die Hinwendung zu Götzen mit sich bringen. Von Anfang an bis in die heutige Zeit ist das Wort in Jeremia 2, 13 in Geltung: »Mein Volk tut eine zwiefache Sünde: Mich, die lebendige Quelle, verlassen sie und machen sich hie und da ausgehauene Brunnen, die doch löcherig sind und kein Wasser geben.« Und im Neuen Testament sehen wir, daß die Ablehnung Jesu Christi die Ablehnung Gottes bedeutet. Eine besonders bittere Folge des Ungehorsams sagte Jesus mit den Worten an (Matthäus 21, 43): »Das Reich Gottes wird von euch genommen und einem Volke gegeben werden, das seine Früchte bringt (siehe auch das ebenfalls bereits zitierte Wort in 1. Thessalonicher 2, 15 und 16).

Im Sendschreiben an die Gemeinde zu Smyrna in Offenbarung 2,9 und im Sendschreiben an die Gemeinde zu Philadelphia in Offenbarung 3, 9 wird die Synagoge sogar »Synagoge des Satans« genannt, entsprechend dem, daß die Christus ablehnenden Juden den Teufel zum »Vater« hätten (Johannes 8, 44 a). Dies muß uns Christen zu denken geben und da vom Irrtume bewahren, daß der Christenheit nur von sektiererischen und weltlichen Juden – z. B. von liberalen oder sozialistischen und kommunistischen Juden – Gefahr drohen könnte. Auch von der Synagoge kann eine Christenfeindschaft ausgehen und geht zum Teile auch von ihr aus. Und zwar kann, wie zur Zeit des Neuen Testaments, der Haß gegen Christus und gegen uns Christen jederzeit erneut aufflammen und zu Zersetzungen und Verfolgungen führen.

Der Abfall der Juden von Gott führte in der Folgezeit dazu, daß aus dem Judentume verhängnisvolle religiöse und weltliche Strömungen hervorgingen, eine Tendenz, die noch weiterhin anhält. Es gab nicht nur eine starke Wechselwirkung zwischen Judentum und Gnosis, sondern wir finden im Judentume im Laufe der Geschichte neben dem Abfalle, und weithin als Abfall und als seine Folgen, auch Elemente der Magie, der Mystik, der Esoterik, der Theosophie, der Theurgie, der Religionsphilosophie usw. Wir finden in ihm die Strömungen der Kabbalah, des Sabbatianismus, des Chassidismus, der Haskalah bis hin zum sich aus mehreren Komponenten zusammensetzenden Zionismus, und auch den Liberalismus, Sozialismus, Kommunismus wie auch eine starke Glaubenslosigkeit, die in Israel 83 % beträgt (zum Sabbatianismus siehe auch III, 4).

Unbestreitbar gibt es in mancher der genannten Strömungen auch Ansprechendes. Aber es gilt etwa von der jüdischen Mystik das gleiche, was von der christlichen Mystik in I, 4 gesagt wurde. Und wird es u. a. Mode, vor allem den Chassidismus sehr wohlwollend zu beurteilen, so sollte gesehen werden, daß er besonders viel Antigöttliches enthält, z. B. selbst die Sünde als eine Manifestation Gottes sieht. Walter Laqueur schreibt in »Der Weg zum Staate Israel, Geschichte des Zionismus« (Europaverlag, Wien, 1972) auf Seite 79: »... ähnelt der Chassidismus anderen mystischen Bewegungen sowie dem Pantheismus früherer Jahrhunderte ... Die Gottheit (Schechina) manifestiere sich in jeder Tätigkeit des Menschen, sogar in der Sünde ... Die Ekstase der Chassidim zur Gebetszeit, ihre wilden Körperverrenkungen und Tänze waren die hervorstechendsten Merkmale dieser Bewegungen.« Dieses Dunkle strömte auch in den Zionismus ein neben anderen, etwa neben sozialistischen Ideen. So schreibt Laqueur auf Seite 287: »Der Arbeiterzionismus bestimmte den Charakter der zionistischen Bewegung und später des Staates Israel in größerem Maße als jede andere Gruppe«, und bezeichnend heißt es auf Seite 437: »In den Führungsgremien der europäischen und der amerikanischen sozialistischen Parteien gab es viele Juden; einige Delegationen bei den Tagungen der Sozialistischen Internationale vor 1914 bestanden sogar fast ausschließlich aus Juden.«

b) Verfolgung von Christen

Nicht nur Christus, sondern auch bereits die ersten Christen haben von jüdischer Seite Verfolgungen erlitten. Wiederholt wird im Neuen Testament berichtet, daß Juden auch die nichtjüdische Bevölkerung oder die Obrigkeit gegen Christen aufstachelten. Daß es im Laufe der Jahrhunderte zu keinen größeren Christenverfolgungen durch Juden kam, lag auch daran, daß ihnen die äußeren Möglichkeiten dazu fehlten. In diesem Jahrhundert ist es aber weithin durch zahlreiche kommunistische Juden in mehreren Ländern zur größten Christenverfolgung in der Geschichte gekommen, wie auch in den meisten Staaten durch jüdischen und freimaurerischen Einfluß – weithin mittels der Massenmedien – zu Angriffen auf den christlichen Glauben und zu Zersetzungen christlicher Grundsätze und christlicher Moral.

Da der Zionismus, mit dem Makkabäertume geistig und personhaft verwandt, in gewisser Weise dessen Neuauflage darstellt und keine geistliche »Heimkehr« bedeutet, kann auch er ins Dunkle ziehen, eine Bedrohung für Christen und Nichtchristen darstellen. Daß in Israel selbst gläubige Juden (siehe »Synagoge des Satans« in D, a) ihre christlichen Volksgenossen bedrängen, zeigt, wie weit es mit der zwielichtigen »Toleranz« her ist. Judenchristen oder »messianische Juden«, wie sie sich jetzt auch nennen, um ihre Verbundenheit mit ihrem Volke zu betonen, werden in Israel diskriminiert, manchmal sogar tätlich angegriffen.

c) Auflehnung gegen Ordnungen und Terrorismus

Es zeigt sich im jüdischen Volke etwas Aufrührerisches, was schon im Alten Testament beklagt wird. Die Auflehnung gegen Gott führt auch zu einer Auflehnung gegen seine Ordnungen oder zeigt sich in ihr. Dieser Kampf gegen Ordnungen, geschähe er auch durch deren Lächerlichmachung, zeigt sich auch heute auf verschiedenen Ebenen. Er kann auch dadurch geführt werden, daß Juden andere vorschieben, selber aber im Hintergrunde bleiben, oder den Kampf in Bundesgenossenschaft mit anderen führen, beides etwa mit Kommunisten oder mit Freimaurern. Von einer solchen Zusammenarbeit hören wir etwa im Buche »Moses Hess · Geschichte seines Lebens« von Edmund Silberner (Leiden, E. J. Brill, 1966) auf Seite 471 vom Weggefährten Karl Marx', von Moses Hess: »Die Freimaurerei, die damals ein wichtiges Zentrum republikanischer Propaganda war (Anmerkung: Dies widerspricht der Behauptung, daß die Freimaurer unpolitisch seien), diente ihm als Treffpunkt mit radikalen Demokraten und als Tribüne zur Verbreitung seiner eigenen Ansichten.«

Der Hang zum Umsturze und Terror zeigte sich schon zur Zeit des

Alten Testaments, zur Zeit Jesu, als falsche Messiasse und Zeloten zu mißglückenden Aufständen verführten, und zur Zeit der ersten Christenheit, als Sikarier das Land mit Mordtaten erfüllten (woran korrupte römische Prokuratoren sehr viel Schuld hatten), als es 66 zum Aufstande kam, der mit der Zerstörung Jerusalems 70 und mit der Einnahme Masadas 72 endete – wobei die heldenhafte Verteidiger Masadas sich selbst den Tod gaben – und als es 132 - 135 zum letzten Aufstande unter Bar-Kochba kam. Zwischendurch war einer der größten Massenmorde der Geschichte geschehen: Als Kollektivstrafe für die Zerstörung Jerusalems mordeten im Jahre 117 israelitische Chauvinisten eine halbe Million Römer und Griechen auf Cypern und in der Cyrenaica – der erste historisch bekannte Massenmord in dieser Größe. Er war auch nicht der letzte jüdische Massenmord.

Die Tragödie Rußlands wurde weithin durch Juden eingeleitet. Von den terroristischen Anfängen schreibt Igor von Glasenapp in der Besprechung des Buches »Antosemitismus und reaktionäre Utopie« von Heinz-Dietrich Löwe in »Criticon« (8 München 2, Promenadenplatz 9) von Mai/Juni 1979 auf Seite 150: »Pogrome brachen in Rußland in den Jahren 1881 - 82 aus, nachdem die weitgehend aus jüdischen Revolutionären bestehenden Terrorgruppen den ›Zar-Befreier‹ beim siebten gegen ihn gerichteten Anschlag getötet hatten, obwohl er nicht nur die Bauern befreit und das ganze Staatsleben von tiefgreifenden liberalen Reformen umkrempeln ließ, sondern auch für die Juden die meisten Einschränkungen abgeschafft hatte, ... daß die jahrzehntelange Jagd auf den Kaiser – ähnlich dem heutigen Terrorismus – eine gezielte Provokation war, um den Staat, statt zu Reformen, zu Polizeimaßnahmen zu zwingen, gegen die dann der ›Volkszorn‹ leichter aufgestachelt werden konnte. Nach diesem Mord, zu dem sich der Terrorist Goldenberg freiwillig gemeldet hatte, aber durch den Russen Grinewitzki ersetzt wurde, um die zu erwartende Volksempörung nicht gegen Juden zu lenken, erfolgten die Restriktivmaßnahmen der 80 Jahre, die sich auf Wohnrecht, Immobilienerwerb und Hochschulstudium der Juden erstreckten. Jedoch, wie dies auch Löwe vermerkt, hat es danach 20 Jahre lang in Rußland keine Judenpogrome gegeben. Trotzdem beschloß die jüdische revolutionäre Organisation ›Bund‹ im Jahre 1902, bewaffnete Selbstschutz-Gruppen aufzustellen, die der als Auftakt zu einer allgemeinen, bewaffneten Aufstandsbewegung dienen sollten (S. 72), deren Ziel erklärtermaßen der Sturz der Autokratie war. Löwe schreibt, daß ‚Martov (alias Zederbaum), einer der Mitbegründer des Bundes, bewaffnete Zusammenstöße als willkommene Vorbereitung für einen allrussischen Aufstand gegen das herrschende System begrüßte'«. Bei einem weiteren Pogrom in Bialystok klagt Löwe die örtliche Polizei der Beteiligung an, während aus den von ihm zitierten

Quellen hervorgeht, daß dies geschah, nachdem die jüdischen Terroristen in wenigen Wochen zuvor 45 Polizeibeamte(!) mit dem allseitig respektierten Polizeimeister an der Spitze umgebracht hatten (S. 102). Der Bund forderte finanzielle Hilfe von jüdischen Organisationen in Amerika mit folgenden Worten (S. 91): »Wir müssen uns nicht nur auf Pogrome vorbereiten, sondern auch auf den letzten Angriff gegen den Absolutismus. Die Revolution ist nahe. Unterstützen Sie unseren Kampf auf die einzige Weise, wie Sie helfen können ... mit Geld für Waffen.«

Und welches Leid wurde dann über Rußland – und über weite Teile der Welt – durch den Kommunismus gebracht, der nicht nur theoretisch, sondern auch in seiner praktischen Durchführung überwiegend, wenn nicht fast allein in jüdischen Händen lag! Und dies in enger Verbindung mit dem amerikanischen Judentum. Die Behauptung, die Revolution sei ein Werk Brooklyner Juden, ist nicht abwegig (über den überwiegenden jüdischen Anteil in kommunistischen Führungsgremien siehe I, 4).

Bezeichnend für jüdisches Verhalten im Osten ist Folgendes: In »Criticon« vom Sept./Okt. 1979 heißt es auf Seite 251 vom polnischen Oberst Kazimierz Zranek-Osmecki: »Objektiv schildert der Autor, daß die Mehrzahl der Juden beispielsweise die Rote Armee mit Blumen und Jubel begrüßte, und viele von ihnen in den von den Sowjets annektierten Gebieten gegen die einheimische Bevölkerung kollaborierten. Wozu hier angemeldet werden muß, daß polnische Juden auch nach 1945 ... einen maßgeblichen Anteil an der Etablierung des Kommunismus in Polen hatten.«

Gerade im Hinblicke auf den gewaltigen jüdischen Anteil am Weltkommunismus und am Bau an der »One-World« sollte die Frage der sogenannten »Protokolle der Weisen von Zion« nicht so radikal zur Seite geschoben oder unterdrückt werden, wie es fast durchweg geschieht. Gewiß, zu all dem hier im Buche Gesagten sind sie nicht nötig, werden nicht als ein Beweismittel gebraucht, auch weil die gleichen bösen Ziele vielfach schon so aufgezeigt werden konnten. Selbst wenn es die »Protokolle« nie – weder echt noch als Fälschung – gegeben hätte, wäre es zu denselben Aussagen gekommen. Jedoch, da sie im Umlaufe sind und die Bestreitung ihrer Echtheit auf großen Druck mächtiger Gruppen hin geschieht, sollte man sie doch auch im Rahmen unseres Themas wenigstens streifen. Es ist zu billig, sie wie auch andere Unterwanderungsversuche mit dem Schlagworte »Märchen von der jüdischen Weltverschwörung« lächerlich zu machen. Es wäre auch nachteilig, wenn man mit der Ablehnung der behaupteten Verfasserschaft auch den Inhalt nicht mehr ernstnähme. Weithin glaubt man, durch die Verhandlung vor dem Strafgerichte in Bern 1933 sei die Frage der Echtheit oder Unechtheit ein für allemal entschieden, als ob ein Gericht das schaffen könnte (doch höchstens bei völlig eindeutigen Beweisen). Daß man gegenüber dem genannten Gerichte seine Zweifel haben kann, zeigen etwa folgende Sätze von Dr. Karl Bergmeister in seinem »Der jüdische Weltverschwörungsplan. Die Protokolle der Weisen von Zion vor dem Strafgericht in Bern« (Erste Nachkriegsauflage, September 1977 durch White Power Publications): Auf Seite 8 schreibt er: »... der marxistische Richter ... einerseits die Lügenmeldungen der Prinzessin Radziwill und des Grafen du Chayla für wahr hielt und daher auch die auf diesen zwei Berichten beruhenden Gutachten der Experten Baumgarten und Loosli für richtig annahm, andererseits aber alle vom Experten Fleischhauer dagegen geltend gemachten Einwendungen einfach nicht berücksichtigte ... Ließ er bloß die von der jüdischen Klägerschaft vorgeschlagenen Zeugen zur Verhandlung laden, während er das Erscheinen sämtlicher 40 von den Beschuldigten genannten Zeugen ablehnte«, auf Seite 9: »Zu den Zeugen: Prinzessin Radziwill Dokumentenfälscherin und Hochstaplerin ... das Kapstädter Gericht verurteilte die Prinzessin zu achtzehn Monaten Zuchthaus« und auf Seite 10: Graf du Chayla ... in der Wrangel-Armee ... als bolschewistischer Agent entlarvt.« Daß die Frage der Echtheit auch nicht mit einem Gerichtsurteil erledigt ist, empfinden Juden selber. So schreibt Norman Cohn (»Der Mythos von der jüdischen Weltverschwörung«, Kiepenheuer & Witsch, Köln, Berlin, 1969) auf Seite 136: »Bei dem Versuch, die Frühgeschichte der Protokolle zu rekonstruieren, stößt man immer wieder auf Zweideutigkeiten, Unklarheiten und Rätsel.«

Man glaubt die »Protokolle der Weisen zu Zion« weithin dadurch erledigt, daß sie das Werk russischer Geheimpolizei seien, die mit ihm die Juden diffamieren wollten. Henry Ford bringt in seiner Schrift »Der internationale Jude« gewichtige Gegenargumente gegen diese oder ähnliche Versionen. Er schreibt auf Seite 83: »Den einzigen Beweis für seine Echtheit trägt das Dokument in sich«, auf Seite 84: »Diese Schrift ist zu furchtbare Wirklichkeit, um Erfindung zu sein, zu fest begründet, um bloßes Gedankenwerk zu sein, zu tief in ihrer Kenntnis der geheimen Quellen des Lebens, als daß sie auf Betrug beruhen könnte«, auf Seite 85: »Das Dokument selbst ist verhältnismäßig unwichtig; die ganze Sachlage und die Umstände, auf die es die Aufmerksamkeit lenkt, sind von höchstgradiger Wichtigkeit« und auf Seite 99: »Der Versuch, sie als russischen Ursprungs erscheinen zu lassen, wird durchaus durch ihre Anschauungsweise, die zeitlichen Anklänge und durch grammatische Kennzeichen widerlegt.

Man könnte noch folgendes hinzufügen: Das Programm ist weithin erfüllt worden, etwas, das die russische Geheimpolizei kaum voraussehen konnte. Vieles ist in den Protokollen zudem sehr richtig; so ist die in ihm gebotene Erkenntnis der Wirklichkeit des Menschen und des Betruges der Liberalen unübertrefflich. Man könnte sagen: Wenn russische Geheimpolizisten mit diesen Ausführungen die Juden hätten schlechtmachen wollen – deren Ideen z. B. in der Beurteilung des Liberalismus, weithin auch die ihrigen waren –, so hätten sie sich ja damit auch selber geschädigt. Für so ungeschickt sollte man russische Geheimpolizisten nicht halten, wie umgekehrt, für so geschickt, daß sie sich so sehr in jüdische Gedanken und jüdische Sprechweise hineindenken könnten, so viel jüdische Weisheit besäßen, wie wir sie in den Protokollen finden.

Bei diesen Erörterungen sollte aber deutlich sein, daß es keineswegs darum gehen kann, die Juden insgesamt für dieses unheimliche Werk verantwortlich zu machen. Falls überhaupt, kann es nur das Werk einer – vielleicht sehr kleinen – jüdischen Gruppe sein. Es zeigt aber immerhin Tendenzen und Taktiken, die im Judentume mehr oder weniger vertreten sind.

Im von Gott abgefallenen Judentume zeigt sich auch die Tendenz, gegen Gottes Gebote zu agieren, einer Zersetzung und Zerstörung der Sittlichkeit und Moral in die Hände zu arbeiten oder sie selber in die Wege zu leiten (sind ja Juden z. B. an der Sex- und Pornowelle sehr beteiligt), einem fraglichen Liberalismus zu huldigen. Diese Dinge haben nicht erst in diesem oder vorigen Jahrhundert begonnen. Welch unheilvolle Kräfte bereits Sabbataj Zbi in Bewegung gesetzt hatte, wurde schon in III, 4 erwähnt. Das Dunkel nahm unter dem Sabbatianer Jakob Frank noch zu (1720 - 1791). Johann Maier schreibt in seiner »Geschichte der jüdischen Religion« auf Seite 503 von den Frankisten: ». . . sie radikalisierten sogar mehr und mehr bis hin zum ausgesprochenen Nihilismus und Anarchismus, paradoxerweise verbunden mit einer militaristischen Ideologie und mit phantastischen Weltherrschaftsplänen . . . die Zerstörung der widerwärtigen Weltordnung betrieb man durch die »heilige Sünde« . . . bildlich: Die Stadt wird auf dem Wege durch die Kloake erobert, also durch bewußte Durchbrechung und Perversion der geltenden Moral . . . In geheimen orgiastischen Veranstaltungen wurde die alte Sexualmoral nach dem Grundsatz, daß die Verbote zu Geboten werden, auf den Kopf gestellt . . . Äußerlich, gegenüber den Nichtgläubigen, wurde . . . eine Assimilation vorgetäuscht zum Zwecke der Unterwanderung des Weltestablishments.«

So wie heutige Terroristen Vorläufer in jüdischen Terroristen im zaristischen Rußland hatten, haben die heutigen Nihilisten, Anarchisten und Chaoten, Verherrlicher der Perversionen (»heilige Sünde«; vgl. den Gedanken im Chasidismus, daß sich die Gottheit sogar in der Sünde manifestiere), Benutzer der Fäkaliensprache (»Kloake«), Geistesverwandte der »Protokolle der Weisen zu Zion« (»Weltherrschaftspläne«), Verharmloser als geschickte Unterwanderer (»äußerliche Assimilation« und »Unterwanderung des Weltestablishments«) usw. Vorläufer in dunklen religiösen Bewegungen des Judentums. Ihren Einfluß auf Spätere und Andersgläubige bestätigt auch Maier mit seinen Worten auf Seite 504: »... konnte sich der Trieb nach dem Neuen, Umstürzlerischen als Folge der sabbatianischen Aurichtung auf den radikalen messianischen Wandel der Verhältnisse mit säkularen nichtjüdischen Strömungen (französische Revolution und andere moderne Bewegungen) verbinden. Weniger das »Wie« und »Was« des erhofften Neuen als vielmehr das »Dass« des Umsturzes überhaupt schien hier wichtig.« Wie typisch ist das Letztere heute für die vielen Proteste und Aktionen gegen das Bestehende, das man zerstören will, ohne noch recht zu wissen, was man an seine Stelle setzt. Eindeutig weist also Maier auf diesen jüdischen Anteil an so manchem hin, das heute unter dem Namen »Demokratie« geschieht, wie auch – wenigstens indirekt – auf diesen jüdischen Beitrag zur »One-World-Bewegung«. Schon durch diesen, in vielem satanischen Beitrag ist die »One-World-Bewegung« sehr belastet und für einen Christen abzulehnen.

Exkurs: Ist die islamische Welt ein Gegengewicht gegen die »One World«?

Sieht man den starken jüdischen Beitrag zur »One World«, so ist es verständlich, daß manche in den alten und besonderen Feinden der Juden, die sich in der islamischen Welt befinden (obwohl es auch dort ein jahrhundertelanges friedliches und fruchtbares Zusammenleben gab), ein Gegengewicht erhoffen. Das Schielen nach dieser sich neubelebenden Welt wird dadurch verstärkt, daß man in dieser Welt weithin gegen Freimaurerei, U.S.-Kapitalismus und Kommunismus ist. Es wird aber übersehen, daß große Teile dieser Welt es nicht sind, sich sehr wohl mit den genannten Mächten verbinden. So kann sich auch die islamische Welt – wenigstens teilweise –, so wie auch bisher antagonische Kräfte, sehr wohl ins »One-World«-Konzept einfügen oder eine eigene »One World« erträumen, so oder so dem Satan in dessen Schachzügen dienen. Daher bietet uns der Islam im Grunde nichts Besseres. Paktierungsversuche mit dieser dunklen Macht können sogar dem Versuche gleichkommen, »die Teufel durch Beelzebus, der Teufel

Obersten« auszutreiben (Matthäus 12, 24).

Der Islam ist schon von seinem Ursprunge her antichristlich. Zudem war sein Religionsstifter, Mohammed, der durch Gesichte (okkulter, dämonischer Art) zu seiner Religion kam, ein Massenmörder, der auch vor Morden in den eigenen Reihen nicht zurückschreckte. Was wir zur Zeit im Iran erleben, ist darum keine Ausnahme, keine Entgleistung, paßt vielmehr zum Ungöttlichen und Unmenschlichen der islamischen Religion.

So wie der Widerstand Israels gegen Gott durch mystische und sabbatianische Strömungen eine noch dunklere Tiefe erhielt, so der gegen Gott stehende Islam durch mystische und assassinische Strömungen (auf die in IV, 1, A bereits hingewiesen wurde). Diese Gottes- und Christusfeindschaft erklärt so manches Grauenhafte, das wir auch im islamischen Bereiche entdecken.

Dieser Geist des Islams macht es verständlich, daß seine sich ausbreitende Missionstätigkeit auch mit der Ölwaffe vorangetrieben wird. Da in der Dritten Welt diejenigen Staaten den billigsten Preis für Öl zu zahlen brauchen, bei denen der Islam Staatsreligion ist, ies es für manch einen afrikanischen Staat eine nicht ganz erfolglose Versuchung, den Islam zur Staatsreligion zu erheben. Eine islamische Aktion hat sich zum Ziele gesetzt, in Japan in jedes Haus einen Koran zu liefern, angesichts der Ölmilliarden kein großes Problem. Aber auch Europa hat man sich zum Ziele der Islamisierung erkoren. Diese Bestrebungen werden durch eine unverantwortliche Ausländerpolitik – besonders durch die unserer Bundesrepublik – gefördert. Daß wir fast 2 Millionen Türken und andere Mohammedaner in unserer Bundesrepublik haben (ob dies nun einem raffinierten Plane antichristlicher Mächte oder bloß einer Dummheit zuzuschreiben ist), bedeutet sowohl einen vermehrten Bau von Moscheen und Verstärkung islamischer Propaganga als auch die Bildung eines Staates im Staate und den Versuch, unsere Kultur zu stören, wenn nicht zu sprengen, nachdem wir ja schon von jüdisch-amerikanischer Unkultur heimgesucht werden.

Dort, wo es um Annäherungsversuche der Religionen geht – z. B. bei internationalen Treffen verschiedener Weltreligionen –, ist weder der Islam noch eine andere Religion wirklich bereit, Jesus Christus zu tolerieren, sondern sie wollen ein solches Christentum zum Gesprächspartner haben, bei dem Christus bestenfalls in den Hintergrund gedrängt worden ist; und die Vertreter solcher Gespräche auf christlicher Seite wollen oft von vorneherein das Christentum zu einer unverbindlichen Religion machen, es womöglich in eine gemeinsame Weltreligion einmünden lassen. Hierbei gibt es sogar eine besondere Nähe zwischen Islam und Judentum. Amin Abu Fadil schreibt in »Nahostkriege, Ölwaffe und Islamerstarkung« (Licht des Lebens, Villach/Österreich) auf Seite 88 ff: »Synagoge und Moschee stehen sich näher, als sie häufig zugeben. Beide glauben an einen Gott in nur einer Person. Sie stehen unter einem Gesetz, das ihr ganzes Leben umfaßt, und werden nur gerecht durch die Erfüllung dieser Verordnungen. Jesus wird bei beiden als Gottessohn abgelehnt... So treffen sich Islam und Judentum in der *Ablehnung des gekreuzigten Gottessohnes* und laufen gemeinsam auf antichristlichen Pfaden...« und nach Erwähnung auch »christlicher« Mitarbeit auf Seite 90: »Hinter diesen oberflächlichen Vereinigungsbestrebungen und der Nivellierung der Wahrheit lauert eine große Gefahr. Falls sich das jüdische und arabische Weltkapital vereinigen sollte, entstünde eine Weltmacht, welche radikal gegen das Lamm Gottes, das der Welt Sünde trug, vorgehen müßte. Es könnte zu einer Verfolgung wahrer Christen in allen Erdteilen kommen, schneller als wir denken, denn der Gekreuzigte hat keinen Raum in einer *allgemeinen Weltreligiosität* und würde zum zentralen Ärgernis für alle Vereinigungsbemühungen werden.«

All das Gesagte darf aber nicht ausschließen, daß wir dort, wo es ums Wohl des Menschen geht, in praktischen Dingen zusammenarbeiten, für Gerechtigkeit sorgen, etwa auch für das Recht der Palästinenser eintreten (und nicht aus vermeintlich biblischen Gründen alle Ungerechtigkeiten Israels ihnen gegenüber decken), und den Mohammedanern in unserer Mitte so begegnen, wie Christus uns begegnet, auch damit sie eher auf seine rettende Stimme hören.

3) Politisierende Kirchen und kirchliche Kreise

Überall dort, wo man in der Kirche Jesus Christus verläßt, verfälscht, »aufweicht«, mit anderem vermischt usw., kommt es zu Schäden, wenn nicht Verheerungen in der Kirche sowie in der Welt. Die Kirche war stets auch von innen angefochten. In den letzten Jahrhunderten haben Aufklärung und Liberalismus wie auch manche Sekte die Kirche sehr bedroht. In den letzten Jahrzehnten ist diese Gefahr unvergleichlich gewachsen. Christliche Grundwahrheiten werden aufgeweicht oder weggewischt. Gottes Gebote werden durch eine »Situationsethik« außer Kraft gesetzt erklärt, Christi Gottessohnschaft, Sühnetod, Auferstehung, Himmelfahrt und Wiederkunft geleugnet, der Heilige Geist als eine innerweltliche Kraft angesehen und selbst mit dem »Geist von unten« (mit okkulten Kräften!) identifiziert; ja Gott selber wird als eine bloß innerweltliche Größe (sei es auch in einer »Tiefe«), als »tot« oder als bloße Chiffre für »Mitmenschlichkeit« angesehen.

Wo dies geschieht, glaubt man auch nicht mehr an die Kraft des Wortes Gottes, sieht in ihm allenfalls einen gewissen Propagandawert für weltliche Ziele. Zugleich werden die Sakramente entwertet. Aus dem heiligen Abendmahl macht man z. B. ein »Feierabendmahl« mit Tanz, erotischen Umarmungen usw. An die Stelle Christi tritt dort Menschliches, wenn nicht Dunkleres, und die nur durch Christus gestiftete personhafte Gemeinschaft wird mit der naturhaften Geselligkeit, die »Wohlfühlkirchen« wünscht, verwechselt und durch sie ersetzt (sehr aufschlußreich hierüber das Buch von Pfarrer Dr. Dr. Werner Schilling »Heiliges Abendmahl oder Feierabendmahl?«, Missionsverlag, Bielefeld 11, 1980). Ein solches »Abendmahl« wird dann auch in den Dienst einer »Gesellschafts-« oder »Weltveränderung« gestellt.

Wird Christus und damit der christliche Glaube letztlich preisgegeben, so wird man Sekten, Religionen und verschiedenen weltlichen Strömungen gegenüber noch anfälliger. Neben den in Kapitel I genannten Versuchungen wächst die Versuchung, sich mit den anderen Religionen mehr oder weniger zu vereinigen, wenn nicht zu vermischen. Hierbei will man oft nicht nur einen Synkretismus, sondern will sogar zu einer Welteinheitsreligion voranschreiten, und d. h., zu einer Religion »von des Menschen Gnaden«. Selbst dort, wo man keine volle Vermischung will, sondern möchte, daß in dieser Einheit gewisse Unterschiede und Eigenständigkeiten der einzelnen Religionen bleiben, ist durch eine völlige Gleichstellung aller Religionen das Eigentliche des christlichen Glaubens aufgegeben worden. Durch einen falschen Toleranzgedanken wird da auch die Mission preisgegeben oder umfunktioniert: in ein sozial- und gesellschaftspolitisches Unternehmen. Vorschub wird dieser Entwicklung dadurch geleistet, daß die vielen christlichen Kirchen umfassende Ökumene sich auf eine Ökumene aller Religionen ausweiten will, ein Vorgang, der dadurch erleichtert wird, daß viele die bisherige Ökumene bereits in diesem Sinne oder Geiste verstehen. Durch Hintenanstellung der Wahrheitsfrage und durch Nivellierungen der Unterschiede machen sie ja bereits aus der Ökumene der Konfessionen ein Menschenwerk. Gerade der Blick auf das Endziel solcher Bestrebungen sollte uns veranlassen, ernste Anfragen an weithin übliche ökumenische Bestrebungen zu richten. Hier sollte man auch fragen, welche Mächte religiöser, weltanschaulicher, politischer und sonstiger Art, sei es auch vielen unbewußt, hinter diesen Zielen und Wegen stehen.

Es wird auch sonst deutlich: Wo politische, weltanschauliche bzw. ideologische Überzeugungen oder Interessen stärker werden als das wahre Kirchliche, benutzt man Letzteres zur Verbrämung und Tarnung der eigenen parteiischen Ziele und zu deren raschere und effektivere Verwirklichung.

Aus diesen Verkehrungen erwachsen weitere falsche Schritte, von denen die besonders akuten in den folgenden Punkten A - E besprochen werden.

A) Verhängnisvolle Preisgabe der Zwei-Reiche-Lehre Luthers

Es ist nicht von ungefähr, daß die Zwei-Reiche-Lehre Luthers besonders heute von vielen abgelehnt oder gar bekämpft wird. Selbst ihre Reste stehen einer Politisierung der Kirche und einer Verbrämung politischer oder weltanschaulicher Interessen mit »Kirchlichem« oder »Christlichem« im Wege. Gewiß lassen sich die kirchlichen Gesellschaftsveränderer nicht hindern, ärgern sich aber doch, daß durch diese Lehre hie und da manche noch aufwachen und die Entwicklung zum Chaos noch stören. Darum werden diejenigen, die die Zwei-Reiche-Lehre Luthers vertreten, bekämpft, und sei es »nur« durch ein Isolieren.

Bei der schwierigen Frage, wo wir im Durcheinander von Kirche und Welt einen hilfreichen Maßstab für das kirchliche Handeln finden, zeigt sich, daß wir nirgends einen angemesseneren und genaueren Maßstab finden als gerade in der Zwei-Reiche-Lehre Luthers. Schon die Bibel zeigt uns (z. B. in Matthäus 22, 21; Lukas 12, 14; Matthäus 26, 52 und in Johannes 18, 36), daß wir im Geistlichen und im Weltlichen nicht in gleicher Weise zu handeln haben, Kirche und Gesellschaft nicht als etwas Identisches oder als austauschbare oder auch nur vermischbare Größen betrachten dürfen. Zwei Reiche sind eben vorhanden, sind keine Fiktion einer Zwei-Reiche-»Lehre«; es ist umgekehrt: Weil es diese zwei Reiche gibt, hat man sich dieser Tatsache zu stellen, und ihr wird die Zwei-Reiche-Lehre Luthers am besten gerecht.

Das Wesentliche der Zwei-Reiche-Lehre Luthers und ihre praktische Bedeutung und Anwendung seien nun in Kürze dargestellt:

Luther spricht vom »weltlichen Reiche« und vom »geistlichen Reiche« oder auch vom »Reiche zur Linken« und vom »Reiche zur Rechten« und auch vom »weltlichen Regimente (Gottes)« und vom »geistlichen Regimente (Gottes)«. Das letzte Begriffspaar macht es besonders deutlich: Beide Reiche gehören Gott, in beiden soll allein nach Gottes Willen und seinem Geiste gemäß gehandelt werden. In beiden Reichen herrschen je eigene Gesetze. Im »weltlichen Reiche« hat es ordnende und bewahrende Gewalt zu geben, die auch hart erscheinen kann; im »geistlichen Reiche« hat die Gewalt nichts zu suchen; hier ist das Reich der Gnade und der Vergebung. Wo man diesen doch sehr verschiedenen Charakter beider Reiche ernstnimmt, braucht es zu keiner Vermischung zu kommen.

Formal, das heißt: der Zuständigkeit nach besteht ein gewisser, aber darin sehr entscheidender Unterschied zwischen dem Handeln des einzelnen Christen und dem der Kirche (dies ist nun eine Fortführung und praktische Anwendung dieser Zwei-Reiche-Lehre). Ein Christ gehört beiden Reichen an, und beide Reiche handeln durch ihn. Im »geistlichen Reiche« hat er sich für die Macht des Glaubens und der Versöhnung einzusetzen, im »weltlichen Reiche« um die sachlich beste und damit menschlichste Lösung zu ringen und für ihre Verwirklichung einzutreten, dies auch nur mit legitimen weltlichen Mitteln. Er kann also, ja hat also sehr wohl auch im Politischen zu handeln, aber eben nur aufgrund seiner Zugehörigkeit zum »weltlichen Reiche«, d. h. nur im Rahmen dieses Reiches und nicht in kirchlichen Zusammenschlüssen; ja er darf seine politische Entscheidung nicht »christlich« oder »‚die' christliche Entscheidung« nennen, hat es vielmehr zu respektieren, daß andere Christen im Weltlichen anders entscheiden.

Die Kirche hat in ihrer Eigenschaft als geistliche Größe einen anderen Spielraum und eine andere Zuständigkeit als der einzelne Christ. Sie gehört nämlich nur dem »geistlichen Reiche« an und umfaßt so ihre einzelnen Glieder nur in deren Eigenschaft als Bürger des »geistlichen Reiches«. Sie hat keineswegs eine direkte Gewalt über deren Auftrag und Entscheidungen als Bürger des »weltlichen Reiches« (die Verkennung dessen führt zu einem neuen Klerikalismus mit Bevormundung wie Verketzerung), so wie entsprechend der Staat ja seine einzelnen Christen nur in ihrer Eigenschaft als Bürger des »weltlichen Reiches« umfaßt und über ihr Sein im »geistlichen Reiche« nicht zu verfügen hat. Die Kirche darf weder direkt noch mit ihr fremden Mitteln in Dinge eingreifen, die ins weltliche Belieben gestellt sind, so sehr sie auch offensichtliches Unrecht und ungerechte Strukturen unparteiisch anprangern muß. Hat die Kirche auch nach Sprüche 31, 8 ihre Stimme für die Unterdrückten zu erheben, so ist hierbei zu beachten, daß es in dieser Frage einen grundlegenden Unterschied zwischen einem unvermeidbaren Unrecht und einem vermeidbaren Unrecht gibt. Beim vermeidbaren Unrechte, das eine Willkür, eine reine Unmenschlichkeit, etwa als eine unbegründete Diskriminierung darstellt, hat die Kirche sehr wohl zu reden. Beim unvermeidbaren Unrechte, bei dem es um ein sachliches Für und Wider geht und bei dem, wie die Entscheidung auch ausfällt, stets einige Vorteile und andere Nachteile erhalten (etwa bei einer Gebietsveränderung), darf sich die Kirche höchstens beratend und vermittelnd einschalten. Hierzu, da sie ein Für und Wider haben, gehören auch die heute so brennenden Probleme, wie »Friedensdienst mit oder ohne Waffen«, Kernenergie, Asylanten und Ausländerfrage, alternativer Lebensstil u. dgl. Da darf sich die Kirche (und ihre einzelnen Gruppen) nicht auf die eine oder die andere Seite schlagen.

Wo die Kirche im »weltlichen Reiche« entscheiden oder auch nur mitentscheiden möchte, gibt sie ihren königlichen Auftrag preis, kann auch nicht mehr »Friedensstifterin« (Matthäus 5, 9) zwischen den vielen gegnerischen Blöcken, Parteien und Ansichten sein, nicht mehr wahrhaft vermitteln, sondern wird auch »Partei«, bildet etwa einen Flügel, wenn nicht eine Avantgarde einer »Partei«. Der ganze politische und sonstige weltliche Streit wird bei einer Vermischung beider »Reiche«, etwa bei einer Politisierung der Kirche, nun auch in die Kirche hineingetragen und reißt so auch Christus auseinander, die sich nun verketzern. Die eigene weltliche Konzeption wird da für »christlich« gehalten, die des Gegners für »unchristlich«, wenn nicht »teuflisch«. An sich sachliche Gegnerschaften, die sich zu Feindschaften wandeln, spalten nicht nur die Welt, sondern durch die Politisierung auch die Kirche. Die innere Einheit der Kirche wird dadurch zerstört. Wußten sich vorher Christen bei allen gegensätzlichen Meinungen und scharfen weltlichen Gegnerschaften doch »eins« in Christus und damit in der Gemeinde, so ist es nun damit mehr oder weniger aus.

Hinzu kommt: Die Auseinandersetzungen in der Welt werden durch ein Mitmachen der politisierenden Kirche unbarmherziger und unmenschlicher, werden durch Aktionen zur besseren Durchsetzung ihrer Absichten christlich verbrämt, »heilig« gesprochen und die der Gegner verketzert oder verteufelt. Eine politisierende Kirche vermehrt somit das Unheil in Kirche und Welt, führt zu einem noch größeren Durcheinander, zu einer noch größeren Verschleierung des Wahren und Falschen.

Mit der Vermischung »beider Reiche« entsteht oder wächst auch eine üble Gesetzlichkeit, die zur Unbarmherzigkeit, zur Leistungspeitsche und manchmal auch zur Ausschaltung nicht nur der Gegner, sondern auch der »Versager« führt. Eine Vermischung führt auch dazu, daß man eine Ideologie über den Menschen stellt.

Man hört oft den Einwand, daß eine Kirche, die sich an Luthers Zwei-Reiche-Lehre halte, im Weltlichen zu wenig tue, dort nicht effektiv genug sei, für den Menschen nicht genug vollbringe. Abgesehen davon, daß man auf alles karitative, diakonische und soziale Tun der Kirche hinweisen könnte, sollte man doch solchen Einwänden gegenüber darauf hinweisen, daß die Kirche von ihrem Wesen und Auftrage her Grenzen hat, Christus der Versuchung eines Terroristen oder »Brotkönigs« gerade nicht erlegen ist. Die Zwei-Reiche-Lehre besagt zudem gerade nicht, daß sich die Kirche nicht um die Welt zu kümmern habe, für sie keine Verantwortung trage. Sie gesteht der Kirche vielmehr trotz ihren Grenzen viele Möglichkeiten zu, der Welt zu helfen. Sie kann einmal durch ihre andere, ja »neue« Menschen schaffende Verkündigung ihre Glieder mündig und dazu fähig machen, im »weltlichen Reiche« selbständig, klerikal unbevormundet um die sachlich beste Lösung zu ringen und für ihre menschlichste Verwirklichung zu sorgen. Zum zweiten vermag sie dort, wo ein vermeidbares Unrecht geschieht, ihre Stimme zu erheben, gewärtig, sich dadurch unbeliebt zu machen und verfolgt zu werden. Die Kirche kann ferner ein Forum für die miteinander ringenden weltlichen Konzepte bieten, etwa durch Akademien und Denkschriften. Die Kirche kann auch zwischen streitenden Gruppen und Parteien zu vermitteln versuchen, Friedensarbeit leisten. Und die Kirche kann auch für die Welt beten. Ist dies wirklich »zu wenig«? Es ist doch jedenfalls mehr und besser, als durch Politisieren das Chaos in Kirche und Welt zu bringen oder zu vermehren und das Evangelium zu verfälschen.

Wo man – sei es auch im »guten Glauben«, der Welt dadurch besser helfen zu können – eine Vermischung vornimmt, die Zwei-Reiche-Lehre Luthers nicht beachtet, kommt es zu den genannten und weiteren verhängnisvollen Folgen, von denen nun die Rede sein wird.

(Ausführliches über die Zwei-Reiche-Lehre Luthers und über konkrete Folgen ihrer Mißachtung bringen folgende Bücher des Verfassers: »Schluß mit der politischen Verfremdung der Kirche!« und »Politisierende Kirche – Verrat am Menschen«.

B) Verhängnisvolle Preisgabe der Unparteilichkeit und Gerechtigkeit

Politisierung der Kirche – ob durch Vermischung beider Reiche oder durch Bildung bloß eines Reiches, des »weltlichen Reiches« mit christlichen Feigenblättern – bedeutet nun nicht, daß man sich da in einer gewissen Unabhängigkeit und Unparteilichkeit mal für die eine, mal für die andere Seite einsetzt, je nachdem es für die Menschheit besser ist, und trotzdem allen gegenüber Gerechtigkeit walten ließe, sondern in der Praxis, daß man sich politisch und weltanschaulich stets nur für die eine Seite einsetzt, beginge sie auch noch so viele Unmenschlichkeiten. Von einem gerechten und fairen Verhalten kann keine Rede sein.

Wir erleben es da nicht nur, daß in politischen Fragen die Unparteilichkeit und Gerechtigkeit aufgegeben wird, etwa Südafrika gegenüber – denken wir etwa an den Früchteboykott evangelischer Frauenverbände – oder Chile, Argentinien, Korea usw. gegenüber, sondern auch in anderen Fragen, sehr zum Nachteile des menschlichen Zusammenlebens und auch der Kirche selber.

Im »weltlichen Reiche« gibt es bei kontroversen Ideen, Konzeptionen, Haltungen usw.

1. solche, die von allen Menschen – ob Christen oder Nichtchristen – abzulehnen sind,

2. solche, die gleichwertig sind, nur eine andere legitime Möglichkeit darstellen,

3. solche, die einander komplementär sind, bis hin zu solchen, die kaum noch ein Recht auf ihrer Seite haben, aber den richtigen Lösungen gegenüber eine kritische Funktion ausüben können.

Es geschieht nun, daß im »weltlichen Reiche« auch Christen sehr unterschiedliche, wenn nicht gegensätzliche Positionen einnehmen können, und es ist gut, wenn sie hierin miteinander ringen. Verhängnisvoll wird es aber, wenn sie dies Ringen damit beenden, die Gegenseite dadurch mundtot und kirchlich tot machen wollen, daß sie ihre Seite als die »christliche« Seite bezeichnen und die andere Seite verteufeln.

Wir erleben dies nicht nur in politischen und weltanschaulichen Fragen, sondern in den heute ebenfalls besonders aktuellen Fragen der Kernenergie, des alternativen Lebensstiles, des Friedensdienstes mit oder ohne Waffen, der Ausländer und Asylanten. Die Wichtigkeit dieser Fragen verlangt es, daß die verschiedensten Positionen – alle im »weltlichen Reiche« – in einem sachlichen Gespräche miteinander bleiben, auch damit sich die einzelnen Menschen ein besseres und sachlicheres Urteil bilden und echt entscheiden können, anstatt daß sie durch Verketzerungen bestimmter Positionen und durch einseitige Informationen (z. B. durch einseitige Propaganda für den Friedensdienst ohne Waffen in Blättern christlicher Jugend) entmündigt und irregeführt werden. Die Kirche sollte hier allenfalls ein Forum für die miteinander ringenden Anschauungen bieten, aber sich nicht selber auf die eine oder die andere Seite schlagen und dadurch das so notwendige Gespräch zwischen den Gruppen verhindern, indem sie selber Partei wird und einer kirchenpolitischen Richtung durch Besetzung von Schlüsselpositionen eine Monopolstellung einräumt.

Es ist heute schon so weit, daß nicht nur gewisse christliche Gruppen oder Zusammenschlüsse politisieren, sondern auch allgemein christliche Werke, seien es Studentengemeinden, Jugendwerke, Bildungswerke oder seien es gar karitative Werke. Kirchliche Werke sollten politisch wie kirchenpolitisch neutral sein; aber wenn sie schon politische Themen erörtern, sollten sie ein Forum auch gegensätzlicher Richtungen bieten, den Anschauungen all derer eine Chance gewähren, für die es den Anspruch erhebt, dazusein, bzw. von denen es getragen wird, anstatt nur noch eine Richtung zu vertreten, und sei es auch die einer starken Mehrheit oder die einer diese Möglichkeiten mißbrauchenden kleinen Minderheit.

Jegliches Propagieren – und erst recht ein einseitiges Propagieren – politischer und weltanschaulicher Überzeugungen durch kirchliche Werke ist ein Mißbrauch des kirchlichen oder christlichen Namens und ein Mißbrauch der durch Kirchensteuer eingezogenen oder gespendeten Gelder. Solche Sach- und Zweckentfremdungen sind Schläge gegen den kirchlichen und christlichen Auftrag wie auch gegen die Demokratie und menschlichen Anstand, sind totalitäre Anmaßungen. Die Kirche sollte der Welt den Mißbrauch nicht auch noch vorexerzieren.

Man kann sich in diesen Fällen auch nicht auf Mehrheitsbeschlüsse berufen. Sie sind sowohl der Minderheit gegenüber unzulässig, da diese unter anderen Voraussetzungen in diesen Werken oder Gruppen ist, als auch der kirchlichen Öffentlichkeit gegenüber, die sie ideell und finanziell trägt. Selbst einstimmige Beschlüsse können nichts legitimieren, was gegen das Wesen der Kirche oder auch gegen die Bestimmung eines Werkes verstößt. So darf z. B. ein Ev. Bildungswerk nicht einseitig informieren, einseitige Veranstaltungen machen, so zu einem Propagandawerk einer Richtung werden, wie es schon geschieht (so darf doch auch eine städtische Bücherei nicht – auch durch einen einstimmigen Beschluß nicht – nur noch Bücher einer Richtung anbieten); ein Bildungswerk hat nicht nur vielseitig, sondern möglichst allseitig zu bilden. So wenig ein Musikverein oder Kleintierzüchterverein beschließen kann, eine bestimmte politische Richtung ideell und finanziell zu unterstützen, so wenig ein kirchliches Werk.

Läßt ein kirchliches Werk jeweils nur Positionen der einen Seite zu Wort kommen, so bedeutet dies gegenüber den Andersdenkenden nicht nur eine Benachteiligung, auch nicht nur eine Ausschaltung, sondern auch eine Stärkung ihrer Gegner im weltlichen Raume. Was sagt z. B. ein Christ, der beruflich mit Kernenergie zu tun hat, wenn ein Jugendwerk oder ein anderes Werk seiner Gemeinde oder Kirche gegen seine Überzeugung und gegen seinen Beruf agitiert, dies dazu mit seinem Gelde? Man spricht von »Gerechtigkeit für die Dritte Welt«, zeigt sich aber durch dieses einseitige Politisieren und durch die Ausschaltung den andersdenkenden Mitchristen gegenüber sehr ungerecht; man kämpft für die »Gerechtigkeit« in weiter Ferne, tritt aber die Gerechtigkeit im eigenen Hause (und oft auch im Grunde die in der Ferne) mit Füßen. Kirchliche Werke lassen sogar nicht nur politisierende Christen und politisierende christliche Gruppen zu Wort kommen, sondern auch Nichtchristen und nichtchristliche Gruppen, womöglich antichristlicher Prägung, propagieren und finanzieren deren weltlichen Kampf. Während deren Gegner ihre Aktionen aus eigener Tasche bezahlen und mit eigenen Kräften werben müssen, läßt man Personen und Gruppen einer gewissen – möglichst linken oder »liberalen« – Richtung kirchliche Werke mit deren finanziellen und propagandistischen Möglichkeiten benutzen, anstatt daß sie, wie die anderen, weithin verfemten Gruppen, bei gleichen Chancen im offenen Ringen und aus eigenen Kräften ihre Sache vertreten und behaupten. So werden kirchliche Werke zu Propagandawerken für sie. Schon grundsätzlich sollte aber ein jedes allgemeine kirchliche Werk, das von der kirchlichen und teils auch von der öffentlichen Allgemeinheit getragen und finanziert wird, sowohl Zweckentfremdungen widerstehen als auch allen Seiten offenstehen.

Als Zwischenfrage: Wenn ein kirchliches Werk nun umgekehrt handelte, sich nicht mit Kommunisten, sondern mit Faschisten verbündete, für Südafrika und Südkorea, für die Kernenergie, für den »Friedensdienst mit Waffen« usw. spräche? Würde man da selbst einen Mehrheitsbeschluß völlig in Ordnung finden? Welch eine Empörung würde man da wohl in vielen Gruppen und Kreisen und in allen Medien vernehmen!

Was könnte nun eine überstimmte oder überfahrene Minderheit tun und was die Andersdenkenden in der solche Werke finanzierenden kirchlichen Öffentlichkeit? Die Möglichkeit, wie bei einer Partei, eine eigene Partei zu gründen, ist der Minderheit (vielleicht schon innerlich) meist schon von der Genehmigung her, aber auch aus finanziellen und räumlichen Gründen verwehrt, und der vor den Kopf gestoßene Teil der kirchlichen Öffentlichkeit sollte nicht auch noch zusätzlich zur Kasse gebeten werden. Was sollen wohl andersdenkende Christen tun, wenn sie es erleben, daß im Namen ihrer Kirche und mit ihrer Kirchensteuer Dinge im weltlichen Bereiche unterstützt werden, die sie als verhängnisvoll ansehen? Was sollen Sie tun, wenn Veranstaltungen der politischen oder weltanschaulichen Gegner mit ihrer aller Geld bezahlt werden? Was sollen sie tun, wenn diese Gegner Möglichkeiten erhalten, die ihnen von denselben kirchlichen Werken verwehrt werden? Sie werden doch zur schwierigen Entscheidung gedrängt, entweder zuzusehen – verhallen ihre Proteste auch bei den heutigen Kirchenleitungen und Synoden ungehört –, wie ihre politischen und kirchenpolitischen Gegner gefördert werden, oder aus der Kirche auszutreten (was ja nicht eintreten möge). Viele treten, enttäuscht von der unterwanderten Kirche, aus der Kirche aus und sehr viel mehr leiden an ihrer Kirche weiter.

Mit einer Unverfrorenheit sondergleichen weisen Christen, die eine Monopolstellung ergattert haben, Kritik an dieser Praxis ab. Sie seien ja »demokratisch gewählt«, die andere Seite hätte sich bei der Wahl auch anstrengen können. Nun, die meisten Wähler bei Wahlen zu allgemeinen Werken wählen ja nicht unter kirchenpolitischen Gesichtspunkten, sondern etwa unter dem Gesichtspunkte der Fähigkeiten und wählen im Vertrauen darauf, daß nicht egoistische und gruppenegoistische Ziele verfolgt werden, sondern das Interesse der Allgemeinheit gewahrt wird. Sollte diese Einstellung wegfallen, müßte man bei einer Wahl zu einem allgemeinkirchlichen Werke ehrlicherweise angeben, daß unter kirchenpolitischen Gesichtspunkten gewählt werde, und dann gäbe es bei einer jeden Wahl zu allgemeinkirchlichen Gremien und Stellen einen erbitterten kirchenpolitischen Kampf; denn unterliegt eine Seite auch nur mit einer Stimme, kann sie ganz ausgeschaltet sein. Einer Verhöhnung kommt es gleich, wenn Monopolchristen meinen, bei einem Abend, an dem nur Referenten ihrer Seite sprächen, hätte die andere Seite doch die Chance, sich in der Diskussion zu Worte zu melden. Wenn man nun ihnen solch ungleiche Chancen gäbe? Wenn sie sich nun auf Wortmeldungen beschränken müßten, die ja oft nicht berücksichtigt werden und bei denen man in der Kürze die Sache oft nicht verständlich oder ausführlich genug vortragen kann? Welch ein Geschrei erhöben sie! Und Diskussionsbeiträge der Geächteten – sofern sie da sind und sofern sie es wagen beim häufigen Angepöbeltwerden – können bei den Teilnehmern kein hinreichend wahres Bild entstehen lassen. Wo es Referenten, Filme, Bücher usw. nur der einen Seite gibt, kommt es selbst bei ein paar Diskussionsbeiträgen der überspielten Seite zur ungenügenden oder falschen Information, so daß sich die Teilnehmer nicht recht und richtig entscheiden können. Wie käme es sonst dazu, daß dort, wo ein Monopol herrscht, oft über 90 % Stimmen zu verbuchen sind, aber dort, wo Referenten beider Seiten auftreten dürfen, die sonst Geächteten sogar das Doppelte an Stimmen erhalten können? Man wird doch nicht annehmen dürfen, daß die Menschen an einem anderen Orte oder an einem anderen Abend ums Zehnfache und mehr kritischer sind. Die Monopolchristen als Avantgardisten der »One-World-Bewegung« verstoßen nicht nur gegen das bereits vorchristliche faire Verhalten des »audiatur et alter pars« – haben dieses abgeschafft –, sondern versuchen die Meinung der Andersdenkenden mit allen Mitteln und Kniffen totzuschweigen oder totzukriegen, weil sie diese fürchten, befürchten, daß die Gemeindeglieder ihre Propaganda durchschauen und sich echt entscheiden.

Die Überspielten tragen gewiß auch Schuld, wenn sie sich nicht genügend oder gar nicht wehren, vielleicht grundsätzlich nicht kämpfen, wie wir es bei vielen Evangelikalen finden, obwohl uns das Neue Testament etwas anderes zeigt und sagt, denken wir da etwa nur an den Apostel Paulus. Und wenn einige meinen, es sei schon zu spät, es sei alles unterwandert, man könne nichts mehr machen, wäre (unter diesem Gesichtspunkte) die angebrachte Konsequenz, diese Kirche zu verlassen und eine eigene Kirche zu bilden, die allerdings auch – vielleicht von anderen Seiten – unterwandert werden könnte. Aber solange man noch eine gemeinsame Kirche bildet, hat man um sie zu ringen, sich für die Unterdrückten der eigenen Seite einzusetzen, auch dafür, daß deren und auch die eigene Kirchensteuer nicht dazu dient, daß Waffen gegen sie geschmiedet werden, also nicht dazu, daß sie sozusagen ihren eigenen Ast absägen müssen (und wer darf so sicher und überhaupt sagen, daß es zu spät sei, mit Christi Macht so wenig rechnen?). Aber alle fraglichen Haltungen der Überspielten berechtigen nicht dazu, daß man in der Kirche ungerecht und unfair wird.

Zur Politisierung und zur Einseitigkeit haben sich nicht nur kleine Gruppen und kleinere und größere Werke entschlossen, sondern auch große Werke und Zusammenschlüsse. Eine besonders tief- und weitreichende Wirkung hat die Einseitigkeit des Weltkirchenrates. Wie weit dieser darin geht, zeigt u. a. die Nachricht des epd vom 19. Dezember 1980 unter der Überschrift »Weltkirchenrat kritisiert UNO-Konferenz über Namibia.« Weil sich die UNO in dieser Frage endlich biegsam zeigte und nicht mehr unbedingt die SWAPO als alleinige Vertreterin der Bevölkerung Südwestafrikas ansah, wurde sie vom Weltkirchenrat angegriffen. Auftrag der Kirche ist es ja nach Matthäus 5, 9 zu vermitteln; der Weltkirchenrat stellte hier aber die Dinge auf den Kopf: Er zeigte sich starrer als politische Fronten. Aus diesem Grunde und aus anderen Gründen sollten alle Kirchen möglichst rasch den antichristlichen Weltkirchenrat verlassen.

Mit welch einer Penetranz die Evangelische Frauenarbeit in Deutschland und Teile der Evangelischen Frauenhilfe einseitig Südafrika angreifen und ihren Früchteboykott durchführen, unterstützt von der Evangelischen Arbeitsgemeinschaft für Müttergenesung (die beim Müttergenesungswerk Rückendeckung findet), wird uns und der Öffentlichkeit mehr und mehr und auch unangenehm vor Augen geführt.

Die Evangelische Studentengemeinde in der Bundesrepublik und Berlin (West) hatte schon vorher ihre Neutralität und Vermittlerrolle aufgegeben. Hierüber schrieben wir schon in III, 6, wobei das Zitat mit den Worten schloß: »Sie entwickelte sich zu einem Forum, auf dem die Auseinandersetzungen für eine Veränderung der Gesellschaft stattfinden.« Ist es Auftrag kirchlicher Werke, zu Steigbügelhaltern oder gar Avantgardisten der neomarxistischen Gesellschaftsveränderung zu werden? Diesem »Auftrage« und dieser Einseitigkeit ist die ESG mit vielen christlichen Jugendverbänden treu geblieben: Im epd vom 18. Dezember 1980 steht u. a.: »Einen ‚Stromteilzahlungsboykott' hat in diesen Tagen die Stuttgarter Geschäftsstelle der Evangelischen Studentengemeinde in der Bundesrepublik und Berlin (West) begonnen.«

Viele christliche Jugendverbände führen zusammen mit sehr linken Gruppen »Friedensmärsche« durch. Zeugt es nicht von einer großen Verlogenheit, wenn man gegen die Bundeswehr agiert, ohne daß sie im Einsatz ist, aber zugleich für »Befreiungsbewegungen« eintritt, die tatsächlich Waffengewalt ausüben und dabei vor einem Morden nicht zurückschrecken?

Nicht nur praktisch, sondern auch theoretisch werden von kirchlichen Werken die Andersdenkenden ausgeschaltet, indem man bei entgegengesetzten Konzeptionen die unpopuläre Konzeption auch nicht zum Teile mehr gelten läßt, sondern als »unchristlich« ganz und gar verdammt. Religionen, Juden, Marxisten usw. können da Gesprächspartner sein, aber nicht mehr andersdenkende Christen, und das Ungeheuerliche ist dabei, daß wahre Christen und echt menschliche Entscheidungen geächtet werden, antichristliche Dinge aber als das wahre Christliche ausgegeben werden. Die erfolgreichen Unterwanderer fühlen sich so sicher, daß sie oft kein Gespräch mit Andersdenkenden mehr aufnehmen oder dulden, da dies Zeitverschwendung sei, – oder (bzw. und) fühlen sich, zugleich, so unsicher, daß sie die Wahrheit der Andersdenkenden doch fürchten und sie daher mit allen Mitteln unterdrücken wollen. So ähnlich wie die Kommunisten, die in Demokratien die demokratischen Rechte für sich in Anspruch nehmen, an die Macht gekommen, den Andersdenkenden keine Chance mehr lassen, so lassen unterwanderte kirchliche Werke Andersdenkenden wenige oder keine Chancen und raten auch ihren Anhängern von einem Gespräche mit Andersdenkenden ab. So wird im Boykottbriefe Nr. 9 der Evangelischen Frauenarbeit (Unterlinden 80 in Frankfurt/Main) das Gespräch mit Andersdenkenden als »sinnlos«, als »zeitraubende Arbeitstherapie« bezeichnet, während man sonst so sehr vom »Dialoge mit . . .« spricht; aber man wahrt gegenüber andersdenkenden Christen nicht einmal mehr die Form, so in der Kirche ein neues Verhalten, einen neuen Stil einleitend. Die starke Bundesgenossenschaft mit kommunistischen Gruppen hat wohl auch hier abgefärbt. Ist man im antichristlichen Fahrwasser, kann man sich nicht mehr christlich verhalten.

Und wo noch Stimmen der verfemten Position laut werden, kann es geschehen, daß man Kirchenleitungen oder schon staatliche Stellen zu deren Unterdrückung aufruft, auch darin die Diktatur vervollkommnend. Wo man andersdenkenden Christen weder praktisch noch theoretisch ein Betätigungsrecht läßt, hat man – selbst wenn diese in einer Kirche bleiben wollen – im Grunde zwei Kirchen geschaffen: Eine, die die Macht hat und die Gunst der Welt genießt, und eine in der Verfolgung.

Eine weitere Frage zur Parteilichkeit: Gegenüber den von der Gunst der Welt getragenen Aktionen des Weltkirchenrates und kirchlicher Gruppen und Werke gegen Südafrika und andere verfemte Staaten sollte man nicht nur die Frage stellen, wie sie sich mit der Bibel vereinbaren ließen, sondern auch, warum man denn so penetrant parteiisch werde und mit welcher Begründung die wahre Gerechtigkeit aufgegeben werde und es zur doppelten Moral komme. Werden sowohl die Vermischung der »Reiche«, die die doppelte Moral besser tarnen oder auf sachfremdem Gebiete vornehmen lassen kann, als auch diese doppelte Moral selber besonders durch den Marxismus und Neomarxismus gefördert, wenn nicht verursacht, so erklären ideologische Voraussetzungen nicht genügend, wie es zur doppelten Moral kommt. Im letzten Grunde sind es die Menschen und Menschengruppen, die sich – sei es auch aus »Liebe« zur Ideologie bzw. verleitet durch sie – personhaft für den Weg der doppelten Moral entscheiden, für die Ungerechtigkeit und Unwahrheit. Der letzte Grund ist die Gegnerschaft, wenn nicht Feindschaft gegen gewisse Staaten, Gruppen oder Ideen und Ideologien, zu deren Bekämpfung jedes Mittel recht erscheint, aber alles im Bestreben, »das Gesicht zu wahren«, sprich: zu heucheln.

Um die Ungerechtigkeiten zu legitimieren, setzt man »Ausnahmen« fest. Man erklärt dabei das Tun des Gegners für so schlimm, für so außergewöhnlich, für so außerhalb jeglichen humanitären oder gesellschaftlichen Gebarens stehend, daß man es verurteilen müsse, es unter diesen Umständen eben zur Ausnahme komme. Und da setzt man fest, letztlich willkürlich oder doch äußerst subjektiv fest, was verwerflich bzw. allein verwerflich sei. So geschieht es, daß man Rassendiskriminierungen, bei denen den anderen doch das Leben und die Freiheit gelassen werden, als schlimmer oder als allein schlimm ansieht gegenüber der Verfolgung oder Ausrottung Andersgläubiger oder Andersdenkender, denen nicht einmal die Freiheit gelassen wird, so daß man eigentlich umgekehrt werten oder, wenn schon Ausnahmen, umgekehrt Ausnahmen machen müßte. Quantitatives der Art nach – z. B. Rassendiskriminierung und Verfolgung Andersdenkender – oder des Umfanges und der Intensität nach wird in solch Qualitatives umgemünzt, daß man einige Staaten, nämlich gegnerische Staaten, boykottieren oder verurteilen zu müssen meint oder vorgibt, befreundete Staaten aber, die auch quantitativ zumindest das Gleiche tun, noch unterstützt oder deren Vorgehen verschweigt. Sollten gegnerische Staaten wirklich mehr Rechtsbeugungen vornehmen, sollte man aber gerechtigkeitshalber dann die befreundeten Staaten, sofern sie das Gleiche tun, vielleicht weniger, aber doch auch tun, ebenfalls boykottieren und rügen, nicht aber ihnen eine gegenteilige Behandlung zukommen lassen, etwa eine Unterstützung oder doch Deckung ihres Tuns. Und wenn man schon etwas für besonders oder allein schlimm erklärt, sollte man es gerechterweise allen gegenüber durchhalten. Eine Diskriminierung einer Rasse ist verständlicher als die nur eines anderen Volkes; diese Diskriminierung sollte man also eher noch mehr rügen. Was sehen wir aber in Deutschland? Da wirft man Südafrika »Rassendiskriminierung« vor und bekämpft es, schweigt aber dazu, daß die eine Million Deutscher in Polen ihre Muttersprache nicht gebrauchen und ihren Kindern keine deutschen Vornamen geben dürfen; man setzt sich für fernstehende Menschen ein, läßt aber Volksgenossen im Stich. Welche »Begründung« will man für diese Ungerechtigkeiten geben? So wird selbst diese äußerst fragliche »Ausnahme« auch nur willkürlich durchgeführt und erweist sich als Heuchelei.

Zu sehen ist auch, daß vieles Angeprangerte überhaupt kein Unrecht ist, sondern nur durch Verschiebung oder Aufhebung der Maßstäbe zum »Unrechte« deklariert worden ist. Aus politischen oder ideologischen Gründen bestimmen nämlich die Mächtigen oder Skrupellosen weithin, was »gut« und was »böse« ist, dies mit dem Ziele der Vernichtung oder Knechtung der anderen, was blanker Imperialismus, was dunkler Imperialismus ist.

Wo eine Parteilichkeit zu einem Parteiisch-Sein im übelsten Sinne wird – und wo man damit zur Ungerechtigkeit und Lüge greift –, wo nicht nur Bereiche vermengt werden, sondern auch fragwürdigste Rollentausche geschehen, kann es zur Vermengung von Wahrheit und Lüge, von

Liebe und Haß, von Menschlichkeit und Unmenschlichkeit kommen, zur hemmungslosen Willkür. »Doppelte Moral« heißt somit in dieser Konsequenz das Ende jeglicher Moral, heißt: »Keine Moral«. Manche meinen, diese vielleicht auch in ihren Augen »unschönen Dinge« der großen Ziele wegen in Kauf nehmen zu müssen, etwa um der erhofften Einheit der Menschheit und des ersehnten ewigen Friedensreiches willen. Aber durch solche Praktiken entfernt man sich gerade vom Ziele. Da sind die vielgepriesene »Gerechtigkeit«, »Menschlichkeit«, »Familie der Völker« oder »Welteinheitsgesellschaft« erst recht ein Wahn. Durch die »doppelte Moral« wird das Vertrauen, ja überhaupt das Verhältnis zwischen Völkern, Gruppen und auch einzelnen übermäßig belastet, wenn nicht zerstört – und eine solche Kirche erreicht es, daß man auf ihre eigentliche Botschaft nicht mehr recht hinhört, weil man von ihr nichts mehr erwartet, vielleicht ihr nicht mehr traut, so wenig, wie anderen Verrätern.

Durch die Politisierung und Einseitigkeit, die sich als doppelte Moral zu erkennen gibt, zerstören kirchliche Kreise die Moral und die Menschlichkeit. Sie machen z. B. auch einen rechten Einsatz für Menschenrechte unglaubwürdig und damit weithin unmöglich; denn es wird ihre »Fürsprache« (und Anklage des »Unrechtsregimes«) – zu Recht – nicht als aus »humanitären« oder gar »christlichen« Gründen geschehen angesehen, sondern als aus »politischen« bzw. aus »ideologischen« Gründen.

Es ist bitter, daß kirchliche Gremien und Gruppen sich all diesem Ungeiste verschrieben haben, Handlanger von Ideologien geworden sind.

C) Schützenhilfe für den Marxismus

Die Preisgabe der Zwei-Reiche-Lehre Luthers und der Unparteilichkeit steht im Dienste des Marxismus und Neomarxismus und ähnlicher Erscheinungen, wie etwa des Feminismus. Daß sich die Kirche weithin so einseitig vor dem Marxismus bückt, ist nur die konkrete, geschichtliche Folge der Vermischung beider Reiche bzw. das Ergebnis einer Gegenseitigkeit, kann doch auch die Vorliebe für den Marxismus zur Ablehnung der Zwei-Reiche-Lehre Luthers führen. Wo die Zwei-Reiche-Lehre erweicht oder ganz aufgegeben wird, da wird die Gefahr akut, daß die jeweils vorherrschende Richtung in der Welt, daß der die goldenere Zukunft verheißende Trend nun auch in der Kirche die Führung übernimmt und sie als ein Machtinstrument mißbraucht. Damit wird den Verhärtungen und den Unmenschlichkeiten in der Welt gerade nicht gewehrt. Die notwendigen Auseinandersetzungen werden vielmehr dämonisiert, mit einer Kreuzzugsleidenschaft vorgetragen, und das spezifisch Kirchliche und Christliche werden noch mehr verdeckt oder umfunktioniert; das Evangelium wird zu einer politischen Ideologie. Letztlich Gott im Griffe des Menschen: Er muß unseren Wünschen und Zielen dienen. Nicht mehr Barmherzigkeit, sondern Unbarmherzigkeit, nicht mehr Menschlichkeit, sondern Unmenschlichkeit, nicht mehr Freiheit sondern Sklaverei, nicht mehr Freude, sondern fanatischer Ernst oder hoffnungslose Gleichgültigkeit und Anpassung prägen dann auch das Handeln der Kirche. Hier werden für Welt und Kirche verhängnisvolle Weichen gestellt, für Jahrzehnte, wenn nicht für Jahrhunderte.

Auf diesem Wege gerät die Kirche mitsamt ihren Verbänden und Werken immer mehr in den Sog von Mächten, die nicht nur die Welt, sondern auch die Kirche umpolen und umgestalten wollen – zum Bilde des Antichristen.

Die große Marxismus-Hörigkeit führt dazu, daß man so gut wie nie gegen kommunistische Staaten protestiert und daß bei der Auswahl der »Unrechtsstaaten«, die zu bekämpfen seien, nur solche sind, die vor allem von Kommunisten und ihren Verbündeten in der UNO angegriffen werden, und daß sich kirchliche Gruppen des öfteren zum gemeinsamen Vorgehen mit extrem marxistischen Gruppen zusammenfinden. In diesem Zusammenhange ist es bezeichnend, daß die EKD-Synode in Berlin (13. - 17. 5. 1979) beschloß, die Gemeinden zum Gedenken bedrängter Christen in »Namibia« und »Südkorea« aufzurufen, aber den Zusatzantrag ablehnte, Fürbitte für die bedrängten Christen im Iran, Äthiopien, in der UdSSR, in der CSSR, in Uganda, Äquatorialafrika, Indochina usw. zu üben. Eine Einseitigkeit und Verzerrung der Maßstäbe: Für Christen, die bloß verhaftet sind, wird zum Gebet aufgerufen, für die unvergleichlich größere Zahl der Christen aber, die blutig verfolgt und getötet werden, lehnt man den Aufruf zum Gebet ab, ist also nicht einmal zur Fürbitte bereit, die – im Unterschiede zum Politisieren – zu unserem Auftrage gehört. Und diese ungerechten, im Grunde politischen Aktionen werden noch christlich verbrämt. Das dunkle Ziel tritt immer unverhüllter hervor.

Diese Tatsachen zeigen, daß es nicht um den Menschen geht (genau so wenig um den christlichen Glauben). Der Vorwand, man setze sich für den Menschen ein, erweist sich als zutiefst heuchlerisch, z. B. dadurch, daß dort, wo Menschen durch die »Befreiungen« vom Regen in die Traufe kommen, wie etwa in Vietnam, Angola und Mozambique, sie kaltblütig fallengelassen und dafür neue Opfer der »Befreiung« gesucht werden. Wäre es den kirchlichen Jugendlichen und anderen wirklich um die dortigen Menschen gegangen, würden sie sich auch und gerade heute für sie einsetzen, auf daß sie frei würden (wer sich z. B. von einem Menschen, dem er bei der Arbeits- oder Wohnungssuche behilflich sein wollte, abwendet, wenn anstelle eines Erfolges eine noch größere Not eintritt, zugleich aber nun einem anderen »behilflich« sein will, anstatt sich gerade verstärkt für den ersten Hilfsbedürftigen einzusetzen, zeigt, daß es ihm weder um diesen gegangen ist, noch um den neuen Hilfsbedürftigen geht, vielmehr um andere Dinge). Abgesehen davon, daß es ihnen nicht um den Menschen in kommunistischen Staaten geht – sie würden sich ja dann auch dort einsetzen – geht es ihnen auch dort nicht »um den Menschen«, wo sie vorgeben, sich für ihn einzusetzen. Das ist besonders widerlich, wenn es in »Gottesdiensten« geschieht, die nur »für sie« (nicht für die Leidenden in kommunistischen Ländern) einseitig und mit Agitation gegen den »Unrechtsstaat« stattfinden. Der »Mensch« ist überall von ihnen verlassen, weil es ihnen nur um ihre christlich drapierte politische oder weltanschauliche Richtung geht.

Was sind das für »Christen«, da das ungeheure Leiden und die oft sehr blutigen Verfolgungen ihrer Glaubensgenossen in kommunistischen Ländern sie kalt läßt, da sie dieses Unrecht noch emphatisch herunterspielen und im Verhältnis geringfügige Unterdrückungen im Westen aus politischen Gründen ins Riesenhafte aufbauschen? Und was sind das für »Christen«, die sich dagegen wenden, daß es für Schwarze in Südafrika eine »getrennte Entwicklung« gibt, die es aber kalt läßt, daß die noch in Polen verbliebene eine Million Deutscher nicht einmal ihre Muttersprache gebrauchen und ihren Kindern keine deutschen Vornamen geben dürfen und es selbst im Elsaß keinen vollen Deutschunterricht gibt?

Der Ausreden ist hier Legion. Man kommt z. B. mit der »begrenzten Kraft« oder sagt, daß man sich nicht zugleich gegen alle wenden könne. Dies erscheint schon dadurch fraglich, daß man bei Staaten, die man schon oft und lange angegriffen hat, jeweils, sobald sich dort auch nur das Geringste regt, eins »draufgibt«, anstatt endlich bei weit gravierenden Dingen in kommunistischen Staaten in gleicher Weise etwas zu sagen und zu tun. Nun, wo Glaube und Liebe im Grunde verlassen sind, greift man auch zur Ungerechtigkeit und zu Lügen.

Die marxistische Unterwanderung in den Kirchen ist schon sehr weit fortgeschritten. Selbst diejenigen, die keine Marxisten sind, haben sich weithin daran gewöhnt, den Linksdrall mitzumachen oder schon als das Normale anzusehen, die Dinge bereits durch die rote Brille zu betrachten, also hier parteiisch zu denken. So akzeptiert z. B. das

Kirchenvolk es, daß kirchliche Gruppen gegen sogenannte rechtsradikale Veranstaltungen Deutscher und auch Ausländer lautstark protestieren und demonstrieren, aber nach »links« hin alles dulden, selbst für Terroristen zumindest noch »Verständnis« finden.

Es ist eigentlich rätselhaft, warum kirchliche Kreise so sehr der Faszination des Marxismus erliegen, ja überhaupt etwas Faszinierendes an ihm finden, ist sein Gesicht doch wenig einladend, vielmehr recht deprimierend bis grauenhaft. Ist es seine sirenenhafte Propaganda, der man gerne glauben möchte, um die Zukunft, die angeblich ihm gehört und die man ihm fatalistisch oder angsterfüllt überlassen hat (ein Sich-Anbiedern beim Henker), besser oder überhaupt noch ertragen zu können? Will man die Wirklichkeit, will man den wahren Marxismus nicht sehen? Man sollte doch zur Kenntnis nehmen, daß die größten leiblichen und seelischen Versklavungen (wie sie noch nie geschehen sind) und die größten Massenmorde aller Zeiten durch ihn geschehen sind und geschehen. In der Jugendzeitschrift »Die Glocke« vom März 1980 steht auf Seite 22: »Die Gesamtzahl der Opfer des marxistisch-leninistischen Experiments wird von dem Außenpolitischen Forschungsinstitut in London auf 140 Millionen Menschenleben geschätzt. Das Zahlenmaterial über ,vorzeitige Todesfälle' stammt aus kommunistischen und nichtkommunistischen Quellen. Ursache der ,vorzeitigen Todesfälle' seien Hinrichtungen, Hungersnöte infolge politischer Aktionen, Haft, Verschleppung, Zwangsarbeit, Bürgerkrieg und Krieg über Ländergrenzen hinweg.« Man könnte hier noch Irrenhäuser nennen, in die Unbequeme eingeliefert und mit furchtbaren und schmerzhaften Medikamenten »behandelt« worden sind. Im »Christlichen ABC, Heute und Morgen« (Verlag Kesselring, Emmendingen) schreibt unter »Staat« mit dem Thema »Das Jahrhundert der Flüchtlings-Ströme« Dr. Jürgen Todenöfer, MdB, auf Seite 28: »Wo immer der Kommunismus an die Macht kommt: die Folgen sind menschenunwürdige Zustände, menschliches Elend, vor dem viele Menschen, wo sie können, fliehen.« Er erwähnt auf Seite 29, daß man beim Zusammenrechnen der Flüchtlinge vor marxistischen Regimen und infolge kommunistischer Guerilla-Tätigkeit auf 93 % der 10 - 15 Millionen Flüchtlinge komme und stellt auf Seite 30 fest: »Die Flüchtlinge haben darüber abgestimmt, daß, wenn es um *menschenunwürdige Verhältnisse geht, der Marxismus und der radikale Sozialismus versagt* haben.« Welch ein Verrat, wenn christliche Kreise trotz des Wissens um das Grauenhafte des Marxismus ihm weiterhin Tür und Tor öffnen (»um des Menschen willen!«) und diejenigen, die vor ihm warnen, mundtot machen! Begeht der Kommunismus sowohl quantitativ als auch qualitativ weit mehr Verbrechen als der Nationalsozialismus, so ist die Ungerechtigkeit kirchlicher Kreise umso unverständlicher, bereits gegen das, was rechts zu sein scheint, mit kommunistischen Gruppen zu agitieren, aber den Kommunismus nicht nur nicht zu bekämpfen, sondern sogar zu fördern. Auch der Hinweis, daß es in kommunistischen Staaten »sauberer« zugehe als im Westen, hat allenfalls eine relative Berechtigung; so gibt es z. B. selbst in Rußland Rauschgift und Rauschgifthandel, Gangstertum usw.

Wie der Marxismus, gewinnt auch der *Neomarxismus* – da etwa durch die »Frankfurter Schule« – in der Kirche an Bedeutung, besonders unter der Jugend, dies unter weitgehender Duldung durch die Verantwortlichen. Dem Neomarxismus, Feminismus u. dgl. ist dies gemein, daß sie im Kampfe gegen jede Ordnung stehen, und damit auch, wenn nicht vorwiegend, gegen Gottes Gebote. Die Spitze des in diesen Ideologien entfachten Hasses richtet sich gegen Gott. Läßt man in christlichen Jugendkreisen marxistische und neomarxistische Aktionen als christliche Aktionen bzw. als das wahre Christliche ausgeben, braucht man sich nicht zu wundern, daß diese »Umfunktionierung« bis in die Pfarrerschaft geht. Im »Evang. Gemeindeblatt für Württemberg« vom 29. März 1981 schreibt Horst Keil: »Schon im Frühjahr 1978 hatten die rheinischen Theologie-Studenten ‚Thesen zu einem alternativen Lebensstil im Pfarrhaus' verabschiedet. Darin heißt es: ‚... Das Zusammenleben einer Gruppe von Menschen, die sich entgegen verhärteten Strukturen, wie sie häufig Kleinfamilien prägen, um herrschaftsfreie, gleichberechtigte und offene Lebensformen bemüht, eröffnet neue Perspektiven: Aufhebung der Isolation der einzelnen, Möglichkeit freier Partnerschaft von Heterosexuellen und Homosexuellen, kollektive Kindererziehung ...« Die rheinische Kirche sprach da zwar ein klares Nein, aber es erhebt sich die Frage, warum die Verantwortlichen in den Kirchen solange geschwiegen haben und auch jetzt noch schweigen, dem Marxismus und dem Neomarxismus in den Kirchen weithin freien Lauf lassen.

Den Ungehorsam und den starken Linksdrall versucht man in der Kirche durch rauschhafte, »charismatische«, gefühlvolle und besonders ausgestaltete Gottesdienste zu kompensieren oder zu verstärken: durch mehr »Frömmigkeit«, mehr »Religiosität«. Nur angeblich bietet man da etwas anderes, da auch diese Veranstaltungen dem gleichen Ziele dienen. Daß die »charismatische Bewegung«, die Verkünder einer neuen »Spiritualität« und synkretistische Tendenzen Unterstützung durch den Weltkirchenrat und viele kirchliche Kreise neomarxistischer Prägung finden, zeigt deutlich, daß es sich nur angeblich um eine »andere Seite« oder gar um einen Gegenschlag handelt; hierzu gehört auch das starke Propagieren der Gruppendynamik und die Hereinnahme von östlicher Meditation, von Yoga u. dgl. Der Christ soll von allen Seiten eingekreist und umgarnt werden.

Nichts gegen echte Gefühle und echte Spiritualität, im Gegenteil; aber die künstlich hervorgerufenen und gesteuerten Emotionen – wobei man im Gottesdienst wie bei Abendmahlsfeiern, etwa beim »Feierabendmahl«, den naturhaften Bereich mit dem personhaften Bereiche verwechselt oder vertauscht, »Geselligkeit« als »Gemeinschaft«, »erotische Liebe« als »(Nächsten)liebe« ausgibt usw. – können wahrem Glauben gerade im Wege stehen und ein nicht nur oberflächliches, sondern auch ein falsches Verständnis des christlichen Glaubens nahelegen. Treffend sagt Professor Dr. Dr. Huntemann in seinen 10 Thesen zu »Vatermord und Gottesmord« (Vortrag am 20. Oktober 1979 in Hannover in der Beethovenhalle vor dem Theologischen Konvent der Konferenz Bekennender Gemeinschaften in der Ev. Kirche in Deutschland) in seiner 9. These: »Eine Evangelisation, die sich dem Vatermord anpaßt, Wohlfühlkirche schaffen will im rauschhaften, pseudochristlichen Konsumbetrieb, Christus als Jesusgruppenbruder verfälscht und Gemeinschaft unter dem Wort und Kreuz zum Gruppenerlebnis degradiert, ist Verrat am Evangelium.«

D) Wachsende Billigung und Anwendung von Gewalt

Wird die Zwei-Reiche-Lehre Luthers und die Unparteilichkeit preisgegeben und öffnet man sich marxistischen und neomarxistischen Gedanken, so wird auch der Damm niedergerissen, der die Kirche vor Gewaltanwendung schützt. Daß der einzelne Christ im »weltlichen Reiche« in manchen Fällen legitime Gewalt anwenden muß, sollte unbestritten sein. Aber die Kirche darf nie Gewalt anwenden, kann dies nie rechtfertigen.

Mit allen möglichen »Begründungen« und Tarnungen sucht man das eindeutige Zeugnis des Neuen Testaments zu umgehen, nimmt mit außerkirchlichen Gruppen an Aktionen teil, die Gewalt nicht ausschließen, tritt politisch für gewaltanwendende Gruppen ein, trifft Maßnahmen, die zumindest einen schädigenden Druck bedeuten usw. Indem man dies tut, also auf eine völlig weltliche Ebene übergewechselt ist, nimmt man das weltliche Verhalten an, treibt Propaganda, hetzt, lügt, fälscht, wird ungerecht parteiisch u. dgl. – und das noch »im Namen Christi« oder »um des Menschen willen«!

Es ist eine der größten Sünden der Kirche unserer Zeit, daß der Weltkirchenrat zu Genf, manche Kirchen und viele kirchliche Gruppen mordende »Befreiungsbewegungen« – die auf dem Boden des internationalen Terrorismus stehen – ideell und materiell unterstützen. Es ist auch ein Abfall von Christus, daß die Evangelische Frauenarbeit in Deutschland gegen Südafrika die Boykott-Aktion »Kauft keine Früchte der Apartheid!« durchführt. Die neomarxistische Theorie, daß Gewalt gegen Sachen legitim sei – eine Theorie, die bald von der »Gewalt gegen Sachen« zur »Gewalt gegen Personen«, zum Terrorismus fortschritt –, darf im kirchlichen Raume nie anerkannt werden. Luthers Erklärung zum 7. Gebot, die nach den Worten »daß wir unserem Nächsten sein Geld oder Gut nicht nehmen« am Schlusse sagt: »... sondern ihm sein Gut oder Nahrung helfen bessern und behüten«, zeigt uns auch hier das Unmögliche, im Namen Christi die Wirtschaft eines Landes zu schädigen, noch dazu zum Schaden aller Bewohner dieses Landes; im Blick auf Südafrika heißt dies: auch zum Schaden der Schwarzen. Jesus hat nie auch nur einer Seite geschadet, und so fügt auch das Evangelium niemandem einen Schaden zu. Eine jede Aktion, die einer Seite, ja auch nur einem einzigen Menschen schadet, ist allenfalls eine politische, wirtschaftliche oder sonstige weltliche Handlung, nie und nimmer aber eine christliche Handlung. Den Frauen der Boykott-Aktion, deren Gutgläubigkeit weithin mißbraucht, ja manipuliert worden ist, fehlt nicht nur das zu einem christlichen Handeln notwendige theologische und biblische Wissen (nicht durch Schuld der Theologen, sondern weil dieses Wissen vernachlässigt oder ausgeschaltet wird), abgesehen von ihrer verhängnisvollen Unkenntnis des Vorhandenseins zweier »Reiche«, sondern sie reihen sich auch in die Gewalt anwendenden, weithin anarchistischen Gruppen unserer Zeit ein, die oft dem »Gesetze der Straße« folgen. An die Stelle des »Selbst-den-Feind-Liebens« setzen sie bei allem subjektiven guten Willen doch Lieblosigkeit und, anstatt durch ihr Handeln Christus und das Evangelium möglichst hell durchscheinen zu lassen, verdunkeln und verfälschen sie Christus, das Evangelium und das Sein der Kirche, ziehen die Kirche auf die Ebene der aggressiven Randalierer dieser Welt hinab.

Jesus hätte überdies schon ein Handeln im politischen oder sonstigen weltlichen Dienste untersagt, das nicht einmal so weit wie ein Boykott ginge. Als jemand Jesus bat, ihm beim Teilen seines Erbes mit dem Bruder behilflich zu sein, sagte er schroff (Lukas 12, 14): »Mensch, wer hat mich zum Richter oder Erbschichter über euch gesetzt?« Auch von daher widerspricht eine Boykott-Aktion eindeutig dem Geiste Christi und auch der Bibel.

Mehr und mehr läßt man die Katze aus dem Sacke. Paul Oestreicher, Vorsitzender der britischen Sektion von Amnesty International, maßgebender Mann bei vielen Südafrika-Veranstaltungen, ruft in seinen Thesen zur Strategie gegen Südafrika (»Junge Kirche«, Heft 5/6, 1979) zu folgendem auf: »Sabotage des gesellschaftlichen und wirtschaftlichen Systems bis hin zur Zerstörung der hochentwickelten Technologie ... Man braucht keine Bombe, um einen Computer unbrauchbar zu machen, keine Handgranate, um eine moderne Druckanlage total lahmzulegen ... ein solches Programm der ,direct action' würde nicht völlig gewaltlos sein, wäre aber auch kein offener Krieg (Anmerkung hierzu: Dies können auch die Terroristen sagen) ... sind ... nicht zuletzt die Kirchen verpflichtet, sich energisch für zwei Dinge einzusetzen: den totalen Wirtschaftsboykott und die Entwicklung von Strategien des Widerstandes, die das gesellschaftliche und wirtschaftliche Leben des Landes ernstlich gefährden würden.« Also Sabotage üben, zerstören, ernstlich gefährden will man und ruft die Kirchen hierzu auf. Interessant ist die enge Verbindung von »Boykott« und »ernstlich gefährden« im letzten Satze. Dies zeigt, daß es nicht beim »Boykotte« bleibt. Merken die Boykott-Frauen nicht, daß sie ein Rädchen in einer weit angelegten, schon lang geplanten Strategie dunkler, letztlich antichristlicher Mächte sind? Eine Kirche, in der Haß und Zerstörung gepredigt, und nicht nur gepredigt, sondern auch ausgeübt würde (»Christliche« Kommandos als Sabotagetrupps!) – wer könnte in einer solchen Kirche noch leben?

Das christuswidrige Verhalten der Politisierer tarnt sich oft mit »humanitären« Federn. Man habe doch die Menschen zu »befreien«, könne sie doch nicht so »leiden« sehen usw. (aber auch nur in einer Blickrichtung: das Leid der eigenen Glaubensbrüder im »Osten« läßt sie kalt). Nun, es fällt uns gewiß schwer, wenn wir sehen, wie sehr Menschen getreten, ausgebeutet, diskriminiert werden, nicht mit dem Schwerte oder wenigstens mit der Faust dreinzuschlagen. Aber auch da gilt für uns Jesu Wort an Petrus, der ihn auch gerne »befreit« hätte (Matthäus 26, 52): »Stecke dein Schwert an seinen Ort ...!« Überlegen wir einmal: Wie haben wohl die ersten Christen gelitten, als ihre Glaubensbrüder oder gar Angehörigen in die Arena zu einem grausigen Tode geführt wurden? Haben sie denn gekämpft? Haben sie Boykott-Aktionen unternommen? Und später sagte, zu recht, Luther: »Non vi, sed verbo«, d. h.: »Nicht mit Gewalt, sondern mit dem Worte«. Wo Christen anders handelten, gab es auf allen Seiten furchtbare Greuel und eine Verdunkelung des Evangeliums; taten sie Buße und beschränkten sich aufs Geistliche, so brachte ihr Wirken, auch ihr Leiden Segen. Wir sind »wie Schafe mitten unter die Wölfe gesandt« (Matthäus 10, 16), und nicht »wie Wölfe«, der Mensch als »homini lupus«; und sogar allem heutigen Reden vom »Widerstande« widersprechen Jesu Worte in Matthäus 5, 39: »Ich aber sage euch, daß ihr nicht widerstreben sollt dem Übel; sondern, so dir jemand einen Streich gibt auf deinen rechten Backen, dem biete den andern auch dar.« (Eine verlogene Paradoxie und

Umkehrung, wenn man aus der Bergpredigt ein Gesetz für die Welt machen will, wie es viele »Friedenskämpfer« möchten, aber für Christen die Bergpredigt außer Kraft setzen will, ihnen die Gesetze der »Welt« aufoktrorieren möchte.) In dieser Ohnmacht liegt Macht; in dieser Schwäche liegt Stärke, auch wenn man ungeschützt, verwundbar, tötbar ist – wie Jesus am Kreuze. Wir haben ihm, nur ihm nachzufolgen, und nicht politischen Wünschen und Ideologien.

Unterstützung von »Befreiungsbewegungen«, Boykott-Aktionen, politisch gefärbte »Gottesdienste«, einseitige »Friedensmärsche« usw. haben mit Christus nichts zu tun; sie dürfen sich nicht »christlich« nennen. Für eine Gewaltanwendung, sei es auch in vorsichtigster Form, finden wir im Neuen Testament keine einzige Bibelstelle, gegen Gewaltanwendungen mehrere. Mit keinem Taschenspielerkunststückchen kann man politisierende Aktionen biblisch begründen. Darum hörte ich auf einer Akademie-Tagung einen schwarzen Theologen offen zugeben, daß sich die Gewaltanwendung nicht auf die Bibel berufen könne – aber Gott offenbare sich auch in der Geschichte. Nun, das haben wir schon einmal gehört. Und selbst wenn sich Gott auch anderswo offenbarte, so könnte er sich doch nicht widersprechen, in der Bibel für Gewaltlosigkeit sein, anderswo aber für Gewalt. Dies zeigt: Dort, wo politische, ideologische und andere sachfremde Anweisungen angeblich denen der Bibel und damit Christi gleichgestellt werden, werden sie doch über die Bibel und über Christus gestellt, als die höhere, ja alleinige bzw. ausschlaggebende Autorität angesehen. Man entscheidet sich da gegen das Wort der Bibel, gegen Christus; denn Jesu Worte gegen die Gewaltanwendungen werden, zumindest in der Praxis, durchgestrichen und durch Worte für Gewaltanwendung ersetzt. Dazu werden sie, in Umkehrung der Wahrheit, als im Sinne Christi gesprochen ausgegeben, und denen, die Jesu Worte treubleiben wollen, wird ein »Ungehorsam gegen Christus« vorgeworfen. Da hat man eine andere Bibel, die der Ideologie, ein anderes Evangelium, einen anderen Christus, damit letztlich eine Gegenbibel, ein Gegenevangelium, einen Gegenchristus, also Antichristliches, und dies alles dazu innerhalb der Kirche, sie verfälschend und zerstörend.

Wieweit die Ungerechtigkeit und Verlogenheit dabei gehen, zeigt sich am folgenden Beispiele: Gegen Südafrika wird gehetzt, werden Boykott-Aktionen unternommen und wird zur Zerstörung seiner gesellschaftlichen und wirtschaftlichen Struktur aufgerufen, aber gegenüber Äthiopien, das viele Christen und Nichtchristen ermordete (nach Berichten 1/3 aller Studenten und Schüler in Addis Abeba) und wo auch jetzt sehr gewalttätig regiert wird, schweigt man oder unterstützt dieses Regime sogar. Ja, wir erleben es, daß politisierende Christen in ihrem Parteiisch-Sein so weit gehen, daß sie inhuman handelnden Staaten östlicher Prägung gegenüber nicht nur keinen Boykott und keine Propaganda anwenden, nicht einmal unserem christlichen Auftrage entsprechend gegen die Unterdrückungen sprechen, sondern die Politik oder Ideologie jener Regime auch noch unterstützen. So hat die »Christliche Friedenskonferenz« (CFK) sogar eine Solidaritätserklärung mit dem äthiopischen marxistischen Revolutionsregime abgegeben, was Gegner der Politisierung Südafrika gegenüber ja nicht tun. Eine solche Verkehrung, daß politisierende Christen Äthiopien gegenüber nicht nur nicht für die Unterdrückten eintreten, sondern den Mördern ihrer Brüder und Schwestern mit Solidaritätserklärungen noch helfen und dabei heuchlerisch Südafrika angreifen, trägt antichristliche Züge. Auf diesem Wege hetzt und lügt die Kirche nicht nur, sondern macht sich auch zur Komplizin von Mördern.

Zum verhängnisvollen Weg des Weltkirchenrats ist soeben das Buch von Ernest Lefever »Weltkirchenrat und Dritte Welt« (Seewald Verlag, Stuttgart, 1981) erschienen.

E) Veränderung der Zukunftshoffnung

Wo die Zwei-Reiche-Lehre Luthers preisgegeben wird, wo die marxistische und neomarxistische Ideologie bestimmend wird, und wo es zu einer Vermischung der Theologie Rudolf Bultmanns mit einer »Gott-ist-tot«-Theologie und der »Theologie der Befreiung«, der »Schwarzen Theologie« u. dgl. kommt, wartet man nicht mehr auf die Wiederkunft Jesu Christi, sondern ist genötigt, selber (der eine große Irrtum oder Abfall) und auf Erden (der andere große Irrtum oder Abfall) eine Art »Reich Gottes« zu schaffen. Es ist bezeichnend, daß der Schwärmer Thomas Münzer immer mehr über Luther gestellt wird, und damit nicht nur über seine Zwei-Reiche-Lehre, sondern auch über seine realistische, echt biblische Überzeugung: Wir können kein Gottesreich auf Erden schaffen, sondern Gottes Reich wird allein Gottes zukünftige Tat sein, dazu in einer anderen Seinsweise. Die Schwärmerei Münzers wird heute zudem radikal säkularisiert, will man ja weithin nur noch die immanente Wirklichkeit gelten lassen. So kommt zur Einebnung der horizontalen »zwei Reiche« (beide auf Erden und in unserem Leben), nämlich des »weltlichen Reiches« und des »geistlichen Reiches«, in ein bloß noch »weltliches Reich« nun auch die Einebnung der vertikalen »zwei Reiche«, der jetzigen Erde und des kommenden Gottesreiches, in ein (vergeblich) erhofftes bloß irdisches Paradies. Diese totale Nivellierung hat einen schwärmerischen Säkularismus zur Folge. Die neoschwärmerischen Christen unterscheiden sich in ihren Zielen nicht mehr grundsätzlich und oft auch nicht mehr konkret von den Verfechtern weltlicher Heilsideologien. Dies erklärt auch, warum sie so verhängnisvoll unbedenklich mit ihnen zusammenarbeiten, und da vor allem mit den marxistischen und anarchistischen Utopisten. Haben so schwärmerische Christen Ziel und Wesen mit den weltlichen »Heilsbringern« gemein, so erklärt es sich auch, warum sie zur Erreichung der gemeinsamen Ziele die gleichen Mittel anwenden können, bis hin zum Waffengebrauch.

Ob man nun ein ewiges Friedensreich in einer Weltgemeinschaft bzw. Welteinheitsgesellschaft mit einer Weltregierung und gar mit einer Welteinheitsreligion oder doch mit einer Gemeinschaft der Religionen erhofft, die in voller Toleranz und Zusammenarbeit miteinander stehen, oder ob man eine etwas abgeschwächte, eine relativierte Hoffnung hat, etwa bloß von einer »neuen Ära« oder von einer »veränderten Menschheit« oder von einer »gerechten Gesellschaft« spricht, so geht man sowohl an der Bibel als auch an der Wirklichkeit vorbei. In der Offenbarung des Johannes sehen wir eine ganz andere Zukunft, und Jesus selber sprach von »Kriegen« und »Geschrei von Kriegen« (Matth. 24, 6), und gegenüber einem falschen Toleranzdenken und falschen Friedenshoffnungen sagte er (Matthäus 10, 34 ff): »Ihr sollt nicht wähnen, daß ich gekommen sei, Friede zu senden auf die Erde. Ich bin nicht gekommen, Frieden zu senden, sondern das Schwert. Denn ich bin gekommen, den Menschen zu erregen wider seinen Vater ...« Der Apostel Paulus zerstörte die gewisse Eintracht in der Stadt Ikonion, als er das Evangelium brachte. In der Apostelgeschichte 14, 4 lesen wir: »Die Menge aber der Stadt spaltete sich; etliche hielten's mit den Juden und etliche mit den Aposteln.« Es ging Jesus Christus auch nicht um eine »Verchristlichung der Welt«, und auch uns ist sie nicht aufgetragen. Er wollte uns aus der gottfeindlichen Welt erretten, und da gewiß möglichst alle (»Machet zu Jüngern alle Völker!« in Matthäus 28, 19 und »Gehet hin in alle Welt und prediget das Evangelium aller Kreatur!« in Markus 16, 15), was aber nicht an ihm vorbei und ohne Glauben und Nachfolge geschieht, wobei Johannes 1, 11 - 13 beachtet werden muß: »Er kam in sein Eigentum; und die Seinen nahmen ihn nicht auf. Wie viele ihn aber aufnahmen, denen gab er Macht, Gottes Kinder zu werden, die an seinen Namen glauben ...« Für uns selbst und für unseren Auftrag gilt Apostelgeschichte 2, 40: »Lasset euch erretten aus diesem verkehrten Geschlecht!« und 2. Korinther 5, 20: »Lasset euch versöhnen mit Gott!« Wo dies geschieht, kommt es nicht zu einem Frieden mit der Welt und zu einer besseren Zusammenarbeit mit den Religionen, sondern zum Angriff der Welt auf Gottes Boten. Realistisch sagt da Jesus in Matthäus 10, 21 ff: »Es wird aber ein Bruder den andern zum Tod überantworten und der Vater den Sohn, und die Kinder werden sich empören wider ihre Eltern und ihnen zum Tode helfen.

Und ihr müßt gehaßt werden von jedermann (!) um meines Namens willen ...« und in Johannes 15, 18 ff: »So euch die Welt haßt, so wißt, daß sie mich vor euch gehaßt hat. Wäret ihr von der Welt, so hätte die Welt das Ihre lieb; weil ihr aber nicht von der Welt seid, sondern ich habe euch von der Welt erwählt, darum haßt euch die Welt« (vgl. Johannes 17, 14 ff).

Gewiß sind Abschnitte und Perioden relativ friedlicher und menschlicher Zeiten möglich, und wir Christen sind gerufen, nach Möglichkeit an ihnen zu arbeiten, aber sie dürfen uns nicht zu einem falschen Optimismus verführen. Nie könnte der Mensch und die Menschheit sich grundlegend ändern, eine andere Stufe des inneren Seins erreichen, sondern sie bleiben »gefallen«, so daß ein jeder Mensch und eine jede Generation hier am gleichen Ausgangspunkte stehen und ihn nie – etwa auf einer neuen und höheren Stufe – hinter sich lassen.

Wo der Glaube und damit die Zukunftshoffnung verfälscht werden, verliert auch die Mission ihre eigentliche Bedeutung, erhält bloß innerweltliche Aufträge, die sich mehr oder weniger mit der »Gerechtigkeit« befassen und die auf der Linie der neomarxistischen »Welt« – oder »Gesellschaftsveränderer« liegen. So zeigte sich auf der Weltmissionskonferenz in Melbourne 1980 nach Professor Peter Beyerhaus, Tübingen, die Tendenz, 1) gegenwärtige persönliche oder kollektive Welterfahrung zum hermeneutischen Schlüssel der Bibelauslegung zu machen (»Kontextuale Theologie«), 2) die erlösende Herrschaft Christi in einer »Theologie der Armen« mißzuverstehen, indem den Armen aufgrund ihrer sozialen Not das Bürgerrecht im Reiche Gottes zugesprochen wird, 3) Heilsgeschichte und politische Geschichte gleichzusetzen, indem man etwa die Mission wesentlich als eine politische Funktion ansieht, die zum Entstehen einer »humanen Gesellschaft« beitragen soll, 4) die in der Bibel erwähnten »Mächte und Gewalten« den Strukturen menschlicher Herrschaftsausübung gleichzusetzen, die durch politische Konfrontation – gewaltsam oder gewaltlos – gestürzt werden soll, 5) in einer »Prozeß-Theologie« das Kommen des Reiches als Ergebnis der Geschichte zu erwarten, losgelöst von der persönlichen Wiederkunft Christi und in Ignorierung des vorherigen Erscheinens des Antichristen in seinem Gegenreich, 6) anzunehmen, daß gesellschaftsverändernde Aktionen »Zeichen des Reiches« seien, die die Mission aufzurichten habe oder die Gott auch durch nicht-christliche Bewegungen wirke, 7) aus dem Evangelium vom Reich eine Ideologie zu machen, Gottes Gnadenhandeln in ein gesetzliches Aktionsprogramm von und für Menschen umzudeuten und 8) das Reich Gottes in das Engagement für eine neue Weltordnung durch die Umverteilung politischer Macht und wirtschaftlicher Reichtümer aufgehen zu lassen und hierin zugleich den neuen Auftrag der Weltmission zu erblicken.

Zu diesem Mißverständnis des »Reiches Gottes« und der Mission gehört es, daß man hierbei sogar gewaltanwendende nichtchristliche »Befreiungskämpfer« als heutige Märtyrer bezeichnete. Aufschlußreich auch, daß im Sektionsbericht II, II D, von Melbourne Gesellschaften mit staatlichen Planwirtschaften wohl am besten dem erhofften Reiche nahekommen. Unter 28 steht: »Die Erfahrung eines Lebens in Gesellschaften mit staatlicher Planwirtschaft hat vielen Christen als einzelnen und den Kirchen ein weites Feld von Möglichkeiten eröffnet, z. B. gegen die Anwendung militärischer Macht in internationalen Beziehungen zu sprechen, eine gründliche Neuordnung wirtschaftlicher Prioritäten zu unterstützen, die ethischen Grundlagen der Sozialstruktur und zwischenmenschlicher Beziehungen zu stärken, die Wertordnung der Konsumgesellschaft in Frage zu stellen und die einer egoistischen Genußsucht, die in jeder Gesellschaft entstehen kann.«

Wo die biblische Zukunftshoffnung erweicht oder aufgegeben wird und man glaubt, daß das Reich Gottes sich in der Geschichte verwirkliche – sei es auch nur in Ansätzen – oder sich verwirklichen werde, indem es zum »neuen Menschen« und zur »neuen Menschheit oder Gesellschaft« komme, sucht man »Heilsbringer« in besonderen Persönlichkeiten oder in besonderen Bewegungen. Bereits vor anderthalb Jahrzehnen kam es zu einer ökumenischen Mao-Begeisterung. Wie weit und wie symptomatisch es bereits zu einem Abfalle vom wahren Evangelium kam, zeigt Werner Schilling in seinem Artikel »Das Rätsel der ökumenischen Mao-Begeisterung« in »Reich Gottes oder Weltgemeinschaft«?

Er schreibt auf Seite 143: so ». . . stellt der Schwede Jonas Jonson vom Lutherischen Weltbund die Frage nach dem ‚Heil heute in China'. In seinem Referat findet sich bereits damals der Satz: ‚Die Praxis', der sozio-politische Kampf für die Befreiung, gibt uns unablässig ein frisches Verständnis des Evangeliums«, auf Seite 144: ». . . der Generalsekretär des Weltkirchenrates, Ph. Potter, auf einer Pressekonferenz in Bangkok selber erklärte, ‚das heutige China habe uns etwas über das Reich Gottes zu lehren'«, auf derselben Seite von der »China-Konsultation des Deutschen Ev. Missionsrates« (zusammen mit dem Deutschen Kath. Missionsrat) in der Ev. Akademie Arnoldshain am 1. und 2. März 1973: »‚das neue Sein manifestiere sich in China im neuen Menschen' und ‚Wir haben gesagt, daß das neue Sein in China das Heil Gottes tangiere', so hieß es dort« (ein »Tangieren des Heiles Gottes«, wenn Millionen von Nichtchristen und Christen teils ermordet, teils sehr unterdrückt wurden?), auf Seite 145: »Es ist ‚zutreffend' daß das

Verständnis der Revolution als Befreiung und Rettung im Sinne der chinesischen Kommunisten das Heil im Vollsinne des Wortes tangiert! – ,Das neue Sein manifestiere sich in China in der neuen Gesellschaft und im neuen Menschen'«, auf Seite 146 von der Konferenz in der schwedischen Stadt Bastad 1974, veranstaltet vom »Lutherischen Weltbund« und von der römisch-katholischen Organisation »Pro Mundi Vita«, indem er aus den »Bastad-Papers« zitiert: »Ein Beigeordneter Direktor des Weltrats der Kirchen führte aus, daß Gottes Handeln in der Geschichte sich intensiv in der Überführung des alten in das neue China und in der fortgesetzten Anstrengung der chinesischen kommunistischen Partei, den Menschen und seine Geschichte zu verändern, manifestiert hat«, auf Seite 147: »... D. E. Macinnis, Direktor des Nationalen Christenrats der Vereinigten Staaten, sagte: ,Gottes Schöpfung entfaltet sich immer noch. Seine Verheißungen sind im Begriffe, in China und der heutigen Welt erfüllt zu werden'«, auf Seite 148: »... Bericht einer christlichen Frauendelegation ... : ,Man kann sagen, daß die Christen im heutigen China Gott auf andere Weise suchen und finden als vor der Befreiung... Mit unseren Dank an Mao-Tse-tung, der die chinesische Revolution angeführt hat, verbinden wir unseren Dank an Gott'«, auf Seite 149: »Eine besondere Bewunderung offenbart P. Digan: Er versteht Mao als Werkzeug Gottes in dem Sinne, daß er Jesaja 45, 1 – 6 auf ihn anwendet: ,So spricht der Herr zu seinem Gesalbten... '« und auf Seite 150: »In einer vom ,Weltrat der Kirchen' herausgegebenen Schrift findet sich sogar die Behauptung: Heute ,ereignet sich in China Reich Gottes auf Erden'« (von Schilling ist in dieser Frage auch das Buch »Das Heil in Rot-China?« – Telos-Dokumentation, Nr. 902, Bad Liebenzell, 1975 – erschienen).

Wo ist nun dieses »Reich Gottes« geblieben? Selten sind Menschen mit ihren Schwärmereien so bald ad absurdum geführt worden. Wie rasch sind die Mao-Begeisterten von der Geschichte widerlegt worden! Aber was betroffen macht, ist, daß Vorkämpfer dieser Schwärmerei Leitende des Weltkirchenrates und anderer Gremien, Missionskonferenzen u. dgl. waren und daß sie immer noch in der gleichen Schwärmerei sind, von ihrem Irrwege nicht ablassen wollen, weiterhin Gottes Heil in der Geschichte suchen, weiterhin vom »neuen Menschen« und von der »neuen Gesellschaft« sprechen. Anstatt Buße zu tun, suchen sie – sogar mit verstärktem Eifer – das »Heil« in »Befreiungsbewegungen«, sei es im Süden Afrikas oder in Nicaragua, San Salvador usw.

Im Bestreben, durch Gesellschafts- und Weltveränderung eine »neue Menschheit«, eine »gerechte Gesellschaft« zu schaffen, wird auch das Bemühen sichtbar, alles auf den Kopf zu stellen. Da enthüllt das Schlagwort von der »Umverteilung der Macht« (die der tiefergehenden

Umwertung aller Werte entspricht) ein Programm. Es war schon nichts Neues, daß auch in Melbourne mit der billigen Gleichsetzung »Armer = wahrer Christ« eine Anklage gegen die Reichen und d. h.: gegen die »reichen Weißen« Hand in Hand ging, nicht nur die besondere Intelligenz, Schaffenskraft und den großen Fleiß der weißen Völker mißachtend, sondern auch den harten Einsatz und die vielfachen Opfer von Generationen.

Hier wird schon grundsätzlich übersehen: Wer die Armen mit einem Heiligenschein versieht und das arme Leben als das bessere und einem Christen allein anstehende Leben preist, kann sich nicht auf die Bibel berufen. Er verkennt u. a., daß Jesus von sich im Unterschiede zum asketischen Leben Johannes des Täufers sagte, daß er »ißt und trinkt«, so daß er in den Augen der Gegner »ein Fresser und ein Weinsäufer« (Matthäus 11, 19) ist; er verkennt auch, daß Jesus auch in reichen Häusern verkehrte und selbst den Luxus nicht verwarf (Matthäus 26, 6 ff), ebenso, daß Paulus die rechte christliche Haltung mit den Worten ausdrückte (Philipper 4, 12. 13): »Ich kann niedrig sein und kann hoch sein; ich bin allen Dingen und bei allen geschickt, beides, satt sein und hungern, beides, übrig haben und Mangel leiden. Ich vermag alles durch den, der mich mächtig macht, Christus.« Auch die Gleichmachrei kann sich auf die Bibel jedenfalls nicht berufen. So sehr es gilt, daß es vor Gott, »kein Ansehen der Person« (= Parteiisch-Sein) gibt, so werden doch Unterschiede nicht nur außerhalb, sondern auch innerhalb des Jüngerkreises gemacht. Jesus machte schon in seinem engsten Jüngerkreise der Zwölf Unterschiede. Diejenigen, die lautstark den Abbau sämtlicher Privilegien fordern, mögen es mit Erstaunen zur Kenntnis nehmen, daß selbst Jesus Privilegien in Anspruch nahm: Als er vor seinem Einzuge in Jerusalem zwei Jünger eine Eselin holen ließ, machte er von dem Privilege Gebrauch, daß ein Rabbi ein Reittier vorübergehend requirieren durfte. Und Paulus scheute sich nicht, Vorrechte, die mit seinem römischen Bürgerrechte verbunden waren, in Anspruch zu nehmen. Die Bibel war weit davon entfernt, eine unwirkliche und damit unmenschliche Welt zu entwerfen und zu fordern.

Die Agitation geht heute zugleich gegen die Theologie der Weißen, speziell gegen die der Europäer und Amerikaner. Hierbei wird erstens übersehen, daß der christliche Glaube aus jüdischem Lande kam, es Christen in Kleinasien, Ägypten, Äthiopien und im übrigen Nordafrika gab, bevor Paulus seinen Fuß nach Europa setzte, und daß die Grundlagen biblischer Theologien nur in der Heiligen Schrift zu finden sind, und wird zweitens übersehen, daß die Theologien, die diesen Namen verdienen, es wesentlich mit dem Personenhaften zu tun haben, also in ihrem Eigentlichen von allem Naturhaften – von Volk, Rasse,

Geschlecht, Kultur, Zeit usw. – völlig unabhängig sind, was eine »Schwarze Theologie«, eine »Feministische Theologie« u. dgl. übersehen und daher beide Theologien und der Überschuß wegen »Fehlkonstruktionen«, wenn nicht Mißgeburten sind. Schon im Alten Testament wurden alle naturhaften Gegebenheiten transzendiert, so daß etwa die Sündenfallsgeschichte von Menschen aller Völker, aller Epochen und aller Altersstufen direkt verstanden werden kann. Rassische, völkische und kulturelle Gegebenheiten können nur die Form bzw. das Äußere betreffen, Theologien und Gottesdiensten wie Frömmigkeitsformen nur eine spezifische Ausprägung geben. Trotz ihrem besonderen Aussehen können sie auch von allen anderen verstanden werden. Daher kommt es, daß das seit den letzten Jahrhunderten von Weißen gebrachte und mit ihren Theologien angebotene Evangelium trotz allen artfremden Formen und Ausdrucksweisen selbst von den verschiedenartigsten Völkern verstanden und im Glauben angenommen wird.

Da das spezifisch Religiöse etwas Personhaftes ist, gilt die Unabhängigkeit von allem Naturhaften bereits für die Religionen. Und schon praktisch wird die Meinung widerlegt, daß ein jedes Volk oder eine jede Rasse oder eine jede Kultur (denken wir auch an den marxistischen »Überbau«) je eine eigene Religion besitze: Ein Volk kann mehrere Religionen besitzen, und eine Religion kann in mehreren Völkern oder Rassen heimisch sein. So verschieden das Äußere der Religionen auch sein mag, so findet sich doch durch den Menschen, da er im Personenhaften zu allen Zeiten und in allen Gemeinschaften derselbe ist, in allen Religionen bei allen Differenzierungen dasselbe Muster, etwa der Versuch der Selbsterlösung oder das Bemühen, durch Werke selig zu werden. Wenn der christliche Glaube auch allen Religionen gegenübersteht, auch dem Judentume und dem Islam, so hat er mit ihnen doch das Formale gemein, daß er von allem Naturhaften unabhängig ist.

Es ist in diesem Zusammenhange sehr bezeichnend, daß der rassische, wenn nicht rassistische Gesichtspunkt – etwa bei der »Schwarzen Theologie« – ausgerechnet von solchen vertreten wird, die sich antirassistisch gebärden (entsprechend der Heuchelei, daß viele pazifistische »Friedensmärschler« besonders für gewaltanwendende »Befreiungsbewegungen« sind). Der von angeblichen Antirassisten – »angeblich«, da sie pauschal »die Weißen« angreifen, sei es auch in einer Selbstbeschmutzung – gesteuerte »Rassismus« in der »Schwarzen Theologie« ist dem Inhalt nach nur ein Pseudorassismus; denn das, was man als besonders willkommen aufgreift, die theologische Rechtfertigung und Forderung von Gewalt gegen »Unterdrücker«, ist überhaupt nicht »afrikanisch« (dazu weithin von Schwarzen in den U.S.A. geschaffen), ist nicht rassebedingt; denn wir finden die gleiche Gewaltverherrlichung in der »Theologie der Revolution »in Südamerika und hatten sie schon vor Jahrhunderten bei uns in Deutschland bei Thomas Münzer, und zudem zeigt man mit der »Theologie der Befreiung«, die sich der »Befreiungsbewegungen« in aller Welt annimmt, selber, daß es letztlich gar nicht um das Völkische oder Rassische der Mitkämpfer geht, sondern daß dieses aus Nützlichkeitserwägungen und aus propagandistischen Gründen hochgespielt wird, so ähnlich wie die Kommunisten, die gegen das Völkische und Rassische sind, nationale Minderheiten in verschiedenen Ländern aufstacheln, um Unruhe zu stiften und Bürgerkriege und sonstige Zerrüttungen herbeizuführen. Es geht letztlich nicht um rassische Elemente, nicht um schwarze, braune, gelbe und weiße Theologie, sondern letztlich um eine »andere Theologie«, um eine, die sich mit »weltlichen« Elementen, nämlich mit antichristlichen, vermischt hat.

Worum es beim Kampfe gegen die Theologie der Weißen wirklich geht – so sehr es auch gegen das abendländische Denken insgesamt geht, wenn nicht gegen das Denken überhaupt, will man ja heute »experimentieren«, die Praxis voranstellen, und dann erst über sie »nachdenken« –, wird in letzter Zeit wiederholt sichtbar. Es wird letztlich nicht die von Weißen geprägte Form, das von Weißen gegebenen Kolorit des Evangeliums beanstandet, sondern der Inhalt des Evangeliums, im Grunde das Evangelium und damit Christus selber. Dies geschieht, weil das wahre Evangelium ins One-World-Konzept, in den Plan der Welteinheitsgesellschaft nicht hineinpaßt und auch nicht zu den Mitteln der Ausführung paßt, sie nicht rechtfertigt. Es störte z. B. die Gewaltanwendungen. Darum »mußte« man das eigentliche Anliegen des Evangeliums, »mußte« das Evangelium verfälschen und schuf daher u. a. eine »Schwarze Theologie«, eine »Theologie der Revolution« und eine »Theologie der Befreiung«, nachdem ihnen die »Politische Theologie« vorausgegangen war (auch ein Zeichen dafür, daß das Aufheben der Zwei-Reiche-Lehre Luthers zu weiterem Zerfall führt), und erhebt nun diese Theologien zur obersten Norm, es mißachtend, daß stets die Bibel die oberste Norm zu sein hat.

Daß es eigentlich um eine Veränderung des Inhaltes geht, zeigt auch die von indianischen Frauen der U.S.A. erstellte Liturgie des Weltgebetstages der Frauen 1981. Auf dem Titelblatte sah man eine indianische Sandzeichnung, die zur magischen Beschwörung bei einer Krankenheilung dient, so daß man es christlichen Frauen verschiedener Konfessionen landauf – landab zumutete, ihren Gottesdienst unter einem heidnischen Symbol zu halten. Auch der Text war mit Heidnischem durchsetzt. Als in der Bundesrepublik von Frau Viola Scholler

(Sammlung Bekennender Evangelischer Frauen) eine Alternativ-Ordnung herausgegeben und in vielen Kirchen dankbar gebraucht wurde, gab es ein erstaunlich großes Echo von Angriffen und Unterstellungen. Daß man, zu Recht, heidnisches Gut vom christlichen Glauben ausschließt, wurde als Überheblichkeit und Diskriminierung der Indianer ausgegeben, obwohl es gerade nicht um den indianischen Geist oder Charakter, sondern um indianisches Heidentum ging, das wir grundsätzlich nicht schlechter als deutsches Heidentum einschätzen, würden wir uns ja der Hereinnahme germanischen Götzenglaubens genauso widersetzen.

Daß man nicht nur die Form des Evangeliums verändern will, sondern auch seinen Inhalt, sehen wir auch am Plädoyer von Pfarrer Ronald Diggs aus Liberia für »afrikanisches Brauchtum«. Wir lesen im epd vom 27. März 1981: »Pfarrer Diggs meint, es sei nicht einzusehen, weshalb die Kirche einerseits etwas gegen afrikanische Medizinmänner habe, weil diese angeblich Menschenfleisch essen, auf der anderen Seite aber bekunde, daß ein Christ beim Abendmahl ‚Leib und Blut Christi' aufnehme. Ebenso müsse die Gebetsvermittlung durch die Geister von Verstorbenen zulässig sein, weil Gott ja auch als Geist verehrt werde.« Daß man hier von bloß losen Wortanklängen aus inhaltliche Vergleiche, wenn nicht Gleichsetzungen vornehmen kann, um Zauberei, Spiritismus und afrikanischen Götzendienst in die Kirche hereinzunehmen, spricht für sich, zeigt, wie weit geistliche Zerrüttungen durch die »neue Kirche« fortgeschritten sein können. Der Kotau vor den »Armen«, vor den »Menschen der Dritten Welt«, vor den (emanzipierten) »Frauen«, vor den neomarxistischen Weltveränderern, vor Religionnen und vor dem Judentume erweist sich mehr und mehr als ein großer Abfall. Wenn wir hier vor allem den Abfall im Protestantismus vor Augen haben und erwähnen, so geschieht dies als pars pro toto, gibt es doch diesen Abfall in verschiedenem Maße auch in den anderen Kirchen. In diesem Zusammenhange – und besonders im Blicke auf ein »Friedensreich auf Erden« oder auf eine »gerechte Gesellschaft« – macht uns die Entwicklung der letzten Päpste Sorge. Daß Papst Johannes Paul II. für Gebete mit Juden, Mohammedanern und Angehörigen weiterer Religionen ist, verwässert zumindest das Einmalige und Unüberbietbare des christlichen Glaubens. Seine Zukunftshoffnungen bewegen sich auf der gleichen Bahn wie die des Weltkirchenrates, wobei ebenfalls der Mensch zu sehr in den Mittelpunkt gestellt wird und der »Dialog« mit anderen Mächten diesen ein zu großes Gewicht verleiht. Die Gefahr der Relativierung, des Synkretismus und der Ideologisierung wird nicht genügend gesehen.

Otto Markmann schreibt in seinem Buche »Endzeit, Entrückung, Antichrist« (Lorenz Keip Verlag, 1 Berlin 39, Hermannstr. 2, 1980) auf Seite 53: »Der Papst hat die pfingstlerische Spiritualität in der katholischen charismatischen Bewegung anerkannt. Er erklärte: ‚Ich bin überzeugt, daß diese Bewegung ein sehr wichtiger Beitrag zur gesamten Erneuerung ist, zur geistlichen Erneuerung der Kirche.‘ Ein besonderes Beispiel für die endzeitliche antichristliche Vermischung bietet hier der katholische Kardinal Suenens. Dieser Kardinal wird der ‚Mittler zwischen den Religionen‘ genannt. Er war der Gastgeber der Weltkonferenz der Religionen in Löwen (Belgien) 1974 und erhielt vor einigen Jahren den Preis der Templeton-Stiftung, der von einem Gremium verliehen wird, in dem Persönlichkeiten aller großen Weltreligionen vertreten sind, Hinduisten, Buddhisten, Christen, Muslims und Juden. Kardinal Suenens ist zugleich der große Befürworter der ‚Katholischen charismatischen Bewegung‘ und betreibt auf diesem Wege die charismatische Einheit der Christen.«

Nach den Sätzen auf Seite 65 »Der Antichrist braucht zur Durchsetzung seiner neuen Weltordnung ein annahmebereites internationales Forum, eine Art Weltregierung. Hierfür bietet sich die UNO in New York an. Hier wird der mit religiöser und politischer Macht ausgestattete Antichrist zur Entscheidung und Annahme seiner ‚Friedensherrschaft‘, seiner neuen Weltordnung aufrufen« schreibt Markmann: »Eine Vorstellung hiervon erhält, wer die Besuche und Reden der bisherigen Päpste vor der UNO betrachtet. Hier wird im übrigen klar erkennbar, daß es sich um ein lang ersehntes Ziel handelt, der Welt den Frieden anzubieten. Einige Auszüge aus der Rede von Papst Paul VI. vor der UNO-Vollversammlung 1965: ». . . daß wir eine Botschaft für Sie alle haben . . . Unsere Botschaft will vor allem eine moralische und feierliche Bestätigung dieser hohen Institution sein . . . Als ‚Experte in Menschlichkeit‘ überbringen wir dieser Organisation die Zustimmung unserer letzten Vorgänger, die des ganzen katholischen Episkopats und unsere eigene in der Gewißheit, daß diese Organisation den rechten Weg der modernen Zivilisation und des Weltfriedens darstellt . . . Das Gebäude, das Sie errichtet haben, darf niemals mehr in Trümmer fallen; es muß vervollkommnet und den Forderungen, die die Geschichte der Welt stellen wird, angepaßt werden«, auf Seite 67: »Dieses Ziel, den Völkern der Erde Frieden zu bringen, wird auch von dem nachfolgenden Papst Johannes Paul II. in seinen Ansprachen vor politischen Gremien und bei anderen Gelegenheiten immer wieder unterstrichen. Dieses Ziel lag auch seiner Ansprache an die 34. Vollversammlung der Vereinten Nationen zugrunde. Er bietet der Welt einen Frieden an, der seiner Auffassung nach aus ‚wahrer Freiheit wächst‘ und sich auf die ‚Würde des Menschen gründet‘ . . .« und schreibt gegen diese Auffassung: » . . . daß ein ‚gerechter Friede‘ nach den Aussagen der Heiligen Schrift vor dem Wiederkommen des Herrn unmöglich ist (es heißt vielmehr ‚Die Ungerechtigkeit wird überhandnehmen', Matth. 24, 12). Bei den Ansprachen des Papstes wird deshalb auch eine klare biblische Begründung vermißt; es findet sich vielmehr an Stelle von Bibelworten manchmal die merkwürdige Aussage von einem Auftrag, den er durch die ‚göttliche Vorsehung' erhalten habe. So z. B. bei seiner Ansprache an das Diplomatische Korps in Accra am 9. 5. 1980: »Doch ich kam auch als demütiger Diener, dem die göttliche Vorsehung einen Auftrag an die ganze Menschheit anvertraut hatte: Den Auftrag, die Würde und die fundamentale Gleichheit aller Menschen zu verkünden und ihr Recht auf Leben in einer Welt der Gerechtigkeit und des Friedens, der Brüderlichkeit und der Solidarität.«

Die Kirchen sind – aus den verschiedensten genannten und auch nicht erwähnten Gründen – aufs höchste gefährdet und gefährden auf diesem Wege auch die Welt, anstatt ihr zu helfen. Wir müssen darum ringen, nicht zuletzt im Gebet, daß sie Buße tun. Gewiß, auch eine ungehorsame und sich irrende Kirche wird von Gott geliebt, so wie ein ungehorsamer, sündiger und sich irrender Christ (was ein Gericht nicht ausschließt); aber so wenig dessen Ungutes damit gerechtfertigt wird, so wenig das Ungute der Kirche, und es steht in 1. Petrus 4, 17 das ernste Wort: »Es ist Zeit, daß anfange das Gericht an dem Hause Gottes.« Noch ist aber Zeit zur Umkehr. Möge sie genutzt werden!

V. Kapitel: Folgen der One-World-Bewegung

Bereits die bisherigen Ausführungen zeigten, welch schlimme Folgen Ziele und Praktiken der dunklen One-World-Bewegung schon jetzt sichtbar werden lassen. An Stelle eines beginnenden Paradieses sehen wir eine Zunahme der Unmenschlichkeit, der Ungerechtigkeit und der Verlogenheit, eine Zunahme der Kriminalität, der Perversionen, einer Verschmutzung im Inneren wie im Äußeren und eine Zunahme seelischer Krankheiten wie der Hoffnungslosigkeit und des Mißmutes infolge der Glaubenslosigkeit und Sinnentleerung oder infolge eines Irr- oder Aberglaubens oder einer Ideologiehörigkeit. Das falsche Menschenbild und die aus ihm hervorgegangene falsche Pädagogik und sonstige »Liberalisierung« und »Humanisierung« haben Kriminalität, Süchte und sonstige Verkommenheit weltweit gefördert. Und es wird alles schlimmer durch die übliche und weithin bewußte Verharmlosung und durch die dem jeweils Schlimmeren angepaßte Gewöhnung daran. So schlimm es auch wird, stets wird dieses noch beschönigt, ungeachtet dessen, daß das Herunterspielen schon dadurch Lügen gestraft wird, daß immer mehr »aussteigen«, sei es durch inneren oder äußeren Rückzug, sei es durch Selbstmord. Entschwindet der Gottesglaube und sieht man sich den dunklen Mächten ausgeliefert, so erscheint eben alles sinnlos und meinen daher viele, nur noch Hand an sich selbst legen zu können, mehr und mehr bereits Kinder (1979 allein in der Bundesrepublik 79 Kinder). Und diejenigen, die »weitermachen«, ob fortschrittstrunken oder resignierend, torkeln in innerer wie äußerer Verwirrung und in eingestandener oder uneingestandener Ratlosigkeit dahin. Von vielen, wenn nicht von den meisten Politikern verkauft und weithin von Verantwortlichen in der Kirche im Stiche gelassen und umgarnt von einem »süßen Leben«, sind die Menschen »verschmachtet und zerstreut wie Schafe, die keinen Hirten haben« (Matthäus 9, 36).

Weisen Verharmloser darauf hin, daß es doch schon immer Böses wie auch Niedergangszeiten gegeben habe, so ist ihnen zu antworten, daß es darin in der heutigen Zeit quantitativ wie qualitativ besonders schlimm sei, wenn nicht am schlimmsten. Jedenfalls ist das Dunkle und die Zerstörung, die es schon seit jeher gab, vom seit ein paar Jahrhunderten geplanten und jetzt weithin verwirklichten Unmenschlichen zu unterscheiden. Und dieses Geplante gibt die quantitative wie qualitative Möglichkeit zu besonders grauenhaften Dingen. Es sollte uns dazu erschrecken, wie sich in kurzer Zeit durch Zerrüttung, Veränderung und Aufhebung der Maßstäbe, durch Relativierung der Moral, durch Pornographie und Perversionen, durch die sich ausbreitende Unbarmherzigkeit usw. ein Niedergang, wenn nicht Untergang in einem sich potenzierenden Maße vollzieht.

Viele Unterwanderer und Verharmloser versuchen so manches Übel mit dem Argumente zu legalisieren, daß es sonst in den Untergrund, in die Illegalität getrieben würde. Nun, da ist ihnen bereits die Frage zu stellen, warum sie es dann überhaupt erst geschaffen oder es bei seiner noch keimhaften Entstehung zugelassen, wenn nicht unterstützt haben. Auch eine Taktik, etwas Dunkles zu schaffen oder doch hinzunehmen, hierbei zu ertasten, wie weit man ohne größeren Widerstand oder Widerspruch gehen kann, und dann, wenn das Neugeschaffene bedroht wird, sich schützend mit der Behauptung davorzustellen, es ginge sonst in den Untergrund und könne dort noch gefährlicher werden! Dabei wissen die Unterwanderer es doch, daß etwas durch Legalisierung trotzdem und womöglich noch mehr ein Untergrunddasein führen kann, nun mit weniger Angst, da es doch als »legal« erklärt worden ist – eine Erscheinung, die wir etwa bei der Abtreibung finden. Hinzu kommt, daß etwas Übles durch eine Legalisierung eine unvergleichlich größere öffentliche Verbreitung findet und nun ungeschoren seine Zersetzungsarbeit tun oder seine Zersetzungsaufgabe erfüllen kann. So wirkt es also legitimiert weit schlimmer als bloß im Untergrunde, wo man es doch kurz halten könnte.

Die Zersetzungsarbeit wird durch die an sich neutrale Technik beschleunigt und gründlicher vollzogen, besonders durch die Massenmedien, aber auch durch den Computer und durch die Datenerfassung und -speicherung. Durch diese Technik haben die dunklen Organisationen und die bekannten und anonymen Herrscher weltweit alles und alle im Griffe, können eine extensive und intensive Kontrolle, bis in die geheimsten äußeren und inneren Bezirke hinein ausüben, können dabei den »großen Bruder«, der alles sieht, in Orson Welles Roman »1984« bald mehr oder weniger erreichen.

Kommt von den Unterwanderern, deren Karten aufgedeckt werden, der als Schild benutzte Vorwurf, wir wären einseitig und ungerecht, da wir nur gegen »links« und »liberal« vorgingen, so geht er an der Sache vorbei; denn, daß wir uns (in der vorliegenden Frage) gegen diese Richtung wenden, wenden müssen, liegt an der konkreten, eben so verlaufenden geschichtlichen Entwicklung, da Konzept und Durchführung der »Neuen Welt« von diesen Kreisen ausgehen (so sehr es auch dunkle Versuche von anderer Richtung aus gab, die sich gut in das Hochschaukeln der »One World« einfügten und jetzt als Buhmann nützlich sind). Der Satan hätte auch ganz andere Wege der Unterwanderung einschlagen können, etwa vorwiegend von »rechts« eine »neue Welt« vorgaukeln können. Zudem wird auch und gerade in diesem Buche nie vergessen, daß der Satan alles mißbrauchen kann und daß daher Böses auf allen Seiten geschieht. Wir haben uns aber vom Thema her mit den konkreten Vertretern und Ideologien der »One World« oder der »Neuen Welt« zu befassen.

Es gilt auch: So sehr wir alle hier genannten und nicht genannten dunklen Erscheinungen und die ihnen zugrundeliegenden Ideen und Wege auch zu kritisieren haben, so steht uns Selbstgerechtigkeit doch schlecht an, sind wir ja in dieser von der One-World-Bewegung geprägten Welt, in diesem konkreten Teufelsreich als gefallene Menschen alle drin und sind von diesem Gegenchristlichen mehr oder weniger infiziert, so daß wir oft dementsprechend handeln und seine Art und seine »Errungenschaften« zum Teile gerne akzeptieren. Dies sollte uns im Kampfe gerade nicht lähmen, vielmehr auch aus diesem Grunde, ja, um unserer Reinheit und Freiheit willen, zum verstärkten inneren und äußeren Einsatze, nicht zuletzt zum Gebete anspornen.

1) Generalangriff auf Gottes Gebote und menschliche Werte

Folgen wie zugleich Waffen der One-World-Bewegung sind die Relativierung und damit Nivellierung der Gebote Gottes und auch all dessen, was Menschen aller Zeiten im Wissen um Gott und in ihrem gesunden Empfinden personhaft hochgehalten und in ihrem spezifischen schöpfungsmäßigen und kulturellen Dasein geschätzt haben. Die Stoßrichtung der dunklen Mächte geht letztlich gegen Gott selber: Ihn möchte man treffen und absetzen. Das ist auch der eigentliche Zweck alles »Antiautoritären«, das sich ja im Grund nicht gegen negativ Autoritäres richtet, sondern gegen alle wahren Autoritäten, zuerst gegen die Autorität Gottes. Er hat seine Schöpfung auf Ordnungen aufgebaut; gegen sie toben die Anarchisten. Er hat in allen Bereichen, selbst in der Kirche verantwortungsvoll Leitende und Führende eingesetzt; gegen sie kreischen die, die alle »Herrschaft« abschaffen wollen. Dahinter stehen sowohl der Gleichheitswahn der Französischen Revolution als auch die bewußte Aktivierung des weitverbreiteten Neides. Selbst primäre Schöpfungsordnungen werden bloß als »Rollen« betrachtet (so besonders durch die »Frankfurter Schule«), die beliebig austauschbar sind, selbst das Sein als Mann und als Frau. In diesem Sinne und zum Zwecke des grenzenlosen Rollentausches wirkt auch die bereits in ihrem Ursprunge antigöttliche Gruppendynamik.

Vier schwerwiegende Einbußen an Menschsein und Menschlichkeit, an Menschlichkeit z. B. in dem, was Liebe bedeutet, liegen auf dem Wege der One-World-Bewegung: Erstens wird mit der Streichung des Personhaften Gottes und damit des Menschen die personhafte Liebe vernachlässigt oder durch die in anderen Bereichen tätige naturhafte Liebe ersetzt (z. B. eine abgespaltene »sexuelle Liebe« als »die« Liebe ausgegeben); zweitens wird selbst die naturhafte Liebe für unwichtig erachtet, etwa durch Gleichgültigkeit oder auch Gegnerschaft gegenüber naturhaften seelischen Bindungen »liquidiert«, wird doch z. B. die seelische Liebe und Treue zum Ehegatten, zur Familie, zum Volke, zur alten oder neuen Heimat als »altmodisch« belächelt; drittens läßt man die Liebe zum Einzelnen zugunsten einer »love in structure« in den Hintergrund treten, und viertens kann man als ein in der Gruppendynamik aufgelöstes »Ich« höchstens eine zufällige und flüchtige Beziehung zu anderen haben, die mit »Liebe« aber auch nichts mehr zu tun hat. Wird auf diesem vierfachen Wege so jegliche Art von Liebe letztlich entbehrlich, so »braucht« man auf die Gefühle oder Ehre wie überhaupt auf das Menschsein des Gegenüber keine Rücksicht mehr zu nehmen (das hier Dargelegte kann für V, 2, eine Ergänzung sein).

Zur Auflösung der Liebe wie des Menschen selber schrieb ich in »Zwischen ‚Rassismus' und ‚One-World'« auf den Seiten 36 und 37: »Der Kampf gegen das biblische Menschenbild, gegen das Personhafte, gegen die naturhaften Gemeinschaften und gegen die Individualität und Originalität des einzelnen bleibt keineswegs nur theoretisch: Da ist besonders gefährlich und folgenreich die in unseren Jahrzehnten entstandene, raffiniert vorgehende Gruppendynamik, früher »Gehirnwäsche« genannt, die unter verschiedenen Namen und Formen erfolgt, etwa in Selbsterfahrungsgruppen, im Clinical-pastorel-Training und in der Pastoral-Psychologie. Diese Psychotechnik kann zwar das Personsein nicht berühren, so sehr solche, die sich einer Gruppe ausliefern, dort personhaft unter dunkle Mächte gelangen können; sie kann aber die naturhafte Ich-Struktur zerstören, oder doch umstrukturieren, somit das Seelische und Geistige dauerhaft verändern. Sie kann den Menschen also nicht nur bindungslos machen, sondern ihn auch in seinem naturhaften Selbst auflösen, so daß er auch nicht mehr in sich fest sein kann, sondern von anderen Mächten nach deren Bedarf gebildet wird, Orientierung und Weisung und Selbstgefühl von ihnen erhält, Wachs in den Händen einer kleinen Gruppe zielbewußter, skrupelloser Weltverplaner. Wir sehen somit den Versuch der Zerstörung folgender Größen: 1. Gottes, 2. des Personhaften, 3. der naturhaften Gemeinschaften und nun 4. des naturhaften Ichs, damit dem Menschen nichts mehr bleibe, das ihm noch ein menschliches Dasein gewähren kann, er vielmehr nun vollends auf die »rettenden Hände« der »Weltbeglücker« angewiesen ist. Steht so die »Weltveränderung« im Dienste von Ideologien, die sich in der »Nivellierung« von Ordnungen, Eigenarten und Selbst-Sein und in der Verdammung entgegenstehender Ideen und Systeme als »böse«, als »hinderlich« für die Menschheit, den Fortschritt u. dgl. einig sind, so sollten wir sehr ernst die Kirchen fragen, ob sie hier Partei für die »Weltveränderer« ergreifen dürfen, wie es zunehmend geschieht, d. h.: Ob sie nicht damit letztlich im Diente gewisser Ideologien stehen und ob sie deren Gewaltmaßnahmen unterstützen dürfen, und sei es auch »nur« finanziell und progapandistisch«, und auf Seite 45: »Das materialistische Welt- und Menschenbild ist weltweit und rasch auf dem Vormarsche. Die Stoßrichtung des Kampfes geht gegen beides: *Gegen Gott* und damit gegen die Sittlichkeit – und *gegen die naturhaften Ordnungen,* d. h. gegen Ehe, Familie, Volk, Tradition, Heimatliebe usw., mit der Zerstörung der Sittlichkeit und der natürlichen Ordnungen *gegen den Menschen selber.*«

In diesem Zusammenhange sei ein besonders aufschlußreiches Buch erwähnt: »Charakterwäsche« von Caspar Schrenck-Notzing (Seewald Verlag, Stuttgart – Degerloch, 1965, neu verlegt im Langen-Müller-Verlag, München, 1981). Dieses Buch zeigt auch, was es mit der sogenannten Umerziehung der Deutschen nach dem Kriege auf sich hatte, daß es nämlich dabei nicht nur darum und auch nicht in erster Linie darum ging, sie zu Demokraten zu machen, sondern darum, sie tiefgreifend zu verändern, und zwar im neofreudianischen Sinne, wobei die

»Umerziehung« nicht nur die Deutschen betreffen sollte – wenn auch zuerst vordringlich –, sondern alle Menschen. Also ein besonders gefährlicher Angriff auf den Menschen und die Menschheit selber.

Nach dem Buche von Schrenck-Notzing ist folgendes geschehen. Der Ursprung der Umerziehung liegt in der Psychoanalyse (auf Seite 107: »Die Psychoanalyse war in Wien konzipiert, in Zürich klinisch erprobt worden; in den Vereinigten Staaten setzte sie sich in Herz und Hirn von Millionen fest«). In den USA kam es hierbei zu verschiedenen Bewegungen, so zur besonders einflußreichen Mental-Health-Bewegung. Die UNESCO-Ideologie speiste sich nicht zuletzt aus dieser Bewegung. Freuds Lehre nahm in den USA den sozial-missionarischen Geist der Mental-Health-Bewegung in sich auf. Wichtig für das Verständnis der Neo-Freudianer und der starken Auswirkung ihrer Lehre ist, was auf Seite 110 mit folgenden Sätzen dargelegt wird: »Von den Neo-Freudianern wurde zwischen einem Kern allen Menschen gemeinsamer Bedürfnisse, etwa Hunger, und den übrigen von der kulturellen Umwelt abhängigen Trieben unterschieden. ‚Jene Triebe', so lehrte Erich Fromm, ‚welche die Unterschiede im Charakter der Menschen ausmachen, wie Liebe, Haß, Machtgier, Unterwürfigkeitsdrang, Sinnenfreunde und Sinnenfurcht, sind dem Gesellschaftsprozeß unterworfen und resultieren aus ihm'. Und was im Rahmen des Gesellschaftsprozesses veränderlich ist, kann somit auch verändert werden, sofern es nur gelingt, diesen Gesellschaftsprozeß zu beeinflussen« (Anmerkung von mir: Nicht nur werden personhafte und naturhafte Dinge hier – durcheinander – als einlinig angenommen, sondern es wird auch verkannt, daß selbst die naturhaften Dinge letztlich unabhängig von Gesellschaftsordnungen und -prozessen sind; und aus dieser doppelt falschen Sicht resultieren die verhängnisvollen Umerziehungsversuche).

Die Psychoanalyse wurde politisiert. Hierzu auf Seite 113: »Die Politisierung der Psychoanalyse kam nicht von ungefähr, sondern aus Frankfurt am Main. Dort hatte 1930 Max Horkheimer das Institut für Sozialforschung übernommen . . . , auf sozialdemokratisches Betreiben nach dem Ersten Weltkrieg gegründet . . .«, auf Seite 116: »Auch in Wien fand eine Versammlung von Soziologie und Psychologie statt, einerseits im Werke des Psychoanalytikers Wilhelm Reich . . .«, über ihn auf der folgenden Seite: »Reich ordnete die politischen Hauptströme den drei Schichten des menschlichen Charakters zu. Die oberste Schicht sei die Schicht der Kooperation, der Vernunft, der Rücksichtnahme; die unterste Schicht sei die der schöpferischen Triebe, denen alle geistigen und künstlerischen Leistungen entsprängen; die unterste Schicht könne sich jedoch nicht mit der obersten durchdringen, da sie durch eine mittlere Schicht abgeleitet werde, in der alle Egoismen, Sadismen, Selbstsucht und Brutalität zuhause seien. Der obersten Schicht sei der Liberalismus zuzuordnen, der untersten die revolutionäre Linke, der mittleren der Faschismus . . . ‚Der Faschismus ist nur der politisch organisierte Ausdruck der durchschnittlichen menschlichen Charakterstruktur'« (Anmerkung von mir: Hier wird verkannt, daß das Böse nicht naturhaft ist und auch keine naturhafte Schicht darstellt, sondern personhaft ist, und auch nichts Seinsmäßiges ist, sondern eine Wahlmöglichkeit darstellt; und ganz unbegründet wird dem »Bösen« der Faschismus zugeordnet – als ob man nicht dann mit dem gleichen Rechte die »revolutionäre Linke« ihm zuordnen könnte –, was ein Licht auf die dann folgende »Faschismus-Bekämpfung« wirft, so willkürlich und so falsch begründet!) und auf Seite 118 weiter über Reich: »Wer den Faschismus bekämpfen wolle, müsse davon ausgehen, daß die ‚zentrale reaktionäre Keimzelle' die Familie sei.«

Erich Fromm machte mit der Politisierung der Charakterlehre Epoche. Auf Seite 119: ». . . es sei angezeigt, den sado-masochistischen Charakter in den ‚autoritären Charakter' umzutaufen. Ein sado-masochistischer Charakter sei immer durch seine positive Einstellung zur Autorität zu erkennen«, auf Seite 120: »Die Lehre vom autoritären Charakter bot den Schlüssel zur ‚Psychologie des Nazismus'«, auf Seite 121: »Als der American Jewish Congress die Lehre vom autoritären Charakter übernahm, wuchs dieser beträchtliche Resonanz zu . . . Im Mai 1944 . . . Ziel der mit großem statistischem Aufwand betriebenen Untersuchung war die Aufdeckung ‚potentiell faschistischer Individuen'«. Aufschlußreich, was als »Syndrom« der »Autoritären Persönlichkeit« zugeschrieben wird (Seite 122): »‚Konventionelle Werte, wie äußerlich korrektes Benehmen, Erfolg, Fleiß, Tüchtigkeit, physische Sauberkeit, Gesundheit und konformistisch unkritisches Verhalten' verbergen, eine tiefe Schwäche des eigenen Ichs . . .'«, und auf Seite 123 wird Kurt Lewins Ansicht erwähnt, daß »Erziehung, Sitten, politisches Verhalten, religiöse Anschauungen« dazu führten, »daß jede Abweichung von der bestehenden Kultur bald wieder in die bisherige Strömung zurückgebogen wird« (Anmerkung von mir: Hier sehen wir einen weiteren Schritt: Zum »Bösen« und daher Auszumerzenden werden gute personhafte und naturhafte Werte gezählt, willkürlich oder als ein antigöttlicher Akt, indem man diese Dinge diskreditiert und dazu sie »faschistisch« nennt, um die Beseitigung lauterer Persönlichkeiten besser bemänteln zu können; ein weiterer Beitrag zur »Faschisten-Bekämpfung«) und auf derselben Seite über Lewin weiter: ». . . sei die ‚restlose Zerstörung' der Kräfte, die das alte Gleichgewicht aufrechterhielten, die erste Aufgabe der Umerziehung. Wer Mord und

Totschlag (!) ablehne, weil er ‚Chaos' vermeiden wolle, der werde die Wiederherstellung des alten Gleichgewichts mitverschulden.«

Zum »Umerziehungsprozeß« steht auf derselben Seite unten und auf der nächsten Seite oben: »Der gesamte Umerziehungsprozeß durchlaufe demnach drei Phasen. Erst müsse die ‚fluidity' (Flüssigkeit der Verhältnisse) hergestellt werden, die den Wechsel ermögliche. Dann müsse der Wechsel selbst durchgeführt werden. Schließlich müsse das neue Gleichgewicht durch Selbstregulierung permanent gemacht werden. Für die erste Phase lagen Pläne vor, wie der von James Warburg, daß alliierte Truppen einen Ring um Deutschland legen, eine künstliche Inflation in Gang setzen und abwarten sollten, bis durch Mord und Totschlag die ‚Fluidität' hergestellt sei.«

Solche wirklichkeitsfremde, das Personhafte und Gottes Gebote verneinende Lehren wurden dann in der Praxis bei der »Umerziehung der Deutschen« akut. Hierzu auf Seite 132: »Der Versuch, durch die Besatzung eine Änderung des deutschen Volkscharakters zu bewirken, bediente sich des Lizenzsystems«, auf Seite 133: »Die rechtliche Stellung der Lizenzträger war eine juristische Ausgestaltung des neofreudianischen Programms«, auf Seite 141: »Da aber die Eigenschaften, die zur Unangepaßtheit in der deutschen Gesellschaft führten, die Angepaßtheit in der Weltgesellschaft bedeuteten, mußte es die Aufgabe der Screening Center sein, diese Unangepaßten zu suchen« und auf Seite 143: »Die Frage nach dem Zeitpunkt der Aufnahme des Geschlechtsverkehrs ermöglichte es, den Grad der demokratischen Gesinnung zu messen. Je früher der Zeitpunkt lag, desto demokratischer war die Gesinnung – je später, desto undemokratischer, so lautete die schlichte Formel.«

Wir müssen Schrenck-Notzing sehr dankbar sein, daß er uns die Hintergründe und Durchführung der »Umerziehung« so gründlich und offen gezeigt hat; denn, wie deutlich machen all solche Dinge, worum es in der Zeit der Fragebögen wirklich ging – nicht darum echte Demokraten festzustellen oder hervorzubringen! Und damit erweist sich diese ganze, erst jetzt so richtig »Früchte« bringende »Umerziehung« als antigöttlich, wenn nicht antichristlich, und dementsprechend auch die heutige Jagd auf alles, was als »faschistisch« gilt. Damit will man ja »zwei Fliegen mit einer Klappe« schlagen: 1) Die wirklichen Faschisten und ihre Sympathisanten für vogelfrei erklären und 2) alles, was es an von Gott gegebenen Ordnungen, wie Familie, Volk und dgl. gibt, und auch wahrhaft menschliche Eigenschaften, wie Fleiß, Sauberkeit, Treue usw. mit dem Schlagworte »faschistisch« ebenfalls für vogelfrei erklären – zwei Dinge, die heute weltweit geschehen. Und der

Gedanke an faschistische und nazistische Verbrechen, ein Gedanke, der wiederholt künstlich aufgewärmt und neu aufgebauscht wird (selbstverständlich nicht der Gedanke an die unvergleichlich größeren kommunistischen Verbrechen), läßt die manipulierte Menschheit »im guten Glauben« mit Hand anlegen: an der Verfolgung, an der Zerstörung, an der »Umerziehung«, am Bau der furchtbaren »One World«. Wahrhaftig ein »Vorspiel der Hölle«.

Der Kampf der Einweltler geht nicht nur gegen Gottes Gebote und Ordnungen, sondern letztlich gegen Gott selber und da vor allem gegen den, in dem er sich uns zeigt, gegen Jesus Christus, und damit gegen die wahren Christen. Im Bereiche des Kommunismus kam und kommt es zur größten Christenverfolgung aller Zeiten. Aber auch im »Westen« zeigt sich die One-World-Bewegung antichristlich. Sie kämpft teils mit Unterwanderung und mit Förderung verweltlichter Christen und kirchlicher Gremien, teils mit Zerstörung christlicher Werte auf dem Wege der Gesetzgebung und hie und da schon offen mit nicht nur gotteslästerlichen, sondern auch christuslästerlichen Worten und Handlungen, etwa auch im kulturellen Bereiche.

Ein Beispiel dieses Antichristlichen bietet die Myterienoper »Jesu Hochzeit«. Über sie schreibt Heiner Buchholz im »Informationsbrief« der Bekenntnisbewegung »Kein anderes Evangelium« vom Februar 1981 auf Seite 28 u. a.: »Der Frevel steigert sich zum Ordinären durch die ‚Tödin', die Personifizierung und Glorifizierung des Todes und der Sünde (insbesondere der Hurerei), die später in der Maske des Judas Ischariot auftritt. Der Höhepunkt der Gotteslästerung ist die perverse Idee von einer Hochzeit Jesu mit der ‚Tödin'. Nachdem die ‚Tödin' zuvor triumphiert hat, daß es keinen Gott gibt, wird Jesus hier zu ihrem Liebhaber erniedrigt, der u. a. zu ihr sagen muß: ‚Liebe mich, ich mach dich sterblich. Komm, laß dich berühren. Ich will dich verführen. Du sollst mir gnädig sein!'. Im Blick auf die Versuchung Jesu Christi in Matth. 4 und den tiefen kompromißlosen Gegensatz zwischen Gott und Satan, Leben und Tod, Licht und Finsternis können wir nur zutiefst erschrecken vor dieser genau gegensätzlichen Darstellung, wie Jesus mit dem (weiblichen) Tode kokettiert und flirtet, wie sie einander betören und er schließlich im Schoße der ‚Tödin' einschläft. Das ist kulturelle Vermarktung von Gottlosigkeit und der (staatlich subventionierte) Kahlschlag sittlicher Werte. Jesus wird in dem Stück ferner als begehrenswerter Mann schöner Frauen gepriesen. Auch Magdalena ist wild entschlossen zur Unzucht mit ihm ... Der christlichen Botschaft von der Erlösung Christi durch seinen Kreuzestod und seiner Auferstehung sowie von der Hoffnung auf seine Wiederkunft wird in der Oper enggültig ein Ende gesetzt, indem sich zum Schluß die ‚Tödin' die

Maske des Richters anlegt (Ich bin die Verführung, ich bin der Verrat, ich bin das Gericht!), Jesus schuldig spricht und ihn zum Tode verurteilt. Es ist um so bedauerlicher und für viele Christen unvorstellbar, daß die offiziellen Vertreter der evangelischen Kirche in Hannover bis in die höchsten Gremien gegen diese Oper keine Worte der Warnung und deutlichen Distanzierung finden, sondern sich noch über fehlende Toleranz einzelner Christen beklagen und auch keine Aspekte von Gotteslästerung erkennen.«

In demselben Hefte steht auf Seite 35/36 unter der Überschrift: »Sind Christen und ihr Glaube in der Bundesrepublik Deutschland Freiwild?«: »Alles, was an Antikirchlichen und Gottlosem bisher in linken Jugendgruppen produziert wurde, übertraf eine Haßtirade in einem Magazin der SPD-Jugendorganisation ‚Die Falken' im Rheinland. Unter dem Titel ‚Es geht ein Gespenst um . . .' wurde das Christentum als Geisteskrankheit bezeichnet, das die Elemente einer Liebesreligion mit der Mentalität eines Killers verbinde. Die ‚Pfaffen' seine, ‚schwarze Gaukler' und professionelle Verführer, die ihre Gemeinden in Trance versetzten. Wörtlich: ‚Gott ist der größte Terrorist aller Zeiten'. Jesus lasse ‚diese ganze Scheiße hier' unter sich und entschwebe . . .. Wenn es einen Gott gibt, muß man ihn abschaffen . . . Die Götter werden erst sterben, wenn wir gottlos sind . . .' Gott selber habe seinen Sohn ‚abgeschlachtet'. Die ‚neue Bildpost' (14. 9. 80), die darüber berichtete, wies darauf hin, daß sich auf der unteren Ebene der SPD-Basis ein Antiklerikalismus austobe, der an wüste Kirchen-Attacken in der Nazizeit erinnert'« (Anmerkung von mir: Im Dritten Reiche geschah es aber noch, daß Gotteslästerungen von Gerichten geahndet wurden!).

Aufschlußreich, was mehr und mehr möglich geworden ist. Eine große Verkehrung hat hier stattgefunden: Selbst eine berechtigte Kritik an Juden (geschweige denn ihre Verspottung) erlebt gewaltige Proteste, wenn nicht Unterdrückung; aber daß man Gott und Christus verhöhnt, den christlichen Glauben in einer Gossensprache verdreht u. dgl. geschieht sogar mit staatlicher oder kommunaler Unterstützung und unter dem Schweigen kirchlicher Verantwortlicher, sofern diese nicht sogar für mehr »Toleranz« plädieren: dem Antichristlichen gegenüber. Wir dürfen uns keinen Illusionen darüber hingeben, daß diese, ach so »menschenfreundliche« One-World-Bewegung, die einem Ahnungslosen wohlwollend auf die Schulter klopfen kann, versteckt oder offen, lokal oder weltweit kämpft, jedenfalls kämpft: gegen Christus, gegen das Evangelium und gegen die wahren Christen. Auch von daher gehört es zu unserer gebotenen Selbsterhaltung und Bewahrung des Evangeliums, die One-World Bewegung zu demaskieren und dabei ihre Vertreter zu nennen – und niemanden und keine Gruppe auszulassen, nur weil man ein Schongehege für sie errichtet hat.

A) Mißachtung und Preisgabe des menschlichen Lebens

Mit der Zerstörung oder doch Leugnung des Personhaften und mit der Vernichtung naturhafter Gegebenheiten und Bindungen – verbunden mit der erwähnten vierfachen Umfunktionierung oder Auflösung der Liebe – und auch mit der Kollektivierung und mit der technikhaften Verplanung der Wirklichkeit sinkt der Wert des einzelnen Menschen und die Achtung vor ihm quasi auf Null: Er ist zu einer verfügbaren, verplanbaren und jederzeit vernichtbaren Sache geworden. Er und auch ganze Gruppen können – und werden auch – weltweit, wenn stärkere Interessen es fordern, ausgeschaltet oder vertrieben, unter Umständen völlig »liquidiert«. Wir leben in einem Jahrhunderte der größten Flüchtlingsströme und Massenmorde aller Zeiten, dazu mit einer sehr »vervollkommneten« Technik der Torturen und mit der Abschiebung Unbequemer in Irrenhäuser, wo sie physisch, seelisch und geistig zu Wracks fabriziert werden (und doch im Glauben ungebrochen sein können: eines der schönsten und bewundernswertesten Siege über die Gottes- und Personleugner der One-World).

Wo Gottes Gebote nichts mehr gelten und wo das Personsein und damit das eigentliche »Mensch«sein bestritten wird, alles nur immanent und nur als eine – machbare, auswechselbare – Natur angesehen wird, ist es nur folgerichtig, daß man Ungeborene beliebig abtreibt. Hierzu schrieb ich in »Zwischen ‚Rassismus' und ‚One World'« auf Seite 45 und 46: »Die Zersetzung wird weltweit beklatscht. Besonders widerlich und heuchlerisch ist der seit einigen Jahren erfolgende Einsatz für die Abtreibung, für die sogar intensiv geworben und der Mob auf die Straße geschickt wird. Dieser Feldzug, der auch weitere ‚Humanisierungen', wie etwa die Euthanasie (oder gar, wie in Australien, den ‚assisted suicide', die Beihilfe zum Selbstmorde) im Auge hat, erfolgte schlagartig in vielen Teilen der Welt zugleich, sogar mit denselben Schlagwörtern und überall mit verräterisch großer Unterstützung von Massenmedien, sind doch diese weithin in den Händen von ‚Liberalen' und ‚Sozialisten', welche die treibenden Kräfte gegen das ungeborene Leben sind. Egoistischen Müttern wird der Freibrief zum Morden etwa mit der heuchlerischen Begründung ausgestellt, man habe für die ‚sozial Schwachen' zu sein, während man jede Hilfe für den ‚sozial Allerschwächsten', für das Kind, ausschaltet. »Das Verhalten der linksliberalen und sozialistischen Massenmedien und die gezielt eingesetzte Massendemonstrationen und ihre »Sprache« und Propaganda zeigen, daß es nur vordergründig um Hilfe für verzweifelte Mütter geht, sondern um einen weiteren Geländegewinn in der Schlacht für die Welt-

und Gesellschaftsveränderung mit dem Ziele der von Gott gelösten One World, einer »neuen«, einer »besseren« Welt, die man unbedenklich auch mit dem größten Massenmorde aller Zeiten, mit den Abtreibungen, erkaufen will. Mit ihnen, ebenfalls auch mit ihnen soll ja die Zerstörung der Ehe, der Familie, des Volkes, der Moral und der Gebote Gottes erfolgen. So ist das Verheerende, für alle Beteiligten Verheerende eine willkommene Waffe für die Rundum-Zersetzung. Darum wird weltweit ein solch starkes Augenmerk auf die Abtreibungsfrage gerichtet.

Daß bei den Abtreibungen letztlich nicht die Frage der »Not« ausschlaggebend ist, die man so gerne vorschiebt (wobei man mit ein paar besonders krassen Grenzfällen eine mehr oder weniger volle Freigabe der Abtreibung nahelegen will), zeigt sich etwa daran, daß man heute in den USA schon abtreibt, wenn einem das Geschlecht nicht paßt, man etwa kein Mädchen oder keinen Jungen will. Also ohne Not, aus reinstem Egoismus mordet man da sein eigenes Kind. Hier wird die Selbstherrlichkeit und Selbstsucht des alles bestimmenden, zu seinem Nutzen bestimmenden Menschen auf die Spitze getrieben. Nichts mehr von einem Wissen darum, daß Kinder eine Gabe Gottes sind; wie ein unerwünschtes Möbelstück werden nun eigene Kinder »hinausgesetzt«, ein »Fortschritt« gegenüber der schon fast üblich gewordenen Praxis, Hunde, die einen nicht mehr interessieren, auszusetzen. Hier wie dort keine »Ehrfurcht vor dem Leben« und keine Barmherzigkeit, ein Erfolg der »neuen Welt«.

Einwände gegen die Abtreibung will man besonders mit dem Argumente abwehren,, es handle sich bei den Ungeborenen (noch) nicht um Menschen. Jedoch, der Mensch ist nicht nur Naturwesen, sondern auch Person – und es gibt keine stichhaltigen Gründe, nicht anzunehmen, daß er es schon von der Empfängnis an ist. Und selbst, wenn die »Mensch«werdung zu einem späteren Zeitpunkt erfolgte, wäre eine Abtreibung unzulässig. In den »Nachrichten der Notgemeinschaft Ev. Deutscher« vom September 1971 schrieb ich hierzu u. a.: »Die ganze Fragestellung mit den vielschichtigen Diskussionen darüber, bis zu welchem Monat man noch keinen Mord begehe, ist unzureichend. Selbst wenn man sehr spät oder erst mit der Geburt ‚Mensch' würde, ließe es sich doch nicht bestreiten: *Ein Embryo erreichte ohne Abtreibung diesen Zeitpunkt und käme zur Ausübung seines vollen Menschseins.* Wir haben nicht nur den Embryo zum Zeitpunkt der Abtreibung zu sehen, sondern auch seine weiteren Möglichkeiten, die er ohne Abtreibung doch haben würde. Wir haben auch da den ‚ganzen' Menschen zu sehen, seine ganze Lebensgeschichte, die wir nicht willkürlich unterbrechen und damit beenden dürfen. Mit welch einem Recht versagen wir auch nur einem einzigen den Eintritt ins Leben, vereiteln seine mit der Befruchtung gegebene Bestimmung zum Leben? *So ist schon der Zeitpunkt der Befruchtung maßgebend.* Von da ab eine jede Abtreibung Mord. Es ist *unmenschlich* und *undemokratisch,* den Betroffenen selber zu seinem Lebensrecht nicht zu hören, *sein Anliegen nicht zu vertreten.* Nicht nur für uns Christen ist auch hier das Wort verbindlich: ,Tue deinen Mund auf für die Stummen und für die Sache aller, die verlassen sind!' (Sprüche 31, 8). Soll hier das ,Gesetz des Stärkeren' gelten? Soll hier der Spruch über Leben und Tod denen in die Hand gegeben werden, die hier zugleich ihre eigenen, oft sehr egoistischen Interessen vertreten? Darum sollte hier weder die Mutter noch die Familie noch irgend eine Gruppe das Verfügungsrecht haben. *Ein jedes Leben gehört allein Gott; ein jeder, der es zu Lehen erhält, hat das Recht, es zu leben;* ist jemand unmündig, haben die anderen, insbesondere die Eltern, die Pflicht, seine Sache zu vertreten, und nie das Recht, sein Leben zu beschneiden oder auszulöschen, um Vorteile zu erlangen oder Nachteile zu verhindern. Besonders hier, wo es den schwächsten Widerstand gibt, steht das ,Mensch'-Sein auf dem Spiel.«

Selbst, wenn das Ungeborene bis zur Geburt kein Mensch wäre, so sollte man sehen, daß es gegenüber Tierquälerei den sehr notwendigen Tierschutz gibt, Abtreibungen aber noch grausamer als Schlachtung von Tieren sein können – dazu an »eigen Fleisch und Blut«. Man will aber eine solche »Entmenschlichung«, alles auf dem Wege zu einer entgöttlichen und entmenschten One-World.

(Weiteres zur Verachtung des Lebens bringt V, 2.)

B) Mißachtung und Auflösung von Ehe und Familie

Von verschiedenen Seiten wird unablässig gegen die Ehe gekämpft, wohl weil es die ursprünglichste und innigste Gemeinschaft ist, und vielleicht in dem Wissen, daß zwei zusammen nicht nur stärker sind, sondern auch eine solch verschworene Gemeinschaft bilden können, die der ganzen Welt trotzen kann, und daß man daher solchen Möglichkeiten von vornherein den Boden entziehen sollte, um einen jeden einzelnen so besser im Griffe zu haben. Und so fördert man die »sexuelle Revolution« und die »Pornowelle«, kämpft unter dem Slogan der »sexuellen Freiheit« gegen die »bürgerliche« Ehe – in dem heuchlerischen Scheine, daß es nur gegen eine gewisse Form der Einehe gehe, in Wirklichkeit aber gegen die Ehe überhaupt, akzeptierte man ja die Bauernehe, die Ehe Adliger usw. genausowenig –, versucht es gesetzlich durchzusetzen, daß sogenannte eheähnliche Verhältnisse der Ehe gleichgestellt werden, kämpft für die Anerkennung homosexueller

»Ehen«, um die Verwirrung und Zerstörung voranzutreiben, fördert »Kommunen«, arbeitet mit dem »Feminismus« (der selbst in der Bibel Worte verändern will, weil sie ‚sexistisch' seien, z. B. Gott und den Heiligen Geist männlich bezeichnen) und mit dem lockenden, aber auch in die Einsamkeit und Vereinzelung und damit zur besseren Manipulierbarkeit führenden Programme der ‚Selbstverwirklichung' am Verfalle der Ehe, schon dadurch, daß Mann und Kinder vernachlässigt werden usw. Daß man durch das neue Scheidungsrecht die Ehescheidungen erleichtert – weithin zu Lasten des Ehewilligen – gehört auch zu dieser Kampagne.

Wie kirchliche Kreise sich auch hier sogar als Avantgardisten betätigen, wurde mit dem Hinweis auf »Thesen« rheinischer Theologiestudenten in IV, 3, C, bereits angedeutet. Alle Christen sollten sich schützend vor die Ehe stellen, ist sie ja noch ein wesentlicher Damm gegen die Vereinzelung und die Aufsaugung des Vereinzelten vom Kollektiv. Mit der Ehe würde sogar eine jede Liebesbeziehung längerer Dauer weithin seine Duldung verlieren (so leben selbst Liebesbeziehungen letztlich von der Ehe, stehen und fallen mit ihr). Es wird ja schon verlangt (so z. B. von Wilhelm Reich), daß in einer Kommune ein jeder mit einem jeden verkehre und zwar sowohl öffentlich als auch ohne eine tiefere oder längere Bindung mit ihm einzugehen, da beides »Private« seiner Urbedeutung gemäß ein »Raub« sei, dem Kollektiv etwas vorenthalte; also selbst da eine totale Vereinzelung mit bloß flüchtigen und stets wechselnden Beziehungen. Auch eine grauenhafte Unmenschlichkeit.

Nicht erst Erwachsene möchte man in eine solche Haltung bringen, sondern schon Jugendliche, wenn nicht Kinder. So erlebte ich es z. B., daß in Stuttgart schon zweimal an mehreren Stellen das Stück »Was heißt hier Liebe?« vom Kinder- und Jugendtheater »Rote Grütze« aufgeführt wurde, und zwar als Veranstaltung des Stadtjugendringes, des Jugendhauses e. V. und des Jugendamtes (!). In diesem Stücke wird nicht nur die Homosexualität verteidigt, sondern werden auch die Gebote Gottes relativiert mit Propaganda für die sogenannte freie Liebe, wird über die Sexualität in einer Fäkaliensprache gesprochen und wird die katholische Kirche durch einen »weiblichen und männlichen Zwerg« in Kutten verhöhnt (u. a. durch die Stelle: »Ansager: Wenn die Frau in der Ehe ihren geliebten Mann empfängt, ist sie erfüllt wie Maria bei der Heimsuchung durch den Heiligen Geist; Chor: Besonders an der Brust und den Geschlechtsorganen«). Durch solche zersetzenden Stücke erweisen sich die drei Veranstalter als Jugendverführer und -verderber. Das ist keine Erziehung zur Ehe, sondern zur völligen Bindungslosigkeit und Ehrfurchtslosigkeit, nicht nur vor dem anderen Geschlecht, sondern vor dem anderen Menschen überhaupt, und dazu wird das an sich befruchtende Sexuelle in den Dreck gezogen und entwertet.

So wie bei der Jugend angesetzt wird, um durch sie nicht nur die Familie zu zerstören, sondern auch deren künftige Ehefähigkeit, so setzt man auch bei der Frau an, um auch hier alles zu automatisieren. Beim Manne oder Vater setzt man gerade nicht an, gilt es doch, diese zu »entthronen«, letztlich den (Vater)-Gott. Wie sehr auch in der Kirche schon die »Rolle« der Frau im neomarxistischen, neofreudianischen und feministischen Sinne gesehen und propagiert wird, kann man z. B. an der von der Kirchenkanzlei im Auftrage des Rates der EKD herausgegebenen Studie »Die Frau in Familie, Kirche und Gesellschaft« sehen, zu der Frau Edelgard von Löbbecke in ihrem Rundbriefe vom Januar 1981 (Sammlung Bekennender Evangelischer Frauen) u. a. mit folgenden Worten Stellung nimmt: »Hier ... wird entsprechend der ‚Rollen-Soziologie' nur von der ‚Rolle' der Frau gesprochen, so, als spiele die Frau ständig eine ‚Rolle' wie ein Schauspieler, als könne sie jederzeit in eine andere ‚Rolle' schlüpfen wie in ein anderes Kleid, und jeder könne auch ihre ‚Rolle' übernehmen. Unsere – von der ‚Studie' als überkommenes, abwertendes Rollenklischee bezeichneten – Wesensarten, wie Mütterlichkeit, liebevolle Hingabe und Opferbereitschaft, die auch den unverheirateten und berufstätigen Frauen eigen sind, und unser besonderes Erinnerungsvermögen und Liebe, die selbst die kleinsten Dinge unserer Umgebung zum Subjekt werden lassen, machen aber gerade uns Frauen unmöglich, ständig je nach Forderung einer sogen. ‚Gesellschaft', d. h. des jeweiligen Zeitgeistes, unsere ‚Rolle' zu wechseln. Wir müßten unsere Identität aufgeben wie im gruppendynamischen Prozeß, ehe wir ‚ein neuer Mensch' werden könnten, als zweite Schöpfung des Menschen durch den Menschen, weil die erste durch Gott ‚nichts taugt', wie der Anarchist Bakunin schon forderte. Für diesen ‚Neuen Menschen' wird das Kollektiv ‚Gesellschaft', die Depersonalisation zur Gleichheit, zum ‚Neuen Gott' erhoben ... ‚Gott schuf den Menschen nach seinem Bilde', in der ganzen Vielfalt seiner unaustauschbaren Personalität als Mann und als Weib und nicht als ‚Rollenspieler' nach neomarxistischer Rollensoziologie, als Volk und als Rasse und nicht als ‚Gesellschaft' sozialistischer Gleichheitsideologie oder ‚kritisch-theoretischer' Naturverleugnung ... unüberlesbar ist die gezielte Entfachung eines pathologischen Minderwertigkeits- und unchristlichen materialistischen Neidkomplexes, die zu einem emanzipatorischen Klassenkampf der angeblich ‚unterdrückten Frau' gegen den ‚herrschenden Mann' aufstacheln soll, um die naturgegebene Ergänzung von Mann und Frau in Ehe und Familie unmöglich zu machen.«

Wo es nur um »Rollen«, um »Selbstverwirklichung« u. dgl. geht, kann man natürlich nicht einsehen, warum man möglichst in einer Ehe zusammenbleiben sollte, warum sich nicht vielmehr scheiden lassen (falls man überhaupt erst eine offizielle Ehe schließt), wenn dies mehr »Lebensqualität« verspricht. Im epd vom 4. Februar 1981 konnte man lesen: ,»Ehen ohne Trauschein' sind nach Ansicht der Dortmunder Professorin Rita Süßmuth eine Chance zur positiven Veränderung menschlicher Beziehungen ,im Wechsel von Nähe und Distanz'. Bei einer Tagung der Evangelischen Arbeitsgemeinschaft für Familienfragen, die in der Evangelischen Akademie Mülheim/Ruhr stattfand, sprach sich Süßmuth für die gesellschaftliche Anerkennung solcher Lebensgemeinschaften aus... Modelle der Zukunft, die Ehe-Formen mit ,größerer oder geringerer Verbindlichkeit' vorsehen, liegen nach Angaben der Wissenschaftlerin in England und Holland in den Schubladen der Gesetzgeber (Anmerkung von mir: Sehr aufschlußreich, was diese Weltverplaner vorhaben. Und wenn dies hier nicht stünde, würde man uns wohl »Schwarzseherei« oder »Scharfmacherei« vorwerfen)... Als Gründe für den Trend zu freien Lebensgemeinschaften nannte Süßmuth, daß sich die Normen und Werte im Spannungsfeld zwischen Beziehungs- und Emanzipationsethik gewandelt hätten. Selbständigkeit und der eigene Anspruch auf Veränderung hätten an Stellenwert gewonnen... ,Wenn ein Partner sich verändert, muß das als eine spannende Sache empfunden werden', erklärte Süßmuth. Ja, wie »spannend« vor allem für den Partner, der die Ehe will und verlassen wird, wie man ein Kleidungsstück wechselt! Wie »spannend« für die Kinder, Verwandten und Freunde! Zynischer, unmenschlicher geht es wohl kaum.

Mit denselben oder gleichen Argumenten wie die Ehe, wird auch die Familie angegriffen, nicht nur, um sie umzufunktionieren, sondern auch, um sie zu zerstören und ihre Aufgabe anderen Gruppen zu übertragen, wie dem »Staate«, der »Gesellschaft« u. dgl. Die Diskussionen um das »Jugendhilfegesetz« zeigen deutlich, woher der Wind weht. Es ist mehr auf Konflikte zwischen Eltern und Kindern, auf Aushöhlung der Erziehungskraft der Familie und hierzu auf Stärkung der Rechte der Vormundschaftsgerichte auf Kosten der Elternrechte wie auch auf mehr Einfluß für den Staat ausgerichtet (so »Unser Glaube«, Dezember 1979).

In großer Besorgnis dieser Entwicklung wegen richtete im Herbst 1979 der Initiativkreis evangelischer Frauen der Konferenz Bekennender Gemeinschaften einen »Notruf an alle christlichen Frauen »mit der Überschrift: »Rettet die Familie!« In ihm war u. a. folgendes enthalten: ,Der ... Anschlag auf die Familie kommt mit der *antiautoritären Erzie-*

hung in Schule, Elternhaus und Jugendverbänden Kinder werden zur Verweigerung des Gehorsams aufgestachelt. Jugendliche drängen auf freie Selbstentfaltung. Sie wähnen, sie in ,sturmfreien Buden' oder Wohngemeinschaften zu finden. Eltern vernachlässigen oder mißbrauchen die ihnen von Gott übertragene Autorität oder zweifeln grundsätzlich an der Gültigkeit der überlieferten Sitte und Ordnung. Diese Zerfallserscheinungen werden heute zum Dammbruch und erfassen darum auch den noch bewußt christlichen Teil unserer Bevölkerung. Jede Familie ist von innerer Aushöhlung und äußerem Zerbruch bedroht... Liberalistische und sozialistische *Ideologien* wollen alle gottgegebenen Ordnungen umgestalten und einen ,neuen Menschen' schaffen, der von allen herkömmlichen Fesseln befreit ist. Eine neue Menschheitsordnung wird angestrebt, die durch Emanzipation und Vergesellschaftlichung des Menschen ,Freiheit, Gleichheit, Brüderlichkeit' ohne Gott verwirklicht. Der Weg dazu führt über eine *Kulturrevolution*, welche heute rücksichtslos vorangetrieben wird. Nach der französischen Revolution (1789) und der bolschewistischen Revolution (1917) ist dies die dritte große Revolution. Sie soll das Werk aller bisherigen Revolutionen vollenden, indem sie nach der politischen und sozialen Gleichstellung der Staatsbürger nun die moralische, biologische und psychologische Gleichmachung aller Menschen und ihrer Beziehungen erzwingt. Es geht um die Abschaffung aller sittlichen Maßstäbe, soweit sie auf Autorität von Gott, Elternschaft, Regierung und Tradition beruhen. Seelisch-körperliche Unterschiede zwischen Mann und Frau werden ebenfalls verdrängt und eingeebnet. Die großen ,Emanzipationsbewegungen' zur ,Befreiung des Kindes' – durch die antiautoritäre Erziehung – und der Frau – durch den Feminismus – müssen von hierher verstanden werden.«

Leider unterstützt ein maßgeblicher Teil der Kirche diese verhängnisvollen Tendenzen, anstatt ihnen zu wehren. So wird im erwähnten Notruf auch geschrieben: »... Moderne Gebete und Lieder – z. B. im Musical ,Ave Eva' – deuten den Lobgesang Marias gar um zum Aufruf zur weiblichen Selbstbefreiung (Dorothee Sölle). Damit trägt die Kirche selbst dazu bei, die gegenwärtige Kulturrevolution voranzutreiben. In kirchlichen Seelsorge- und Eheberatungsstellen setzt man Psychologen und Sexualpädagogen ein wie Klaus Verch oder Martin Goldstein, der gleichzeitig die Jugendzeitschrift ,Bravo' mit seinen Vorstellungen von Sexualität der Zehn- bis Vierzehnjährigen versorgt. Sie betreiben als Anwälte einer freud-marxistischen Bedürfnisbefriedigung á la Marcuse und Kentler den Abbau der Scham. Sie reden in Schriften und Vorträgen dem jugendlichen Geschlechtsverkehr, der Homosexualität und dem Ehebruch das Wort. Besonders kraß geschieht dies in evangelischen Akademien und auch auf Kirchentagen. Insbesondere müssen wir aber beklagen, daß auch die *Evangelische Frauenarbeit in Deutschland* sich der Desorientierung schuldig macht. Auf ihren Kursen traten anstelle biblischer Lebenshilfe die Gleichheitsideologie und gruppendynamische Rollenspiele mit der Tendenz der Entpersönlichung. Ihre Schriften predigen statt des biblischen Evangeliums die feministische Selbstverwirklichung.«

Die große Gefahr, die der Menschheit und der Kirche durch den Feminismus droht, ist noch wenig erkannt worden und wird bewußt verschleiert. Der Feminismus unterwandert auch die Kirche und zieht sie in ihren Sog zur neomarxistischen Gesellschaftsveränderung unter Verherrlichung des Terrorismus und zu archaischen Mutterreligion mit der »Großen Mutter« unter Entthronung oder doch Umfunktionierung des »Vater-Gottes« und des »Mannes« Jesu Christi. Der Feminismus will in seinem Schöpfungshaß das herkömmliche Zueinander von Mann und Frau auflösen und ist mit seiner Entscheidung für die klitoridische Form der Befriedigung der Frau gegen die vaginale Form und mit seiner Einstellung, daß Menstruation, Zeugung, Schwangerschaft und Geburt Geißel der Frauen seien, wenn nicht sogar mit der Forderung der Abschaffung der Geschlechtlichkeit die klassenlose Gesellschaft der Zukunft als geschlechtslose Gesellschaft, dabei als sexuell polymorphe, panerotische Urhorde – und damit auch mit ihrem Kampfe für Abtreibung und Freigabe der Homosexualität letztlich nicht für eine wahre Fraulichkeit und Mütterlichkeit, sondern gegen sie und bedeutet eine Zerstörung von Ehe und Familie (Trends, auf die besonders Georg Huntemann hinweist).

Ein Beispiel dafür, wie auch kirchliche Blätter sich als Avantgardisten für den Feminismus betätigen, bietet »Unser Auftrag, Zeitschrift für Mitarbeiter in der Kirche«, Juni 1981 mit dem Thema »Emanzipation von Mann und Frau.« Aufschlußreich heißt es auf Seite 133: »Die Vorherrschaft der männlichen Eigenschaften über die weiblichen hängt engstens mit unserem kapitalistischen Gesellschaftssystem zusammen... Deshalb weiß die Feministische Theologie, daß sie mit ihrem Protest das kapitalistische System infragestellt.« Typisch ist, daß der Feminismus gegen die bisherigen sogenannten Rollen von Mann und Frau kämpft, aber ein viel starreres und dazu falsches Rollenklischee aufbaut, etwa mit der Behauptung, das »Herrschenwollen« sei männlich (als ob Frauen nicht herrschsüchtig sein könnten) und »Liebe«, »Vergebung« usw. sei weiblich. Da wird verkannt, daß »Herrschaft« wie »Vergebung« personhaft und keine Eigenschaften sind, viel mehr von allem Naturhaftem und damit auch vom Geschlechte unabhängig sind. Wo man auch in der Kirche dem Neomarxismus und Neofreudianismus huldigt, sieht man alles naturhaft und kommt zu völlig falschen Folgerungen, verstärkt durch das willkürliche neue Rollenklischee. So heißt es im genannten Hefte auf Seite 132 von Jesus: »Er war ein Mann, der seiner anima ... erlaubte, zum Vorschein zu kommen«; ein paar Zeilen vorher steht »Gott geht weder im Alten noch im Neuen Testament in der ,Väterlichkeit' auf. Gott verzeiht ... denn er liebt«, als ob nicht im Mustergleichnis für Vergebung, im Gleichnis vom »Verlorenen Sohne««, gerade vom »Vater« gesprochen würde (und selbst das Naturhafte, etwa die naturhafte Liebe, ist auf beide Geschlechter verteilt).

Soeben ist ein weit verhängnisvolleres Buch erschienen – mit Häresien, denen gegenüber so manche Sekte verblaßt –: »Feministische Theologie-Praxis. Ein Werkstattbuch«, herausgegeben von der Evangelischen Akademie Bad Boll. In diesem Buche wird sowohl die Verwandtschaft mit der »Theologie der Befreiung« mit einer Verherrlichung des Terroristen Ernesto »Che« Guevara betont (der ja in einer Botschaft an den Dreikontinente-Kongreß in Havanna 1966 das furchtbare Wort vom »unversönlichen Haß« geschrieben hatte, der »einen Menschen ... zu einer kalten gewalttätigen, selektiven und effektiven Tötungsmaschine machen« könne) als auch der Verlust der »Großen Mutter« und von »Mondgöttinnen« bedauert. In ihm wird auch gegen den Gott der Bibel gekämpft, der als »Vater-Gott« entweder in Frage gestellt wird – Gericht und Gnade des Neuanfangs werden mit den Worten diskreditiert: »Der Gott, der abrechnet und uns an den Nullpunkt einer neuen Existenz setzt, ist solch rationaler, eindimensionaler enger Gott« – oder als ein »halbierter Gott« angesehen wird, dem man mit »Mütterlichkeit« (aus der Tiefe) zur »Ganzheit« verhelfen müsse, im Vergessen dessen, daß schon die Propheten des Alten Testaments sowohl gegen Fruchtbarkeitsgötter und -göttinnen kämpften als auch gegen einen Jahwe, der ihre Züge trägt. So verfälschen die Feministinnen die Bibel nicht nur, sondern bringen das Gegenteil. Gravierend ist, daß es sich bei diesen feministischen Stimmen nicht um zufällige und nebensächliche Entgleisungen handelt, um Stimmen »bloß am Rande«; denn unter den Verfasserinnen finden wir eine Direktorin beim Weltkirchenrat – gerade der Untereinheit »Frauen in Kirche und Gesellschaft« –, einflußreiche Theologinnen und zwei Studienleiterinnen der Ev. Akademie Bad Boll. Dadurch wird der Weg ins verhängnisvolle Säkulare wie in dumpfe, alles »verschlingende«, nivellierende Mutterkulte und so in übelstes Heidentum nicht nur quasi blättern besonders extensiv und intensiv vorangetrieben. So führen einflußreiche kirchliche Zeitschriften, Akademien und Kirchen, die sie tragen, durch Propagierung eines falschen Menschenbildes mit falschem Rollenklischee, eines »unversönlichen« Klassenkampfes und dunkelster Mutter- und Naturreligion in die Irre und in ein antichristliches

Kollektiv.

Die Auflösung von Ehe und Familie und die Veränderung der Gesellschaft im neomarxistischen und neofreudianischen Sinne hat auch die »Sexualerziehung« letztlich im Auge. Es soll hierbei keineswegs einer verantwortungsbewußten Einführung in eheliche Fragen der Weg verstellt werden. Im Gegenteil, eine wahre Erziehung – durch Eltern und durch Vertrauenswürdige andere – auch in diesen Fragen mit Takt und unter Achtung der Scham und des 6. Gebotes ist durchaus hilfreich. Jedoch, diese Voraussetzungen läßt man weithin vermissen und »erzieht« außerdem so gut wie völlig im naturalistischen Sinne, dazu, versteckt oder offen, in der ideologischen Absicht, für eine »Gesellschaftsveränderug« zu »sensibilieren«. Wir haben es mit einem festen und wichtigen Bestandteile im Programme der Weltveränderer, der Einweltler zu tun.

In seinem »Offenen Briefe« an die Abgeordneten der CDU- und CSU-Fraktion in den Landtagen und im Bundestag und an die Vertreter der Kirchen beider Konfessionen vom März 1980 bringt Eberhard von Löbbecke Aufschlußreiches über die Hintergründe und eigentliche Absicht der »Sexualerziehung«, ‚wie überhaupt der »sexuellen Befreiung«. Er schreibt auf Seite 5 ff: »Eines der wirksamsten Mittel dieses politischen Kampfes zur Entwurzelung des jungen Menschen aus der Familie und seiner Personalität ist die ‚Sexuelle Emanzipation' auch ‚Sexual-Erziehung' genannt. Sie beruht auf den Thesen ihres Erfinders Wilhelm Reich, einstigen Schülers des Psychoanalytikers Sigmund Freud, in ‚Die Sexualität im Kulturkampf', Kopenhagen 1936... Reich drehte einige Erkenntnisse Freuds um und integrierte sie in den Marxismus... Seine Thesen wurden vom ‚Institut für Sozialforschung/ Frankft. Schule' aufgenommen und Bestandteile der ‚Kritischen Theorie': – ‚Sexuelle Befreiung' zum Kampf gegen Ehe, Familie und Inzestverbot, Verweigerung der Zeugung und Schwangerschaft, Frühsexualisierung gegen Leistungsfähigkeit. – Der Körper gilt allein als ‚Instrument der Lust', mit allen Perversionen als ‚Retrogression zur Ur-Freiheit', die sexuell ‚befreite' Frau als Kämpfer der Revolution – ‚nackte Brüste, rote Fahnen'... W. Reich fordert die ‚sexuelle Befreiung' des Einzelnen, insbesondere der ‚Jugend als Träger der Revolution', zur ‚Aufhebung' von Ehe, Familie, elterlicher Gewalt, kindlicher Bindungen an Vater, Mutter und Familie und damit der ganzen ‚autoritären Gesellschaft' wie Staat, Kirche und das ‚Narrenparadies' der Älteren... Diese in der ‚Kritischen Theorie' aufgestellten Forderungen finden sich z. T. fast wörtlich wieder – ohne Alarmruf der Kirchen, der christlichen Parteien und ihrer Regierungen – im 2. Familienbericht der Bundesregierung von 1975, in seiner Begründung und seinen Forderungen, im

Entwurf des Gesetztes zur Änderung der elterlichen Sorge sowie im Entwurf und Begründung des sog. Jugend-,Hilfe'-Gesetzes als Ergebnis des Kongresses ,kritischer Sozialwissenschaftler' und neomarxistischer ,Sozialarbeiter' in Frankfurt/M.«

Nachdem von Löbbecke die – unter Gewaltanwendung erfolgte – Einrichtung von ,kritischen Universitäten' und ,kritischen Schulen' und die mit ihnen verbundene Forderung von »Demokratisierung« (Räteherrschaft) und »Emanzipatorische Erziehung', insbesondere »Sekualkunde/Sexualerziehung« an hessischen Schulen erwähnt hatte, fährt er fort: »Ihre Begründung für ,SE' in den Schulen: Erst die Beschäftigung mit Sex lasse die Schüler ihre ,wahren Interessen' erkennen, ermögliche die politische Radikalisierung, das ,klassenkämpferische Engagement und die revolutionäre Potenz' zur ,Befreiung' von jeder Autorität, von der ,Herrschaft des staatl. Unterdrückungsapparates', den ,repressiven bürgerlichen Tugenden', der faschistischen monogamen Ehe und ehelichen Treue', der kindlichen Bindung an Eltern und Familie und von der ,patriarchalischen Religion'... Es ist daher unbegreiflich, daß auch die Kultusminister der Christlichen Union auf Empfehlung eines Vertreters der ,Kritischen Theorie' mit Beschluß v. 3. 10. 68 (KMK) die ,Sexualerziehung' verfassungswidrig diktatorisch in den Schulunterricht eingeführt haben.« Auf Seite 11 schreibt v. Löbbecke, daß Prof. H. J. Gamm, Mitautor der hessischen Rahmenrichtlinien, die Ziele der »S.E.« dahingehend definiere: »... daß man die sexuelle Stimulierung der Schüler benötige zur sozialistischen Umstrukturierung der ,Gesellschaft' und um den ,Autoritätsgehorsam' einschließlich der Kindesliebe zu den Eltern gründlich zu beseitigen (H. J. Gamm, Kritische Schule, München 1970).«

Aufschlußreich in dieser Frage ist auch das soeben erschienene Buch »Die Zerstörung der Person« von Georg Huntemann (Verlag der Liebenzeller Mission, Bad Liebenzell, 1981).

C) Verführung durch antiautoritäre und ideologische Erziehung

Schon so früh wie möglich suchen die Einweltler den Menschen in ihren Griff zu bekommen – und solange wie möglich: vom Kindergarten bis zu den Seniorenkreisen. Unablässig wollen sie erziehen und schulen; dies aber ihrem Welt- und Menschenbilde gemäß und nach ihren Wertvorstellungen bzw. Nützlichkeitsvorstellungen. Alles wird in den Dienst der Gesellschafts- und Weltveränderung gestellt: Kindergärten, Schulen, Universitäten, Akademien, Volkshochschule und sonstige Erwachsenenbildung, Alten- und Ferienbetreuung und selbstverständlich alle Massenmedien.

Dem zur Herrschaft gekommenen Welt- und Menschenbilde nach kommt der Mensch nicht als ein »gefallener« Mensch zur Welt, wie es die Bibel wirklichkeitsgerecht sagt, sondern ist von Anfang an gut, tritt als tabula rasa ins Leben, und was sich dann an ihm als Dunkles oder Häßliches zeigt, ist nur auf die »Gesellschaft« zurückzuführen, auf ungute, ausbeuterische »Verhältnisse« und auf die traditionelle »repressive« Moral. »Antiautoritär« ist darum heute die Losung. Weg mit allen Schranken und vor allem mit Gottes Geboten! Der Kampf gegen die Autoritäten richtet sich vor allem gegen Gott selber. So behauptet ja der katholische Theologe H. Halbfas (»Gegen die Erziehung zum Gehorsam«, Zeitschrift für Gesellschaftspolitik, 3/1979), daß »der Christ, der an die Autorität Gottes glaubt, eine Gefahr für die Demokratie« sei, weil der »Kommandant von Ausschwitz aus Autoritätsgehorsam gehandelt habe. Nun bestimmt der Mensch bzw. die jeweilige Gesellschaft oder maßgebende Gesellschaftsgruppe, was gut oder böse ist. Hierzu paßt es, daß (laut Juan Maler in »Gegen Gott und Natur«, Seite 37), wie schon erwähnt, bereits Dr. Brock Chrisholm, der erste Generaldirektor der Weltgesundheitsorganisation bis 1953 in einem Vortrage in Washington sagte: »So wollen wir also die Verantwortung übernehmen, diese Welt umzuwandeln durch Zerstörung der traditionellen Werte, das heißt durch Neuinterpretierung und spätere Auslöschung des Konzepts von recht und unrecht, welches die Grundlage unserer bisherigen Kindererziehung ist... notfalls sogar mit Gewalt.«

Ist der Mensch auf diese Art »emanzipiert«, von Gott gelöst, aus den ihn tragende Bindungen, wie Familie, Volk usw. herausgenommen, so ist er besonders manipulierbar, für künstliche Institutionen sozialisierbar. Nun lebt er weder personhaft, noch naturhaft echt. Mit seiner Aufsaugung ins Kollektiv ist nun der Mensch nicht etwa in eine ihn tragende, stützende und wärmende Gemeinschaft aufgenommen, vielmehr in eine absolute Vereinzelung gestellt und zugleich zu einem Kampfe aller gegen alle verurteilt (wie es die Konfliktpädagogik will), auch hierin den Zielen der Einweltler dienend.

Die Konfliktpädagogik gaukelt dem Menschen vor, daß der Konflikt die primäre Beziehung zwischen den Menschen sei (»der Vater aller Dinge»). Daß das Primäre das vertrauens- und liebevoll Miteinander ist oder sein sollte, wird verschwiegen, weil man den Menschen gerade nicht in einer Ehe oder auch nur in einem Liebesverhältnis, in der Familie und im Volke ruhen lassen, ihn dort Heimat finden lassen möchte, was ihn gegen Verführung zur künstlichen »Gemeinschaft« des Kollektivs und gegen Vereinzelung immun machen könnte. Darum wird der Konflikt geschürt und dazu sowohl zu einem Dauerkonflikte als auch zu einem Konflikte auf allen Ebenen und in allen Ebenen gemacht. Und dabei verspricht man dem Menschen, daß er dadurch Konflikte beende, Frieden schaffe und Frieden haben werde. Dies will man mit der falschen psychologischen Behauptung untermauern, daß man Emotionen abreagiere, von ihnen befreit werde. Aber gerade dadurch, daß man sie ausübt, übt man sie ein und reizt andere zu Emotionen, während christliche Liebe nicht nur Emotionen, sondern sogar Haß überwinden kann, großes Unrecht zu tragen vermag, ohne in sich Emotionen aufzustauen, die zur Explosion führen könnten.

In »Zwischen ‚Rassismus' und ‚One-World-« schrieb ich auf Seite 48: »Man will den Haß schüren, und zwar nicht nur den Haß zwischen Völkern und Rassen, sondern auch den Haß zwischen Klassen, Ständen, Funktionen, ja zwischen Mensch und Mensch. Man behauptet, mit dem Gegeneinander von Kindern und Eltern, Schülern und Lehrern, Studenten und Professoren, Lehrlingen und Meistern würden Aggressionen abreagiert und damit vermindert; es komme zu einer ‚Sozialisierung' und ‚Humanisierung'. Genau das Gegenteil ist der Fall, und das wollte man im Grunde auch erreichen: Die ‚Aggressionen' werden durch diese organisierten Kämpfe erst geschaffen, zumindest gesteigert«.

Wie furchtbar schon für die kleinen Kinder – etwa in Kindergärten antiautoritären Geistes – erleben zu müssen, daß sie der Willkür der Stärkeren ausgeliefert sind, all dieses unter dem Deckmantel der Freiheit und »Herrschaftslosigkeit«! Man »befreit« sie von bergender Herrschaft und unterwirft sie schon frühzeitig verbrecherischer Herrschaft.

In der Schule geht es dann so weiter, sofern nicht noch verantwortungsbewußte Schulleiter vorhanden sind. Juan Maler schreibt (»Der Sieg der Vernunft«, Seite 306/307): »Von 1972 bis 1974 wurden in den USA 525 Kinder von Mitschülern ermordet, weil sie sich nicht den Schulmafias unterwarfen. Diese sind im Besitz von Waffenlagern, wie sie einem Al Capone nicht zur Verfügung standen. . . Eine Welt wird ausgeplündert, während ihre Jugend sittlich verwahrlost! Rohe Gewalt wird Kindern bereits beigebracht als oberstes Gesetz des Dschungels, den die Freimaurerei durch Beseitigung aller Zusammenhalte schuf und begeistert weiterwuchern läßt.«

Auf den Universitäten geht es dann so weiter, manchmal bis zum Terrorismus, für den man noch »Verständnis« aufbringt (daß es sich beim Terrorismus nicht um Einzelerscheinungen, Zufälligkeiten, Spontanitäten u. dgl. handelt, vielmehr die verschiedensten linken

Terrorgruppen und »Befreiungsbewegungen« in einem engen internationalen Kontakt miteinander – zum Teil auch mit rechtsradikalen Terroristen – stehen, beweist das Buch von Claire Sterling »Das internationale Terror-Netz«; Scherz-Verlag, Bern und München, 1981). Daß bei Kernkraftdemonstrationen und Kirchen- und Hausbesetzungen Autos umgestürzt und angezündet, Schaufenster eingeschlagen und Geschäfte geplündert und sogar Menschen verletzt werden, wird in der Praxis geduldet; von der Polizei Verhaftete werden fast ausnahmslos laufengelassen, nur diesen »Bullen« wird Brutalität vorgeworfen. Das Verhalten der Verantwortlichen spricht oft allem Rechte Hohn, öffnet der Gesetzlosigkeit alle Schleusen. Daß bei den Demonstrationen vor Brockdorf »nur« 122 Polizisten verletzt, zum Teil schwer verletzt wurden, feierte man beinahe als einen Sieg. So weit sind wir in der »schönen« neuen Welt schon gekommen!

Die Jugendkrawalle »bestürzen« die einen, machen sie »ratlos«, erscheinen den anderen als »Ausnahmen«, als kleine »Pannen« auf dem Wege ins Neue oder als Strafe für »Versäumnisse« der Älteren«, etwa, weil diese »mit der Jugend nicht geredet hätten«, als ob es überhaupt daran läge, ja als ob die Krawallmacher überhaupt reden wollten – und das heißt zugleich: auch zuhören und sich notfalls korrigieren lassen wollten –, sind sie doch in ihrer Ideologie ähnlich festgefahren wie Sektierer. Nur wenige erkennen, daß diese Krawalle, Haus- und Kirchenbesetzungen, Demonstrationen gegen jeweils das, was die im Hintergrunde verharrenden Marionettenspieler gerade als den »Feind« ausgeben, von langer Hand vorbereitet sind, letztlich eine zu erwarten gewesene Konsequenz gott- und menschenfeindlicher Ideen der »Welt-« und »Gesellschaftsveränderer«. In den »Vertraulichen Mitteilungen« (2811 Bücken) vom 4. Februar 1981 steht unter 7: »Die Jugendkrawalle, die im Frühjahr und Sommer mit Sicherheit an Umfang zunehmen werden, sind Merkmale einer Fehlerziehung, wie wir sie aus der Feder von Christa Mewees seit Jahren in den ‚Vertraulichen' angekündigt haben. Das Elternhaus hat meist unbewußt versagt, die Schule häufig vorsätzlich, weil viele junge Lehrer aus der ‚Frankfurter Schule' der sog. Umerzieher hervorgegangen sind. Was heißt das? Die Siegermächte wollten bekanntlich eine Umerziehung des deutschen Volkes, damit ‚eine Rückkehr zum Faschismus ein für allemal unmöglich' sei. Dafür stellte sich kurz nach dem Krieg vor allem die aus der amerikanischen Emigration nach Westdeutschland zurückgekehrte »Frankfurter Schule' mit den Professoren Adorno, Habermas, Horkheimer, Marcuse und andere zur Verfügung. Nach Meinung dieser Herren war nicht nur jedwedes Sreben nach nationaler Identität und Bereitschaft zu nationaler Selbstbehauptung ‚faschistisch', sondern vor allem auch das Festhalten an zahlreichen überkommenen Wertvorsellungen wie Ethik, Ehrlichkeit, Verantwortungsbewußtsein, Treue, Zuverlässigkeit und das Festhalten an allen hierarchischen Gesellschaftsstrukturen, als da sind Familie, Schulwesen, verschiedene Korporationen, Bundeswehr usw. Marcuse, Horkheimer, Adorno und wie sie alle heißen, fanden natürlich bald gelehrige Adepten. Ihre wirklich beschämenden Ergebnisse sind heute überall zu betrachten. Muß das so bleiben? Natürlich nicht! Sie alle haben das Schicksal der nächsten Generation in der Hand. . .«

Es sei in diesem Zusammenhange einiges über die Ideologisierung unseres Schulwesens gesagt. In »Ideologien-Herausforderung an den Glauben« schreibt Peter Beyerhaus auf Seite 141: ». . . handelt es sich um eine erzieherische Konzeption, die einen völligen Bruch mit der gesamten abendländischen Kulturgeschichte bedeutet. Es geht aber nicht um einen Umbruch allein im Bildungswesen. Vielmehr wird die Schule zu einem entscheidenden Mittel zu einer durchgreifenden Kultur- und Sozialrevolution. Es geht um den Umsturz unseres gesellschaftlichen Systems und seine universale Neuordnung im freud-marxistischen Sinne. An die Stelle des verebbten Klassenkampfes in der Arbeitswelt tritt die Konfliktspädagogik. Mit diesem geplanten institutionellen Umsturz geht Hand in Hand die Auflösung und Ablösung aller unserer dem Christentum entstammenden sittlichen Grundwerte. Die göttlichen Schöpfungsordnungen von Ehe, Familie und Volk, auf denen unsere abendländische Kultur (und nicht nur sie!) beruht, werden zersetzt. Am unmittelbarsten betroffen sind die Kinder, die tief in ihr Innen- und Familienleben eingreifenden pädagogischen Methoden ausgesetzt werden. Für sie bedeutet solche manipulative Beeinflussung – das Wort ‚Erziehung' kann dafür kaum noch gebraucht werden! – eine völlige persönliche Verunsicherung. Die Enthemmung ihres Trieblebens und anarchistische Chaotisierung muß sie schließlich entweder in Willenslosigkeit und Verzweiflung oder aber in Terrorismus und Selbstzerstörung treiben.«

Zur Unvereinbarkeit des Erziehungsprogrammes der Neuen Linken mit der biblischen Heilsbotschaft schreibt Beyerhaus auf Seite 144/145: »Das Erziehungsprogramm der Neuen Linken, ihre emanzipatorische Sozialisations-Idee, läßt sich ohne Mühe als folgerichtiger ideologischer Gegenentwurf zur biblischen Heilsbotschaft deuten:

1. An die Stelle des eschatologischen Reiches Gottes tritt das ‚Reich der Freiheit', die herrschaftsfreie Gesellschaft.

2. An die Stelle des Menschen als personalem Ebenbild Gottes tritt der in der Gruppe kollektivierte ‚neue Mensch'.

3. An die Stelle der Erlösung durch Christi Vergebung der Schuld tritt die libidinöse Versöhnung des ‚Ich' mit dem ‚Es'.

4. An die Stelle der durch Christi Liebe und den Heiligen Geist verbundene Gemeinde tritt die durch psycho-technische Sozialisationsmethoden solidarisierte Gruppe, die sogar Gott selbst ersetzt.

5. An die Stelle der Heiligung, der Abtötung des Fleisches durch die Zucht des Geistes tritt die optimale Befriedigung der menschlichen Bedürfnisse (Anmerkung des Verfassers: Mit »Fleisch« meint die Bibel nicht das Leibliche, sondern eine – durch den personhaften Willen gebildete – Macht, zu der auch sehr seelische und geistige Dinge gehören können, die Schöpfung ohne und gegen Gott zu gebrauchen).

6. An die Stelle der Freiheit in der Kindschaft Gottes tritt die Selbstbestimmung der emanzipierten Gattung Mensch.

Das sind . . . die praktischen Auswirkungen dieser Ideologie . ., die im schreienden Gegensatz zu ihren Versprechungen stehen. Nicht nur erweist sich die unterdem Namen ‚Emanzipation' verheißende Freiheit als ein ständiges Schwanken zwischen Aggressivität und Verunsicherung; vielmehr gerät der jugendliche Mensch auf dem pädagogischen Wege zu seiner angeblichen ‚Befreiung' von den herkömmlichen Autoritäten in geradezu sklavische neue Abhängigkeit von seinen Sozialisations-Agenten in der Schule und in jeder anderen gruppendynamisch gesteuerten Gemeinschaft. Um seines antichristlichen Charakters willen können Christen – ganz unabhängig davon, wie weit sie die praktischen Auswirkungen als negativ empfinden – einem solchen ideologischen Großunternehmen natürlich niemals zustimmen. Aber passive Ablehnung genügt nicht. Entscheidend ist es vielmehr, sich zur energischen Abwehr zusammenzuschließen und der Emanzipations-Pädagogik eine christliche Alternative entgegenzustellen.« Auch Beyerhaus ist vom Schweigen der Evangelischen Kirche betroffen; auf Seite 142 schreibt er: »Erschütternd ist, daß die Evangelische Kirche, die als erste ein Wächteramt hätte ausüben müssen, hier aufs Ganze gesehen versagt hat!« Hilfreich in dieser Frage ist auch das neuerschienene Buch »Menschenwürde und Emanzipation« von Edith Düsing und Horst W. Beck (in der Reihe »Wort und Wissen«, Band 9, Hänssler Verlag, Neuhausen-Stuttgart, 1981).

D) Preisgabe der Wahrheit

Gelogen ist schon immer worden. Heute erreicht aber das Lügen –

durch totale »Erfindungen« und Verleumdungen, wie auch durch Verdrehungen, Verfälschungen, Entstellungen und durch Halbwahrheiten und Einseitigkeiten – eine solche Raffinesse und Perfektion und eine solche Verbreitung, ja fast schon eine Allgemeinheit, daß wir den Satan, den Jesus einen »Lügner und Vater derselben« (Johannes 8, 44) nannte, bereits in seiner antichristlichen Gestalt des »Tieres aus dem Meere« sehen, von dem es heißt (Offenbarung 13,5, Erfüllung von Daniel 7,8): »Es ward ihm gegeben ein Mund, zu reden große Dinge.« Wenn wir sehen, wie auf allen Seiten die »Propagandamaschinerie« läuft und daß diejenige Seite die »Propagandaschlacht« gewinnt, die am unverfrorensten heuchelt und die Wahrheit entstellt und die meisten Massenmedien hinter sich hat und Sympathien einer manipulierten »Weltmeinung« besitzt, sollte uns eine solche Schau nicht abwegig erscheinen.

Besonders seit den letzten Jahrzehnten wird nicht nur der Ruf mancher Staaten zerstört, indem sie verteufelt, »moralisch fertiggemacht« und als schwarze Schafe der »guten Völkerwelt« angesehen und behandelt werden, sondern weithin auch ihre wirtschaftlichen, politischen, kulturellen und sportlichen Beziehungen.

Was man auch gegen die Propagandamethoden des »Dritten Reiches« vorbringen mag, verschwiegen sollte jedenfalls nicht werden, daß es schon im ersten Weltkriege eine Greuelpropaganda gegen Deutschland gab und daß seitdem, auch heute noch, eine antideutsche Propaganda getrieben wird. Aufschlußreich, daß ein alliierter Verhörer im Mai 1945 Professor Dr. Grimm gegenüber zugab (nach Prof. Dr. Friedrich Grimm, »Politische Justiz – die Krankheit unserer Zeit«, Verlag Bonner Universitätsdruckerei, Bonn 1953, Seite 146), von der alliierten Zentrale zu sein, die Greuelpropaganda gegen Deutschland betreibe und damit »den ganzen totalen Krieg, den totalen Sieg gewonnen« habe. Auf den Hinweis, daß diese Tätigkeit damit wohl beendet sei, habe der Alliierte erwidert: »Nein, nun fangen wir erst richtig an! Wir werden diese Greuelpropaganda fortsetzen; wir werden sie steigern, bis niemand mehr ein gutes Wort an den Deutschen läßt, bis alles zerstört sein wird, was die Deutschen in anderen Ländern an Sympathien gehabt haben und noch haben.« Daß dies nicht bloß leere Worte waren, haben wir erfahren, und noch heute sind Hetzfilme und antideutsche Propaganda in vielen ausländischen Staaten an der Tagesordnung, selbst in »befreundeten« Staaten. Selbst Widerstandskämpfer des »Dritten Reiches« mußten das Bittere des Deutschenhasses erkennen. So schrieb Eugen Gerstenmaier 1975 (Frankfurter Allgemeine Zeitung, Nr. 68, vom 21. 3. 1975, S. 11): »Was wir im deutschen Widerstand während des ganzen Krieges nicht wirklich begreifen wollten, haben wir nachträglich vollends gelernt: Daß dieser Krieg schließlich eben *nicht nur gegen Hitler, sondern gegen Deutschland* geführt wurde. Das Scheitern aller unserer Verständigungsversuche aus dem Widerstand- ... war deshalb kein Zufall.«

Menschen, Völker und Staaten lassen sich bereitwillig manipulieren, lassen in sich Haßgefühle erwecken oder diese aufstacheln und auf vorgeschobene »Feinde« lenken, zu denen immer noch weithin das deutsche Volk gehört. Inzwischen gibt es auch ein paar andere Zielscheiben. Linke und »liberale« Massenmedien sorgen emsig für Hetze und Falschmeldungen, je nachdem es opportun ist bzw. »von oben« befohlen wird: So gegen Südafrika, Chile, Argentinien, mittelamerikanische Staaten, Südkorea usw.

Erschreckend ist, daß selbst in den Kirchen – vor allem bei politisierenden Christen – die Lüge in all den genannten Formen, dazu mit einer großen Unbedenklichkeit, gegenüber weltlichen Gruppen wie sogar gegen andersdenkende Christen benutzt wird.

Eine besondere und besonders wirksame und darum äußerst gefährliche Form der heutigen Lüge ist die Verfälschung der Begriffe, indem sie formal intakt gelassen und womöglich vermehrt gebraucht werden, aber einen anderen Inhalt bekommen. Hat es schon früher dies gegeben, daß eine Sache bei demselben Begriffe nach Form und Inhalt eine andere Beleuchtung oder Beurteilung erfährt (bis ins Gegensätzliche, darin gewiß eine Vorstufe der heutigen Verkehrung), was etwa in Jesaja 5, 20 mit den Worten verdammt wird: »Wehe denen, die Böses gut und Gutes böse heißen...«, weshalb man Sünde »Sünde« und Mord »Mord« nennen sollte und nichts beschönigen, so wird heute mit manchem Begriffe sein untergejubelter bzw. umfunktionierter Inhalt so geschickt verschwiegen, daß bei seinem Gebrauche noch sein alter Inhalt angenommen wird: eine raffinierte Täuschung. Daß Kommunisten unter »Frieden« und »Freiheit« etwas anderes verstehen als wir, wird zum Teil erkannt; aber die heimliche Veränderung vieler anderer Begriffe – auch bei uns – wird meist nicht durchschaut.

Gegen eine solche verschwiegene Umfunktionierung wendet sich z. B. Klaus Jentzsch in seinem Artikel »Sprache und Politik« in »Gesellschaft« (Stuttgart, Rötestraße 56) in Heft 3, 1980, Seite 20 ff mit folgenden Zwischenüberschriften: »Sprache braucht Normen« – wobei er schreibt: »Wir sind heute in der Bundesrepublik Deutschland auf dem ‚besten' Wege, auf Normen zu verzichten – jeder bewertet, wie er es persönlich für richtig hält. Daraus ergibt sich wiederum das Problem der Privatisierung der Bewertungen gewisser Begriffe, wodurch –

wenn jeder jedem Begriff eine persönliche Bewertung gibt – das Verantwortungsbewußtsein für das Gesamtwohl verloren geht... Worte wurden in jüngster Vergangenheit und werden in Gegenwart und sicherlich auch in Zukunft ihrer ursprünglichen Bedeutung beraubt« –, »Die ‚Umfunktionierung' der Begriffe«, »‚Gerechte Kriege'?« » ‚Demokratisierung' als Gefahr« »Systemüberwindung als ‚Reform' verkauft«, »Du sollst nicht töten«, »Die Fremdwortflut«, »‚Umerziehung' im Deutschunterricht«, »Revolution neuen Stils« und »Unsere Sprache retten.«

Eberhard von Löbbecke schreibt in seinem, in C erwähnten, Offenen Briefe auf Seite 4 f: »Diese Politisierung auch der Sprache der ‚emanzipatorischen Wissenschaften' und ‚wissenschaftsfähigen Gruppen' nennt H. Marcuse die ‚linguistische Therapie'. Das wissenschaftliche und politische Vokabular sei ‚systematisch umzuformen' und ‚muß methodisch und provakatorisch' im Sinne der Weigerung ‚moralisiert' werden. Hierzu gehört auch die dialektische *Sprachumwandlung* dadurch, daß positive Begriffe mit negativen Eigenschaften verbunden werden oder umgekehrt... Entsprechend der marx. Klassenkampfmoral ist die *Sprachumdeutung* bewußt auf Täuschung angelegt zur Übertölpelung der mit der ‚bürgerlichen' Sprache produktiov arbeitenden Bevölkerung, die dieser Klassensprache hilflos gegenübersteht (z. B. Elternerziehung sei ‚Fremdbestimmung'). Das zeigt sich bei Elternversammlungen mit radikalen Lehrern« und auf Seite 22: «Die neomarxistische ‚Frankfurter Schule' (‚Kritische Theorie') hat die Sprache ‚zur Ideologieplanung instrumentalisiert', wie es Prof. G. Rohrmoser ... nennt. *‚Die Instrumentalisierung der Sprache ist die Einführung in die Barbarei!'* (G. Rohrmoser, Ceasur, Stuttgart, 1979) (Daß auch hier freimaurerische Urheberschaft besteht, wurde in IV, 1 A erwähnt).

Zur Lüge gehören auch falsche oder übertriebene Selbstbezichtigungen. Sie finden wir nicht nur bei kommunistischen Schauprozessen: Angesichts grauenhafter Dinge des »Dritten Reiches« entwickeln viele Deutsche eine fast masochistische Neigung, ihr Volk anzuklagen, und werden nicht nur allegisch, sondern auch tyrannisch, wenn es andere Deutsche oder sogar Juden wagen, Zweifel an manchem zu hegen, dessen man das deutsche Volk bezichtigt. Hier wird verkannt, daß man – ganz gleich, von welcher Seite etwas geschieht – objektiv, gerecht und wahrhaftig zu sein hat und daß der Wahrheitsfindung keine Grenzen gesetzt werden dürfen. Eine Wahrheitsfindung zu behindern und dadurch unter Umständen eine Lüge unangetastet zu lassen, die den Ruf von einzelnen oder Gruppen zerstört und ihnen auch sonst Nachteile bringt, ist unmenschlich und darf sich erst recht nicht als »christlich« ausgeben. Eine entsprechende kriecherische Haltung der Selbstbezichtigung findet man vei vielen Weißen gegenüber der »Dritten Welt«. Eine echte »Buße« und eine echte Bitte um Vergebung sind angebracht; aber schon eine kleine Übertreibung dient der Lüge, ist Lüge. Wir finden dies schon in der Sündenfallsgeschichte in 1. Mose 3. Daß Eva in Vers 3 sagte, Gott habe von den Früchten des Baumes mitten im Garten auch gesagt: »rühret's auch nicht an!«, entsprach nicht den Tatsachen, war eine Übertreibung, ungünstig in dem verhängnisvollen Gespräch mit der Schlange.

Auch alles, was nicht wirklich echt ist, persönlich gemeint ist, und den anderen persönlich meint, wenn man diesen Eindruck erweckt, sondern nur als eine »Methode« gebraucht wird, ist Lüge oder steht doch der Lüge nahe. Wenn man z. B., ohne dies gleich kenntlich zu machen, den advocatus diaboli spielt oder die Standpunkte überzeichnet, um eine bessere oder lebhaftere Diskussion zu erhalten, wenn man zwei oder drei zueinander bewußt in Spannung gesetzte, als Scheingefechte arrangierte Kurzpredigten »Dialogpredigten« nennt oder im clinical pastoral training die Anweisung gibt, bei manchen Ausführungen des Ratsuchenden zu sagen: »Ich habe Verständnis für Sie« oder »Ich kann es Ihnen nachfühlen« (dies als »Methode«, um das Gespräch anzustoßen und es in der gewünschten Weise verlaufen zu lassen, den Menschen zu einer Sache, zu einem »Fall« degradierend), so hat man sich von der Wahrheit mehr oder weniger entfernt.

All diese verschiedenartige Lügen oder doch Lavieren mit der Unwahrheit zerstört das Vertrauen unter den Menschen und auch mehr und mehr den Charakter der Betreffenden. So ist der Charakter demokratischer Parteiführer nicht weniger in Gefahr, verdorben zu werden, als in anderen Systemen. Bis sie die höchsten Stufen erreicht haben, »müssen« demokratische Politiker womöglich sich mehr für »publicity« eingesetzt und dabei geheuchelt und gelogen haben (sei es etwa auch nur mit einem karitativen Einsatze, falls er in erster Linie oder allein ihrer Karriere gilt). Daß es den Politikern und anderen zumindest sehr schwergemacht wird, wahrhaftig und sauber zu bleiben – weshalb uns kein Verurteilen ansteht –, spricht besonders gegen die »Welt« (die selbst durch die Kirchen hindurchgehen kann) und gegen unsere Zeit, die das Joch dieses »Müssens« über die Menschen legt. Daß die Lüge an Quantität, Stärke und Raffinesse zunimmt, ist auch ein fragwürdiges Geschenk der »neuen Welt«.

2) Abnahme der Humanität und Zunahme der Unmenschlichkeiten

Entgegen den hochtönenden Versprechungen, eine bessere Welt zu schaffen, und im Widerspruch zur so häufig erwähnten »Humanität« hat die »One-World-Bewegung« zu keiner Vermehrung, sondern sowohl im quantitativen als auch im qualitativen Sinne zu einer Abnahme der Menschlichkeit geführt. Ein Menschenleben zählt weniger als zuvor, wird weithin mit zynischem Spott beseitigt; die Achtung voreinander nimmt ab, muß oft einer beleidigenden Mißachtung oder einer Verspottung weichen; das Verhältnis von Mann und Frau, von Eltern und Kindern, das zwischen Nachbarn und das zwischen Arbeitskollegen läßt der Liebe oft wenig Raum, und Rücksichtnahme, Hilfsbereitschaft, Takt, Vertrauen und Ehrfurcht sind beinahe zu Fremdwörtern geworden.

Es gibt für das Ergebnis der Weltverplaner auch das, was Friedrich Franz von Unruh in seiner Schrift »Schlußbericht« (Hohenstaufen Verlag, 1974) auf Seite 75 ff von der (verführten) Jugend schreibt: »Sie weitet den Klassenkampf in groteskem Maß aus. Sie entfacht einen Bürgerkrieg von besonderer Art: der Kinder gegen die Eltern, der Söhne gegen die Väter, der Schüler gegen die Lehrer, der Lehrlinge gegen die Meister, der Gläubigen gegen die Priester, der Arbeiter gegen die Arbeitgeber. Nicht genug hiermit. Sie hetzt die Faulen gegen die Fleißigen, die Sittenlosen gegen die Anständigen, die Übeltäter gegen die Polizei, die Räuber gegen die Richter, die Brutalen gegen die Friedfertigen, die Unreifen gegen die Wissenden, die Gangster gegen die Bürger, die Scharlatane gegen die Künstler, die Pfuscher gegen die Könner, kurz, sie stellt die natürlichen Ordnungen auf den Kopf.« Inzwischen könnte man hinzufügen: die Randalierer gegen Kernkraftwerke, Bundeswehr, ja überhaupt gegen Staat und Gesellschaft. Und hinzu kommen nun die Kirchen- und Hausbesetzer.

Wie im Kleinen, so zeigt sich auch im Großen der Zerfall der Menschlichkeit. Von Unruh schreibt auf Seite 16 ff: »Was ist aus den ‚Allgemeinen Menschenrechten' geworden! ‚Freiheit und Sicherheit der Person'! Zu Tausenden wurden in UNO-Ländern ganze Volksgruppen hingemetzelt, die anderen Stämmen, einer anderen Religion als die Herrschenden zugehörten und das Mißgeschick hatten, in völkerrechtswidrig geführten Fehden zu unterliegen. Verhaftungen, Geiselnahmen, Erpressungen, Folterungen, schlimmer als je. Es genügt, das Recht freier Meinungsäußerung zu üben, um in Kerkern und Tigerkäfigen zu verschwinden, um geschlagen, mit Fußtritten und Elektroschocks, mit zu schändlichem Raffinement gesteigerten Foltermethoden geschunden zu werden. Die UNO schweigt, und die Welt weiß und duldet es. Zur religiösen und politischen Gegnerschaft kommt die weltanschauliche und reizt die Menschen derart bis aufs Blut, daß sie Grausamkeiten der einen und anderen Seite im unterschiedlichsten Licht sehen. Auch die ‚Großen' halten sich, wenn es Unrecht zu brandmarken gilt, zurück, falls der Staat, den es angeht, wichtige Waren oder gar Bodenschätze zu bieten hat, und sie achten mehr als das Recht ihren Vorteil.«

Unmenschlichkeiten und Massenmorde bis hin zu Völkermorden hat es auch schon früher gegeben; aber heute geschehen sie – abgesehen davon, daß man behauptet, eine »bessere« Welt zu bringen – mit einer Scheinheiligkeit und Heuchelei sondergleichen und dazu besonders systematisch. Man stellt die Beseitigung von Gegnern als notwendig und berechtigt hin und bläst unter den Stichwörtern »Klassenfeinde«, »Volksfeinde«, »Kollektivschuld« und dgl. zu einer erbarmungslosen Hatz auf einzelne, auf Gruppen und auf ganze Völker oder doch Bevölkerungsgruppen. Man sonnt sich im Anspruche, ein Friedensengel zu sein und betätigt sich als ein Rache- oder »Liquidations«-Teufel.

Daß auch andere Greuel begehen, sei unbestritten. Auf die Unmenschlichkeiten – mit teils okkulten Wurzeln – des »Dritten Reiches« wurde bereits eingangs hingewiesen. Aber während die dortigen Verbrechen nur von einem kleinen Kreise unter Ausschluß der Öffentlichkeit begangen wurden, geschahen und geschehen sie bei hinter der »One-World-Bewegung« stehenden Mächten in der Öffentlichkeit und weithin unter Beteiligung der Öffentlichkeit. Im Osten z. B. wurden Hunderttausende deutscher Soldaten und Zivilisten gelyncht oder sonstwie umgebracht, oft unter grauenhaften Torturen. In Prag z. B. mußten Mädchen solange schwimmen, bis sie ertranken – in aller Öffentlichkeit; und es gab noch grauenhaftere Todesarten. Und kein einziger anderer Staat außer der Bundesrepublik hat die Verbrecher vor ein Gericht gestellt; vielmehr sind einige noch mit hohen Posten »belohnt« worden. Und trotzdem setzte man die Bundesregierung unter Druck, so daß sie die Rechtsbeugung beging, die Verjährung abzuschaffen.

In diesen Fragen zeigt sich ein großer Widerspruch: Einerseits sucht man den Aufenthalt der Gefangenen angenehmer zu gestalten oder läßt Rechtsbrecher wiederholt laufen, wendet sich empört gegen die »Isolationsfolter«, schweigt aber andererseits dazu, daß Rudolf Heß ganz allein in einem winzigen Raume sein kärgliches Leben verbringen muß, daß Raeder ohne rechtmäßige Verurteilung und auch andere deutschen »Kriegsverbrecher« jahrzehntelang inhaftiert sind, während alliierte Kriegsverbrecher eher noch geschützt werden. Durch eine Barmherzigkeit den letzten Gefangenen gegenüber hätte die »neue Welt« zeigen können, daß doch etwas an ihr sei, sofern eine solche gute Kraft in ihr läge. Aber sie ist nicht nur hohl, sondern auch antichristlich, zu wahrer menschlicher Größe kaum noch fähig. Dies zeigte sie schon an den im niedrigen Geiste der Rache, unter Verhöhnung des

Rechts und mit besonderer Grausamkeit durchgeführten Nürnburger Prozessen und ähnlichen Lynchprozessen, auch wenn nach außen hin der Schein der Legalität zum Teil gewahrt wird.

Um an einem Beispiel zu zeigen, wie wenig die Einweltler gewillt sind, trotz ihrem Gerede von »Humanität« und von der »neuen und besseren Welt« es wirklich besser als die Vergangenheit zu machen, sei etwas ausführlicher der Fall des nun 87jährigen Rudolf Heß gebracht. Es seien hierzu einige Sätze aus dem – zweiten – Offenen Brief des Verfassers an die Verantwortlichen in den evangelischen Kirchen in der Bundesrepublik für Rudolf Heß wiedergegeben: »Er befindet sich nun genau 40 Jahre in Haft, davon 15 Jahre in verschärfter Isolationshaft, zu der er nicht einmal in Nürnberg verurteilt worden war. Die Maße seiner Zelle genügen nicht einmal den internationalen Mindestvorschriften für Inhaftierte: 2,80 x 2,30 m – kleiner als so manche Schweinebox. Was rechtfertigt eine solch unmenschlich lange und solch schwere Haft? Heß war ja in Nürnberg von Kriegsverbrechen und Verbrechen gegen die Menschlichkeit freigesprochen worden; man hatte ihn ‚nur' – entgegen geltendem Recht – unter dem nachträglich erfundenen ‚Rechts'-Begriff der ‚Entfesselung eines Angriffskrieges' lebenslänglich verurteilt, ohne gerechterweise auch Staatsangehörige von Anklägern zu Nürnberg und inzwischen verschiedene andere zu verurteilen... Die Westmächte ... hätten z. B. als einen kleinen Gegenschlag gegen die Okkupation Afghanistans Heß freilassen können. Da nach alliierten Vereinbarungen das Spandauer Viermächtegefängnis als aufgelöst zu betrachten ist und Heß wieder England überstellt werden muß, wenn sich auch nur ein Staat aus seiner Verantwortung zurückzieht, hätte man es sogar schon ohne und vor ‚Afghanistan' tun können. Durch ihr Nicht-Wollen erweisen sich die ‚Sieger' als furchtbare Rächer, stehen immer noch in der selbsterniedrigenden Ausführung kleinlicher Vergeltung, zeigen jedenfalls, daß von ihnen keine neue, zumindest keine bessere Welt zu erwarten ist... die Kirchen können und haben sich sowohl bei den Alliierten für die Freilassung von Heß einzusetzen, als auch für seine Freilassung zu beten. ... bin ich tief betroffen, daß mein 1975 herausgegebener ‚Offene Brief an die EKD für Rudolf Heß' bei den Kirchen wie auch bei der kirchlichen Presse so gut wie auf ein totales Schweigen gestoßen ist (Anmerkung: Auch diesem zweiten Brief ergeht es kaum anders; jedenfalls hat keine einzige der angeschriebenen Kirchenleitungen sich um eine Antwort bemüht; dies entspricht jahrzehntelang gemachter Erfahrung, zeigt, welch eine Auffassung von Verantwortung bei ihnen herrscht). In einer ablehnenden Antwort hieß es, daß die EKD keine Gebetsaufrufe für Einzelpersonen an die Gemeinden erlasse. Nun, Jesus und der christliche Glaube sehen vor allem den Einzelnen, und nicht die Massen kollektiv... Es wäre fatal, wenn man für Kirchen- und Hausbesetzer und Chaoten ‚Verständnis' hätte, aber nicht für einen jahrzehntelang gequälten Greis... «

Es geht hier »nur« um einen Menschen, wobei es letztlich keine Rolle spielen sollte, welch einer politischen Richtung er angehört, hätten wir uns doch für einen in gleicher Weise leidenden Kommunisten unbedingt genauso einzusetzen; aber daß man (auf dieses Leiden nicht nur aufmerksam gemacht; denken wir daran, wieviele Appelle zur Freilassung es schon gegeben hat!), wiewohl Möglichkeiten dazu durchaus bestehen, dieser unsäglichen Qual kein Ende setzt, wirft nicht nur ein Licht auf die »Humanität« der »Siegermächte«, sondern auch auf den Geist der »One-World-Bewegung«. Es ist »nur« ein Fall, jedoch ein sehr für sich sprechendes Symptom, wird ja an solchen Einzelbeispielen deutlich, ob man wirklich anders, wirklich besser handeln will. Wo immer es gilt, die Probe aufs Exempel zu machen, zeigt sich die »neue Welt« nicht großzügig, geschweige denn »menschlich«, sondern rachsüchtig, kleinlich und unmenschlich.

Man könnte zu diesen Fragen noch sehr viel anführen (man erinnere sich auch an die vierfache Einbuße an »Liebe« und an die verschiedene Auflösungen der Gemeinschaft in V, 1, siehe nun auch V, 3 und 4). Jedenfalls ist eine Zunahme der Unmenschlichkeit zu verzeichnen. Und dies spricht nicht für eine bessere Welt, sondern mehr für das Antichristliche, das wir in der Offenbarung des Johnannes vorhergesagt finden. Und auch Jesus sagte von der Endzeit (Matthäus 24, 12) »Dieweil die Ungerechtigkeit wird überhand nehmen, wird die Liebe in vielen erkalten« – in einer »neuen Welt« des Satans. Vorspiel der Hölle.

3) Zunahme der Kriminalität

Im Widerspruche zur Behauptung, eine bessere und schönere Welt schaffen zu wollen und zu können, steht die rasche Zunahme der Kriminalität. Die Mafia und ihr Ableger in den USA, die Cosa Nostra, und andere Gangster-Organisationen haben nicht nur schon ganze Erwerbszweige so gut wie in ihrer Hand, sondern bauen mit Hilfe korrupter Politiker und Richter ihre Macht weiter, wenn nicht weltweit aus. Sie sind nicht nur durch ihre Raubzüge, Erpressungen und Morde ein Fluch für die Menschheit, sondern auch durch ihren Rauschgiftschmuggel und ihre Pornofilme. In letzter Zeit sind amerikanische Gangster in einen besonders grauenhaften Handel eingestiegen: Sie kaufen Kinder in Südamerika auf, die dann vor der Kamera zu Tode gefoltert werden. Mit solchen Filmen wollen sie sich durch die Befriedigung sadistischer Gelüste reicher Verkommener bereichern, eine weitere Eskalation abgrundtiefer Verbrechen.

Auch das nichtorganisierte Verbrechen steigt sehr an. Sie nehmen sowohl der Zahl als auch der Schwere nach zu und geschehen in einem immer früheren Alter. Die Jugend- und Kinderkriminalität wächst erschreckend, nimmt auch an Brutalität zu. Auch dies ist eine Folge der hinter der One-World stehenden Mächte. Unter dem Deckmantel der »Freiheit« werden schon Kinder durch Fernsehen, Filme und Romane einer Verherrlichung des Verbrechens oder doch der Brutalität ausgesetzt; und indem man sie durch Lösung von Gott, von Volk und Familie wurzellos macht, schon frühzeitig im »Klassenkampfe« oder im Kampfe gegen »Unrechtsstaaten« schult und Demonstrationen veranstaltet, die zunehmend radikalisiert werden, braucht man sich nicht zu wundern, daß sie auch außerhalb des Organisierten und auch später unmenschlich und kriminell handeln. Durch die antiautoritäre Erziehung erleben es Kinder schon im Kindergarten, daß sie von den Skrupellosen tyranisiert werden; und dies pflanzt sich in den Schulen fort. Da sehen sich die einen zur Brutalität und zur Bandenbildung ermutigt, und die anderen lernen es frühzeitig, dies als etwas Gegebenes und Unabänderliches hinzunehmen und sich das Wohlwollen der Schläger und Erpresser durch Gaben und Dienste zu erkaufen – beides begünstigt das Gangstertum. Wer von den Kindern noch Charakter zeigt, kann brutal beseitigt werden. Wie erwähnt, wurden in den USA von 1972 bis 1974 525 Kinder von Mitschülern ermordert, weil sie sich nicht den Schulmafias unterwarfen. In der Tat ein »Vorspiel der Hölle«.

Die verantwortlichen One-Wordler können sich nicht nur aus diesen Gründen die Hände nicht in Unschuld waschen. Unter der »Liberalität« bürgert sich eine »Strafverfolgung« und ein »Strafvollzug« ein, bei dem beinahe der Ermorderte zum Mörder deklariert wird. Wieviele Polizisten, die unter Einsatz ihres Lebens Verbrecher gefangen hatten, mußten es erleben, daß diese vom Gericht wieder laufen gelassen wurden! Hinzukommt, daß das Verständnis von und für »Strafe« und »Sühne« verlorengeht und daß man auf Grund des falschen Menschenbildes – auf Grund der Leugnung des Personenhaften, das allein Verantwortung, Schuld und notwendige Sühne kennt – das Verbrecherische nur im Psychischen (als ein »Fehlverhalten«, weshalb viele Psychiater so manchen Mörder freibekommen haben, indem sie seine Verantwortung, seine Schuld, und damit sein Menschsein leugneten) oder im Sozialen sieht, indem man der »Gesellschaft« die Schuld gibt, ohne zu fragen, aus wen denn diese bestehe, durch wen denn sie dieses Verführerische erhalte.

Die Kriminalität fördert es auch, daß das Übertreten oder Brechen von

Gesetzen, sofern es kollektiv geschieht, hingenommen, entschuldigt oder durch »Solidarität« sogar ermutigt wird. Wir finden dies heute bei Kirchen- und Hausbesetzungen und chaotischen Krawallen. Daß Mietwucher und Häuserspekulationen auch Unrecht sind, kann dies nicht legitimieren (sie haben, wie alles andere Gesetzwidrige oder Gemeinschaftsfeindliche auf gesetzlichem Wege bekämpft zu werden); denn wo kämen wir hin, wenn wir auch in anderen Fällen Unrecht mit Unrecht bekämpften? Es zerstört die Achtung vor den Gesetzen, wenn man es erleben muß, daß solche, die Autos verbrannt, Geschäfte geplündert und Polizisten verletzt haben, sofern sie überhaupt festgenommen werden, wieder straflos in die Freiheit gesetzt werden, daß man nicht oder nur halbherzig gegen die »Besetzer«, nennten sie sich auch schönfärberisch »Instandbesetzer«, einschreitet, und daß Gesetzesübertreter dieses »Millieus« sogar von kirchlichen Kreisen Unterstützung finden (wie auch der Terrorismus, der eine nächste Stufe dieser Gesetzlosigkeit darstellt und in der Schrift des Verfassers »Zwischen ,Rassismus' auch ,One-World'« eingehender behandelt wird). In der unterwanderten Kirche erklären sich nicht nur Pfarrer und Theologen »solidarisch« – so konnte man im epd vom 23. Juli 1981 lesen: »43 Wissenschaftler, Pfarrer und Künstler übten durch den Einzug in etwa zehn räumungsbedrohte besetzte Häuser ,praktische Solidarität' mit der Instandbesetzern. Die Mitglieder der Initiative werden dort auch übernachten« –, sondern auch kirchliche Gremien unterstützen in gewisser Weise die Rechtsbrecher. Auch hier die unterwanderte Kirche als eine Speerspitze der »neuen Welt« als Vorspiel der Hölle.

Angesichts der Zunahme der Kriminalität und Rechtsunsicherheit, wenn nicht Rechtlosigkeit, fühlen mehr und mehr Menschen sich bedroht, nicht nur in ihrem Eigentume, sondern auch in ihrem Leben, jedenfalls in ihrer Zukunft, und haben große Angst; einige von ihnen bewaffnen sich und schließen sich auch in Selbstschutzorganisationen zusammen, sind ja die verantwortlichen Einweltler nicht fähig oder nicht willens, die Bürger zu schützen. In der »Welt« vom 23. September 1980 steht unter der Überschrift »Report der Angst: Fast die Hälfte der US-Bürger fühlt sich nicht sicher«: »Lähmt die Angst vor Verbrechen die amerikanische Gesellschaft? Diese Frage wird in einem in New York veröffentlichten Bericht ,Der Figgie-Report über Angst vor Verbrechen: Amerika in Furcht' eindeutig bejaht. Vierzig Prozent aller US-Bürger lebten in permanenter Angst, Opfer von Verbrechen zu werden, ein Viertel der amerikanischen Bevölkerung fühlten sich in ihrer Nachbarschaft nicht sicher, über fünfzig Prozent hatten sich Waffen zugelegt, um Heim und Familie verteidigen zu können«; etwas weiter steht, daß sich die Zahl der Morde in den USA in den letzten drei Jahrzehnten um mehr als 370 Prozent erhöht habe. Man könnte hier viele entsprechende Zahlen nennen. Eine ‚neue' eine »bessere«, eine »schönere« Welt?

4) Zunahme der Perversionen und Süchte

Es ist gewiß überaus schwer, bei Perversionen und Süchten festzustellen, was auf krankhaftes Verhalten, was auf Sünde zurückzuführen ist. Dadurch aber, daß man die zweite Möglichkeit, ja überhaupt den personenhaften Bezug zu Gott und zum Mitmenschen leugnet, und durch die neomarxistische und neofreudianische Propagierung der »sexuellen Freiheit« haben etwa die Perversionen nicht abgenommen (was man bei einer bloßen Krankheit, wie anderswo, doch hätte durch naturhafte Maßnahmen erreichen können), vielmehr sehr zugenommen, nicht nur der Zahl, sondern auch der Art oder Raffinesse nach.

Es sollte uns schon innerlich untersagt sein, über die Unglücklichen und in die Irre Gehenden zu richten; aber es darf auch nicht hingenommen werden, daß man Perversionen sogar für »normal« hält, die Perversen für die wahren Menschen hält, weil »frei« und ohne Tabus, und für dieses verkommene und zersetzende Treiben noch Propaganda macht. Heute findet man diese besonders im Hinblick auf homosexuelle Gruppen. Auch hier gebärt man sich im Raume der Kirche avantgardistisch, z. B. durch die Arbeitsgruppe »Homosexuelle und Kirche«. Wie durch sie der schöne 7. Vers des so innigen Abendliedes »Der Mond ist aufgegangen« gotteslästerlich verfälscht, zum Teile in sein Gegenteil verkehrt wird, führt »idea spektrum« vom 22. Juli 1981 auf der letzten Seite an: »So liebt euch denn, ihr Brüder, in Gottes Namen wieder; warm sei der Abendhauch. Verschon uns Gott mit Strafen, nur weil wir uns beschlafen, und unsern süßen Nachbarn auch.« Idea spektrum gibt hierbei an: »Lied aus der ‚Geistlichen Nachtmusik' der Arbeitsgruppe ‚Homosexuelle und Kirche' in der Stephanuskirche im Rahmen des Hamburger Kirchentages (aus SPIEGEL vom 13. Juli 1981)«, ein Zeichen dafür, daß die »Kirchentage« durch Öffnung von Kirchen für Homosexuelle und durch ihren sonstigen Pluralismus, der sogar Antichristliches zuläßt, uns keine rechte Orientierungshilfe mehr geben können. Mit kirchlichem Segen wollen Perverse noch besser und noch mehr die Menschheit unterwandern und zu ihrer »Liebe« herabziehen.

Entsprechendes ist von den Süchten zu sagen. Man könnte hier viel über das Problem des Rauschgiftes sprechen. Auch diesem möchte man völlig freie Bahn schaffen. So fordern z. B. Jungdemokraten die Freigabe von Haschisch und Marihuana. Auf diesem Wege wird wohl noch weitergeschritten werden – um die Welt noch »schöner« zu machen. Diese Süchte, Perversionen und Neurosen können sich in so erschreckendem Maße besonders aufgrund der Depersonalisierung und totalen Entwurzelung durch die antichristlich-anarchistische »Emanzipatorische Erziehung« (der Bildungsreform) zum »Neuen Menschen« ausbreiten, die auch »Erwachsenenbildung« und Religionsbücher wir ein roter Faden durchzieht.

5) Verschmutzung und Zerstörung der Umwelt

Dieses Thema wird heute viel diskutiert, kann aber gar nicht genug erwähnt werden, geht doch trotz allen Protesten die Verschmutzung von Wasser, Luft und Erde und die Ausbeutung wie Vernichtung der Natur weiter. Um 2000 werden wir vielleicht bloß noch die Hälfte des heutigen Waldbestandes der Welt haben, und Jahr für Jahr sterben seltene Tierarten aus. Das »Die-Erde-untertan-Machen« von 1. Mose 1,28 beinhaltet doch auch ein Pflegen und Hegen, wie es auch in 1. Mose 2,15 von Adam ausgesagt wird: »Gott. . . setzte ihn in den Garten, daß er ihn baute und bewahrte«, und keine Ausplünderung und Vernichtung durch Raubgier. Die »Grünen« als Organisation und Partei haben den notwendigen Umweltschutz weithin in Verruf gebracht, geht es doch vielen von ihnen auch um ganz andere Ziele, wie um den Neomarxismus oder um ein gegensätzliches Ziel, um die Abtreibung. Es ist ja letzte Heuchelei, wenn man sich für Erhaltung der anorganischen, pflanzlichen und tierischen Natur einsetzt, aber für das wichtigste Lebewesen, für den Menschen, Vernichtung durch Abtreibung nicht nur zuläßt, sondern noch propagiert. Aufschlußreich auch, daß die »Alternative Liste« in Berlin (»Die Welt« vom 10. August 1981) für das Anliegen der Verfasser des Flugblattes, das zum »Tuwat-Kongreß« aufgerufen hatte, Verständnis zeigte, für ein Papier, das ankündigte, man werde Berlin »mit Chaoten, Terroristen, Punks, Hippies, Gammlern, Schwulen, Lesben, Kraakern, Schwarzen und Ausgeflippten überfluten.« Die Stadt müsse »stinken und brodeln« (hier finden wir in dankenswerter Offenheit noch einmal verschiedene Gruppen zusammengefaßt, mit denen man die »neue Welt« bauen will, eine Welt, in der es dann »stinkt und brodelt«).

VI. Kapitel: Welt und Kirche in der notwendigen Auseinandersetzung mit der One-World-Bewegung

1) Vereinigte Front gegen die One-World-Bewegung

Zeigt die Offenbarung des Johannes, daß unsere Welt keinem Paradieseszustande entgegengeht, in kein »ewiges Friedensreich« verwandelt wird, vielmehr sich noch mehr von Gott entfernen und die in der

Offenbarung erwähnten Heimsuchungen – auch mit gewaltigen Naturkatastrophen (»Weh, weh, weh denen, die auf Erden wohnen!«, Kapital 8,13) und durch furchtbare Waffen herbeigeführte Katastrophen – erfahren wird, so ist uns als Bürgern dieser Welt und auch als Christen doch aufgetragen, den dunklen Entwicklungen, soviel wir können, entgegenzuarbeiten, um nicht nur den Abstieg zu verzögern, sondern auch wiederholt erträglichere, wenn nicht relativ bessere Zeiten herbeizuführen.

Dieses Ringen und der Widerstand gegen die One-World-Bewegung hat sowohl auf weltlicher als auch auf geistiger Ebene zu geschehen, unvermischt und jeweils den Gesetzen der betreffenden Ebene gemäß, aber in einer gewissen Gemeinsamkeit. So kann sich ein rechtes Nationalbewußtsein und ein Kampf für die Freiheit der Völker mit dem Kampfe des christlichen Gaubens gegen die Unterwanderungen »verbünden« (d. h. nicht nur in freier, sondern auch in artverschiedener »Partnerschaft«).

»Vereinigte Front« meint aber nicht nur das »Miteinander« der beiden Ebenen, sondern auch das Miteinander von sehr verschiedenen Gruppen auf der einen wie auf der anderen Ebene. Das Gemeinsame bestünde weithin nur in der entschiedenen Gegnerschaft gegen die One-World-Bewegung.

So können auf weltlicher Ebene ehemalige und auch jetzige Gegner in bestimmten Fragen im gemeinsamen Kampfe stehen, können etwa Menschen, die im »Dritten Reiche« im guten Sinne national und sozial sein wollten, mit Widerstandskämpfern und mit Juden, über deren besondere Begabungen und Jahrtausende altes Betonen des Personseins erfreut, zum Wohle der Menschheit eng zusammenarbeiten. Neben Menschen, die politisch rechts stehen, kann es da auch andere geben, etwa Sozialdemokraten, sofern sie nicht in einer Ideologie gefangen sind, die sie an die One-World-Bewegung bindet. Sehr wertvoll ist, daß sich Abwehrkräfte im großen und im steigenden Maße in den USA regen. So darf man auf Amerika so manche Hoffnung richten, ist ja der Wunsch nach Freiheit (sofern nicht ins Anarchistische pervertiert) beste amerikanische Tradition.

Entsprechend hat es auch im kirchlichen Bereiche bei aller Verschiedenheit der Konfessionen eine »vereinigte Front« gegen die One-World-Bewegung zu geben, gerade mit Achtung der Unterschiede zwischen den Konfessionen und ihrer Tradition – im Gegensatze zu einem Ökumenismus, der alles auf eine bloße »Christlichkeit« nivelliert, die kaum weiterreicht als eine bloße Mitmenschlichkeit. Muß es auch zwischen Konfessionen Gegnerschaften in manchen Fragen geben, so können und sollten sie doch in ihrem Einssein in Christus gegen den Widerchristen stehen und damit gegen die Zerstörung der Schöpfung und menschlicher Schöpfungsordnungen und gegen die Verführung der Menschen.

So hat es eine in mehrfachem Sinne vereinigte Front gegen die Unterwanderungen und Umfunktionierungen, gegen die »neue Welt« von des »Menschen Gnaden« zu geben, und es gibt sie schon weithin. Hoffen wir, daß dies im unvergleichlich größeren und im verstärkten Maße geschieht! Tun wir das Unsrige!

2) Notwendige Maßnahmen gegenüber der One-World-Bewegung

Schweigen gegenüber der Unterwanderungstaktik und -propaganda und ein Hinnehmen der Ausbreitung der One-World-Bewegung und der Besetzung der Hebelstellen in allen Bereichen durch sie wäre unverantwortlich. Unser Tun muß Widerstand und Angriff mit einschließen. Auch dieses hat auf den beiden Ebenen zu geschehen, wobei so manches Tun sachlich dasselbe zu sein hat, somit ein echtes gemeinsames Tun bedeutet.

Sowohl für einen Bürger dieser Welt als auch für einen Christen sollte es heißen: eine jede Geheimgesellschaft ablehnen (aufschlußreich, daß, nach der »Deutschen National-Zeitung« vom 17. April 1981, selbst der österreichische Bundeskanzler, Dr. Kreisky – Sozialdemokrat jüdischer Abstammung – sagen konnte: »Nach dem Kriege wollte man mich für die Freimaurer gewinnen ... Ich habe... aber abgelehnt, weil ich keinem geheimen Verein angehören wollte«), und für den Bürger der Welt auch: keine Geheimgesellschaften gründen, so wie der Verfasser in seiner Schrift »Zwischen ‚Rassismus' und ‚One-World' »schrieb (Seite 62):« Da könnte es zur gleichen Gefahr, zu entsprechenden Einseitigkeiten kommen. Vielmehr sollte man in den Gruppen, Staaten und Weltorganisationen alle Möglichkeiten wahrnehmen, das falsche Menschenbild zu entthronen und die mit ihm verbundenen menschenfeindlichen Aktionen zu vereiteln, für eine Bewußtmachung des Volks haften, des Wertes der Familie und Ehe und auch der Weltverantwortung einzutreten und zugleich für ein Ernstnehmen des Personseins und für seine rechte Freiheit und Entwicklung. Hierzu möge man zwar nicht unbedingt Gegen- oder Untergrundorganisationen schaffen, wohl aber mit Gleichgesinnten in allen Völkern und Staaten Fühlung aufnehmen und zusammenarbeiten. Wer um die Gefahr von Geheimorganisationen weiß, wünscht sich keine weitere hinzu, fordert vielmehr alle Mitmenschen auf, sich gegen alle Geheimorganisationen und -gesellschaften zu wehren und auf deren Verbot zu drängen.« Dies bedeutet zugleich: kein Abseits für uns, sondern Mitarbeit auch in den verschiedensten lokalen und Weltorganisationen, und wo es zum Wohle der Menschheit erforderlich erscheint, auch Zusammenarbeit mit Menschen der One-World-Bewegung; also auch hier realistisch und sachlich – und auch menschlich – bleiben!

Widerstand und Angriff sollen auch im »weltlichen Reiche« nicht Gewalt beinhalten bzw. nur soweit, als es auch sonst nationalem und internationalem Rechte gemäß ist; sie dürfen und sollen aber unter stärksten Protesten geschehen und indem man den Einweltlern die Maske vom Gesichte reißt und ihrem Tun das Positive, das Schöpfungsgemäße entgegensetzt.

Im »geistlichen Reiche« gilt: Damit die Kirche Kirche bleibt und sowohl ihrem geistlichen Auftrage gerecht wird als auch der Welt – auch schon darin – am besten helfen kann, muß sie sich von allen Umstrickungen und Vermischungen lösen und aufhören, zersetzende Gruppen zu unterstützen und sich als Avantgardisten für die One-World-Bewegung herzugeben. Sie sollte aber durchaus »freiheitlich« sein (um das belastete Wort »liberal« zu vermeiden), indem sie die Fülle von Möglichkeiten ihres Handelns und ihrer Ausprägungen wahrnimmt, sofern auf Gott durch Jesus Christus ausgerichtet und auf der Grundlage der Bibel, und indem sie der Welt eine Fülle von schöpfungsgemäßen Möglichkeiten zubilligt oder die Welt diese Fülle erkennen läßt; sie muß aber vor allem, auch weil sie selber so oft versagt und in die Irre geht, für die rechte Verkündigung sorgen, und das heißt auch: um sie beten. Und diese Verkündigung ist zugleich der beste und radikalste Angriff auf die Götzen aller Zeiten – da auch in Deutschland zugleich sehr wohl auf eine »Blut-Boden und Rassereligion« (hierzu hilfreich das soeben im Evang. Presseverband in Bayern erschienene Buch »Wotans Wiederkehr« von Friedrich-Wilhelm Haack) –, so auch auf die One-World-Bewegung; und gerade unter dieser besonders antichristlichen Bewegung ist es zur größten Christenverfolgung aller Zeiten gekommen. Die Kirche hat auch zum Leiden bereit zu sein. Auch dafür hat sie zu beten. Und wie wenig bereitet man die Kirchenmitglieder auf das Zeugnis und auf Verfolgungszeiten vor, wenn man schon in Kindergärten kaum noch betet und biblische Geschichten bringt und in christlichen Jugend- und Studentenkreisen alles mögliche andere – besonders politische Aktionen und Parties – macht, als sich mit Glaubensfragen zu beschäftigen und zu singen und zu beten!

Bei ihrem Widerstande und in ihrem Angriffe hat die Kirche weder im

Geiste noch mit den Mitteln dieser »Welt« zu handeln. Nach Jesu Gebot haben wir auch die Feinde zu lieben. So haben wir für sie zu hoffen, daß sie umkehren und möglichst auch mit uns Christen werden. Selbst Todfeinde können in Christus Brüder werden, etwa nach Epheser 2,14: »Er ist unser Friede, der aus beiden eines (=‚einen' Menschen) hat gemacht. . . « Wir sehen ja auch die Barmherzigkeit Gottes über uns und über den anderen, auch über den Gegnern und Feinden. Die Barmherzigkeit Gottes wird auch alles Gute und Schöne, alles aus sehnsüchtigem Herzen Kommende in den Schwärmern, Juden, Freimaurern, politisierenden Christen und anderen nicht vergessen und wird barmherzig richten. Dies gehört zur »Vollkommenheit«. Darum gilt auch für uns das, was Jesus gleich nach den Worten von der Feindesliebe sagte (Mathhäus 5,48): »Darum sollt ihr vollkommen sein, gleich wie euer Vater im Himmel vollkommen ist« – und das heißt für uns auch: »barmherzig«.

Diese Haltung sollten wir – bei aller scharfen Auseinandersetzung und oft entgegengesetztem Handeln im Weltlichen – auch als Bürger dieser Welt haben. So gilt (»Zwischen ‚Rassismus''« und ‚One-World'« des Verfassers, Seite 45): »Wir sollten bei aller notwendigen Auseinandersetzung auch im Menschen des gegnerischen oder gar feindlichen Lagers den ‚Menschen' sehen. Nichts sollte uns davon abhalten, einem jeden ‚Mensch' zu sein, darin ‚Eine Welt' zu bilden. Daß wir hier an Grenzen kommen, wissen wir. Aber keine Ideologie kann uns eine ‚Neue' oder ‚Eine' Welt bringen. Schranken wahrhaftig überwinden kann meiner Überzeugung nach nur der christliche Glaube«, auf Seite 58: »Wir werden unserer Welt besser gerecht, wenn wir weltanschaulich und politisch hart miteinander ringen und das Unrecht ‚Unrecht' nennen, aber trotzdem miteinander als und wie Menschen verkehren. In dieser Haltung ist die ganze Welt unser gemeinsames Haus, die ganze Menschheit unsere Familie, eine Familie, in der ein jeder die Schwächen des anderen trägt und sich über dessen Dasein und dessen Eigenart freut. In diesem Sinne bin ich von Herzen und mit Freuden ein ‚Einweltler« und auf Seite 55: »Auch im politisch-weltlichen Handeln ‚muß' man nicht zur verletztenden Gewalt greifen. Die Worte Jesu in der Bergpredigt (Matthäus 5): ‚Selig sind die Friedensstifter; denn sie werden Gottes Kinder heißen' und ‚Selig sind die Sanftmütigen; denn sie werden das Erdreich besitzen' haben auch im weltlichen Raume ihre Bedeutung.«

3) Es gilt trotz allem, die Freude an der Schöpfung und an der Menschheit zu bewahren und zu vertiefen

Es wäre eine völlig falsche Konsequenz, wenn wir durch die Erkenntnis dessen, was die One-World-Bewegung schon jetzt an Unheilvollem gebracht hat und noch bringen will und welch eine Zukunft die Offenbarung des Johannes für die Welt und die Menschheit sieht, die Freude an der Schöpfung und an allem von Menschen Geschaffenen zu verlieren. Gewiß, die Schöpfung ist durch Todesmächte beeinträchtigt und alles Menschenwerk ist von der Sünde gezeichnet; denn nichts von dem, was Menschen hervorgebracht haben, selbst die schönsten Kunstwerke nicht, stammen von sündlosen Menschen, und alles kann auch zur Sprache des Bösen werden, und doch gehört auch dies alles zur uns gegebenen, uns nur so möglichen Welt, zu unserem Leben. Sehen wir selbst in Kunstwerken, in Bauten und in den Strukturen die Handschrift der One-World-Bewegung, so dürfen wir doch durch diese Handschrift hindurch das uns von Gott Gegebene sehen, gehört doch auch das von Menschen Gewirkte zu seiner Schöpfung; und so wie selbst ein schlechter Staat immer noch besser ist als gar kein Staat, als Anarchie, so ist auch eine schlechte Struktur immer noch besser als gar keine Struktur. Gemäß dem Worte »Den Reinen ist alles rein« (Titus 1,15) werden wir das Böse – und Häßliche – in den Dingen für uns nicht annehmen, sondern unsere sehr gezeichnete Welt als unsere schöne Welt betrachten und lieben, was notwendige Korrekturen nicht aus –, sondern einschließt.

Dann werden wir gerechterweise auch anerkennen, daß auch in religiösen, weltanschaulichen, politischen und anderen fraglichen Ideen oder Richtungen auch manch Gutes und Wahres steckt, und werden zugeben, daß von ihnen, selbst von der One-World-Bewegung auch manch guter Fortschritt gebracht worden ist, was uns noch mehr von Pauschalurteilen absehen läßt. Dann dürfen wir aber mit umso größerem Rechte auch dies betonen: Daß in unserer Welt – trotz der »neuen Welt« manches noch erträglich oder sogar recht angenehm ist, liegt nicht an der »neuen Welt«, sondern an Resten der Schöpfung und des Menschseins, wie aber auch am Lichte, das vom in Christus »Neuen« in unsere dunkle Welt hineinstrahlt.

Unsere Haltung ist von Fröhlichkeit und Zuversicht bestimmt: Wir sehen die Schöpfung, wir »sehen« die schon hier erfolgte Versöhnung, und wir »sehen« die kommende volle Erlösung und die Neue Schöpfung (den »neuen Himmel« und die »neue Erde«). Von all diesem umschlossen und quasi aufgehoben, durchgestrichen ist unseres Glaubens das Böse und Kranke, auf das wir gerade nicht sehen wollen, »Ernster« als das Dunkle, als den Satan nehmen wir, bei all unseren furchtbaren Auseinandersetzungen, das »Licht«, nehmen wir den dreieinigen Gott, seine Herrlichkeit, die unsere Herrlichkeit werden soll.

In diesem Glauben und in dieser Haltung können wir dann auch nüchtern, sachlich und mit all unseren Sinnen und Gaben und auch mit Freuden die uns hier gestellten Aufgaben anpacken und uns von der uns hier geschenkten Sonne bescheinen lassen.

Dabei gilt, was in »Zwischen ‚Rassismus' – und ‚One-World'« des Verfassers auf Seite 50 steht: »Und wir alle, Christen wie Nichtchristen, mögen uns beim ‚negativen' wie ‚positiven' Kampf dessen getrösten, daß zwei ‚Gesundungs'-Faktoren stets vorhanden sind: *Gott,* dem letztlich der Sieg gehört und das von Gott geschenkte *naturhaft* Geschaffene, das schon in sich den positiven Zug (als naturhafte Liebe) zur Ehe, zur Familie, zum Volk, zur Heimat, zur Pflanzen- und Tierwelt usw. enthält, und selbst, wenn es durch personhaft Böses oder durch lebensfeindliche Ideen oder Mittel ‚krank' gemacht wird, den Drang zur Gesundung in sich trägt. Das ärgert ja die Verplaner des Menschen so, daß trotz all ihrer Propaganda gegen die natürlichen Ordnungen Mann und Frau sich doch lieben, und Eltern ihre Kinder und Kinder ihre Eltern, und daß die Tünche eines volksfeindlichen Internationalismus wiederholt jäh von der aufflammenden Liebe zum eigenen Volke und zu seiner Geschichte und Kultur durchstoßen wird.«

In diesem Wissen wird man um so getroster etwa für sein Volk eintreten, das politische und wirtschaftliche Systeme überdauern kann, sich dabei sowohl für sein Überleben als auch für seine Unverfälschtheit einsetzen (die etwa durch zu viel Fremde gefährdet sein kann). In diesem Wissen wird man auch trotz aller düsteren Zukunft fröhlich die Ehe wagen und Kinder zeugen.

4) Ausblick

Wir wissen nicht, ob und wieweit unser Widerstand gegen die One-World-Bewegung und unser Angriff auf sie Erfolg haben werden. Es kann sein, daß eine lange Nacht, vielleicht Jahrhunderte lange Nacht für die Menschheit folgt, auf die kleinere Tage und größere Nächte folgen oder die durch den Anbruch des »hellen Morgensterns« (Offenbarung 22,16) beendet sein wird. Wir haben letztlich nicht diese Fragen zu stellen, sondern nach Kräften unsere Aufgabe wahrzunehmen, kämen sie uns auch vergeblich vor und führten sie uns auch ins Leiden.

Im Lieben aller, selbst der Feinde, und im Leiden, im Hoffen, uns Freuen und im Arbeiten mögen wir uns nach Gottes Gebot fair und menschlich für die Bewahrung und Entfaltung der Schöpfungsordnungen einsetzen und uns gegen die Verfälscher und Zerstörer, mögen wir im »geistlichen« wie im »weltlichen Reiche« unablässig und unverzagt ringen. Gemäß dem Luther zugeschriebenen Worte, wüßte er, daß morgen die Welt unterginge, würde er doch sein Apfelbäumchen pflanzen, handeln dann auch wir im Gehorsam und im Glauben und haben so bis zuletzt Freude an der Schöpfung und Freude am ewigen Leben. So umklammert die Freude alles, ja das Leben alles, das Leben, das Sünde und Tod schon jetzt unter seinen Füßen sieht. Erklang früher in manchen Kirchen am Ostermorgen das Osterlachen, so ist – in der erwähnten Haltung – unser Leben, unser leidvolles Ausharren und Kämpfen ein »Osterlachen«.

Pfarrer Wolfgang Borowsky, Stuttgart

Nachwort

In den letzten Jahren kann man zunehmend die unheimliche Feststellung machen, daß Hintergrundmächte nicht nur in verschiedenen Parteien, Bankier-Kreisen und selbst im kirchlichen Raum Bundesgenossen finden, sondern sogar mit Gangstern zusammenarbeiten, wie wir es etwa in Rußland, in den GUS-Staaten, in Transkaukasien und auch in Italien und in den USA sehen können.

Wer »ihre Kreise stört«, bekommt ihr heimtückisches Vorgehen zu spüren. Hierzu möchte ich zwei persönliche Erlebnisse bringen:

1. Nach der ersten Veröffentlichung dieses Buches bedienten sich Hintergrundmächte bei ihrem Vorgehen gegen mich einiger Massenmedien:
So brachte der »Südfunk« am 30. Dezember 1982 in der »Abendschau« eine verlogene Hetzsendung von 7 1/2 Minuten. Auch in Rundfunksendungen wurde mein Buch angegriffen und sehr gehässig in der Presse. Es bildete sich sogar eigens zu diesem Zweck eine »Bürgerinitiative« von vierzig Personen.
Nach einem Jahr Kampf war ich - um meine Landeskirche, meine Gemeinde und meine Familie nicht mehr weiter Dunklem auszusetzen - mit einem vorzeitigen Ruhestand einig. Aber auch nachher erfolgten noch scharfe Angriffe.

2. In meinem Ruhestand, den ich vorwiegend in Frankreich verbringe, konnte ich dankbar das gute Verhältnis erfahren, das nun zwischen Franzosen und uns Deutschen herrscht, und wünschte daher ein gleich gutes Verhältnis zwischen Polen und Deutschen. Da ein solches nur auf der Basis der Offenheit, der Gleichberechtigung, des Völkerrechts und der Menschlichkeit möglich werden kann, sah ich es als unumgänglich an, daß über die Frage der deutschen Ostgebiete von verschiedensten Seiten sachlich gesprochen wird. Als ein Forum hierfür sah ich einen Kongreß als besonders hilfreich an. Auf einem solchen Kongreß wollte ich zugleich die Frage der Freiheit der Völker der Sowjetunion besprochen sehen, damit auch dadurch an einer neuen Friedensordnung für Osteuropa gearbeitet wird. Ich hatte auch ein persönliches Interesse daran, da ich in Riga, Lettland, geboren bin.

Im Mai 1990 gewährte mir der Bundesvorstand der Partei »Christliche Liga« den gewünschten Kongreß unter der Bezeichnung **»Deutscher Nationalkongreß«** *und ernannte mich zum* **Präsidenten** *des Kongresses.* Für diese Berufung wie auch für weitere Unterstützung habe ich besonders zu danken: Dem Bundesvorsitzenden, Herrn Dr. Herbert Völkl, Ministerialrat a.D.; dem zweiten Vorsitzenden, Herrn Dr. Bruno Hügel, Dozent an der katholischen Universität in Eichstätt; dem Bundessekretär Franz Braun, dem Bundesgeschäftsführer Peter Predan und anderen der christlichen Liga. Zu danken habe ich auch Herrn Harald Thomas, Hauptmann der Bundeswehr, und seiner Frau Anneliese in Wesseling für so manche organisatorische und büro-

technische Hilfe. Mein Dank gilt auch Herrn Joachim Siegerist, dem Vorsitzenden der »Deutschen Konservativen«, für seine besonders großzügige finanzielle Hilfe für den Kongreß.
Ich ging bei meiner Aufgabe völlig demokratisch vor, indem ich den Kongreß zu einem Forum für alle Seiten machte. Ich lud daher sämtliche Parteien der Bundesrepublik und der damaligen DDR ein, selbst die PDS mit Herrn Rechtsanwalt Gysi (den ich sogar um ein Referat bat!) sowie die Minderheiten in unserer Mitte: die deutschen Juden, Dänen, Sorben, Sinti und Roma (wer lädt sonst Letztere ein?). Im Interesse des Kongresses und so doch auch im Interesse der Völker des Ostens *fuhr ich im November 1990 ins* **Baltikum,** sah so nach 51 Jahren meine Heimatstadt Riga wieder, wo ich die sechs Tage als Staatsgast in einem Schlößchen wohnte, von der Kanzlei-Chefin des Außenministeriums, Anita Rutkovska, hervorragend betreut. Im »Radio Latvija« sprach ich für die volle Freiheit der baltischen Staaten. Dann sprach ich mit dem ersten stellvertretenden Außenminister J. Virsis (die baltischen Außenminister waren zu dieser Zeit in Paris, wo sie aber zu den Gesprächen nicht zugelassen wurden), sprach mit dem Sekretär des obersten Rates Lettlands I. Dudiss und mit dem Dekan der evang.-theologischen Fakultät Prof. Rubenis. In Tallinn, Estland, sprach ich auf dem Außenministerium mit dem Deputy Minister E. Liimets und sprach dann mit zwei Vertretern der evang.-lutherischen Kirchenleitung: mit dem Dompfarrer I. Salumäe und mit Konsistorialrat J. Kiiuck. In Wilna, Litauen, sprach ich auf dem Außenministerium mit dem Direktor der Konsularabteilung Dr. I. Kucinskas und besuchte zweimal den Gottesdienst russischer Baptisten. Dann fuhr ich nach Warschau, wo ich mit dem Leiter des »Zentrums für Internationale Studien beim polnischen Senat«, mit Herrn Dr. A. Hajnicz, sprach. Zum Abschluß meiner Fahrt führte ich in Berlin ein Gespräch mit dem deutschlandpolitischen Berater Gorbatschows, mit Herrn Professor Dr. W. Daschitschew, dem Leiter der Abteilung Internationale Politik an der Akademie der Wissenschaften in Moskau.

Ich versandte dann weiterhin Hunderte von Einladungen und mietete und bezahlte einen großen Raum in der Beethovenhalle in Bonn für den 23. Februar 1991.
Da setzte eine große Hetze von linker Seite mit verlogenen Artikeln und mit Terror ein. Zu diesem »Druck von unten« gesellte sich bereitwillig ein »Druck von oben«. *Mit Lug und Trug und Willkür wurde uns der Februar-Termin genommen, dafür der 21. September zugesagt, aber mit der gleichen verlogenen Haltung uns ebenfalls genommen,* indem der Raum hinterrücks an eine andere Gruppe vermietet wurde, also noch ein Wortbruch hinzukam. Da gelang es dem damaligen Bundesvorsitzenden der »Christlichen Liga«, Herrn Ministerialrat Dr. Völkl, und mir in Veitshöchheim die »Mainfrankensäle« für den 7. September zu mieten.

Am 5. September - meinem 69. Geburtstag - mußte ich ins dortige Rathaus. Man eröffnete mir, es hätten sich Demonstrationen angemeldet und in mehreren Zeitungen seien Artikel gegen den Kongreß erschienen. Da nun auch eine Bombendrohung eingegangen sei, könne man die Abhaltung des Kongresses nicht gestatten. Weil laut Vertrag der Vermieter bei Gefahr kündigen kann, wurde der Kongreß nun zum dritten Mal verhindert. Als ich darum bat, den Teilnehmern, die dennoch kämen, eine Erklärung abzugeben, wurde mir dies gestattet, aber am 7. September von der Polizei verwehrt, da es außerhalb der Räume eine neue Versammlung sei, die man 48 Stunden vorher hätte anmelden müssen. Da wußte ich aber doch noch gar nichts von der kommenden Verhinderung! Schnell schrieb ich nun meine Erklärung mit der Hand, ließ sie fotokopieren, und meine Frau und ich verteilten sie dann zusammen mit meinem, zum Glück bereits gedruckten, »Wort des Präsidenten«, das ich gehalten hätte (siehe Anhang I), an die etwa hundert Teilnehmer. Daß fast die Hälfte doch noch erschienen war, lag weithin daran, daß die Meldung im Rundfunk und in der Presse vom Ausfallen des Kongresses von einem großen Teil nicht vernommen worden war. In meiner Erklärung schrieb ich u.a.: »Da die Abhaltung dieses Kongresses nun zum dritten Mal hintertrieben worden ist, ihm anscheinend auch in Zukunft kein Termin echt gewährt wird, ist er damit zu einer Dauereinrichtung geworden. Ihm dürfen sich alle Gruppen und Menschen zugehörig fühlen, die für das Völkerrecht und die Menschlichkeit eintreten.

Als Präsident dieses Kongresses werde ich weiterhin für Freiheit und Frieden, Völkerrecht und Menschlichkeit eintreten.«
Diese Erklärung und mein »Wort des Präsidenten« legte ich einem Schreiben bei, das ich an alle Bundestagsabgeordnete sandte. Es kamen von unseren so zahlreichen »Volksvertretern« nur zwei (!) Antworten. Man hatte sich wohl vom Verrat an Ostdeutschland nicht mehr abhalten lassen wollen!

Typisch für die Angriffe in der Presse waren ihre unverschämten Lügen. So hieß es etwa, daß »ein dänischer Faschist und ehemaliger SS-Aufseher im Konzentrationslager Auschwitz als Gastredner erwartet« werde. Dabei hatten wir einen solchen nicht einmal als Teilnehmer! Auch hieß es, daß »die FAP als selbsternannte Nachfolgeorganisation der NSDAP die Sicherung des Kongresses« übernähme. Abgesehen davon, daß wir überhaupt nicht an einen Saalschutz gedacht hatten, hatte sich die FAP nicht einmal angemeldet! Behauptet wurde auch, wir planten, mit der Bundeswehr die deutschen Ostgebiete zurückzuerobern.
Die sogenannte Pressefreiheit wird also dazu mißbraucht, alle, die den dunklen Plänen der Hintergrundmächte im Wege stehen, mundtot zu machen, an ihnen Rufmord zu begehen. Auch frühere üble Erlebnisse zeigen mir, daß auch in unserer Bundesrepublik die Demokratie weithin eine Farce ist.

Dort wo die Demokratie der Erledigung von Gegnern im Wege steht, wird sie skrupellos aufgehoben- und die von ihnen abhängigen Politiker, Presseleute usw. sehen sich gezwungen, zu gehorchen, wollen sie nicht ihren bequemen Sessel verlieren.
Als Nebenbemerkung: Infolge der Aufregungen und Enttäuschungen erlitt ich kurz nach dem verhinderten Kongreß einen schweren Herzinfarkt, der weite Teile meines Herzens zerstörte, und ich mußte mich einer siebenstündigen Herzoperation (doppelter By-pass) unterziehen, der Rückschläge und schlimme Krankheiten folgten, so daß ich innerhalb eines halben Jahres sieben Mal in Krankenhäuser mußte, insgesamt auf zehn Stationen und vierzehn Zimmer.
Dieser ausführliche Tatsachenbericht will deutlich machen, daß alles, was in diesem Buche vorgetragen wurde, keine blasse Theorie, keine bloße Behauptung ist, sondern eine Bestätigung dessen, was sehr viele bei uns und in anderen Staaten über sich ergehen lassen müssen. So gut wie tagtäglich kann man ja lesen, wie auf Rechtsstehende ein Kesseltreiben veranstaltet wird. Diese, wie auch überzeugte Christen, etwa solche, die für die Ungeborenen eintreten, sind großenteils Freiwild geworden, zum »Abschuß« freigegeben. Die Völker und Christen stehen den Hintergrundmächten im Wege, da sie u.a. deren »neue Welt« bzw. die » Neue Weltordnung« als ein »Vorspiel der Hölle«, als die Wegbereitung des Antichristen entlarven. Wir sind aber getrost, da wir froh daran glauben, daß der wiederkommende Herr, unser Heiland Jesus Christus, den Antichristen vernichten wird. Inmitten aller Angst der Welt dürfen und wollen wir auf den Sieger schauen!

Wolfgang Borowsky

Anhang I

Wort des Präsidenten

»Frieden und Freiheit« - wie sehnt sich die Menschheit nach beidem, sehnen sich die Völker! Und in dieser Zeit großer Umwälzungen mit ihren besonderen Chancen wie aber auch Gefahren rufen selbst die kleinsten Völker nach Freiheit, nach Selbstbestimmung.
Wir hören diesen Ruf in den verschiedensten Teilen der Sowjetunion, auch in anderen Ländern Ost-, Südost- und Westeuropas, ja in der ganzen Welt.

In einer Zeit, in der man sich zugleich um größere Zusammenschlüsse bemüht - denken wir an »Europa«-, könnten nationale Bestrebungen für anachronistisch gehalten werden, für ein Hindernis auf dem Wege zur erhofften Einheit der Menschheit. Es treten beide Trends zugleich auf: der Trend zur Freiheit und Selbständigkeit selbst bei kleinsten Völkern und der Trend zu größeren Zusammenschlüssen. Doch diese Trends widersprechen einander nicht, sondern bedingen einander. Zu lange hat man schon gemeint, um größerer Ziele willen müsse man die Eigenart, müsse man das Nationale und die bodenständige Kultur vernichten, oder, was auf das gleiche hinauskommt, Völker und Kulturen miteinander vermischen.

Jedoch, so wie eine Gemeinschaft am besten gedeiht, wenn man die Einzelperson gerade nicht ausschaltet, nicht nivelliert, sondern sich voll entfalten läßt, *so können auch größere Welteinheiten der Menschheit am besten dienen, wenn die einzelnen Völker in ihrer Eigenart nicht ausgelöscht werden, sondern wenn sie sich in voller Freiheit entfalten und der Welt ihren spezifischen Beitrag geben können.*
Dabei ist es eine zweite Frage, ob sie die Souveränität erstreben oder bei voller Autonomie im bisherigen Staatsverband bleiben wollen.
Diese Fragen gelten auch für das Gebiet der Sowjetunion. *Die Freiheitsbestrebungen aller Völker in ihr haben wir zu unterstützen.* Dies sowohl um der betreffenden Völker als auch um der Welt willen, der diese bereichernde Vielfalt zugutekommt. Für eine friedliche wie fruchtbare Entwicklung in Osteuropa ist es unerläßlich, daß die neu sich bildenden Nationalstaaten nicht nur mit Staaten Westeuropas, sondern auch mit Rußland in guter wirtschaftlicher wie politischer Beziehung stehen. Jedenfalls gilt es zu verhindern, daß im Osten ein Vakuum entsteht, in das europafeindliche Mächte und Kräfte eindringen könnten.

Eine Freigabe der Völker können wir von der Sowjetunion aber nur erwarten, wenn wir selber bereit sind, Völker im eigenen Raum freizugeben. Wie können wir mit gutem Gewissen und glaubhaft gegenüber Osteuropa die Forderung erheben, allen Völkern die Freiheit zu geben, wenn wir dazu schweigen, daß in West- und Südeuropa

Völker und Volksgruppen nicht einmal volle kulturelle Autonomie erhalten? Die Freiheit ist unteilbar! Wir haben alle Menschen und allen Völkern der Welt umfassende Freiheit zu ermöglichen. Wie bedroht ist aber schon selbst eine begrenzte Freiheit! So sieht man Völker und Rassen in der Dritten Welt in der Gefahr stehen, nun besonders schlimm ausgebeutet, wenn nicht ausgerottet zu werden. Wie Hintergrundmächte - auch mit dem, was sich unter dem fraglichen Stichwort »Neue Weltordnung« verbirgt - nun verstärkt an einem antichristlichen, menschheitsversklavenden Reich bauen, ist alarmierend. Und wie der Mord an den Ungeborenen, sexuelle »Freizügigkeit« und in gewisser Weise auch Rauschgift und so manche Anarchie in aller Welt propagiert werden, ist ein Verbrechen und eine Schande für die ganze Menschheit. *Unser Kongreß will daher auch ein Anwalt für alle Unterdrückten und Bedrohten sein, will die wahre Menschlichkeit verteidigen.* Freiheit und Gerechtigkeit für alle Menschen! Freiheit und Gerechtigkeit für alle Völker!

Leider machen wir die Erfahrung, daß Völker, soeben freigeworden, nun ihrerseits Minderheiten in ihrem Raume unterdrücken oder wegen Grenzstreitigkeiten über andere Völker herfallen. Und dies muß bei einer neuen Friedensordnung vermieden werden. Ein Aufwärmen alter Feindschaften, ein »Begleichen« alter Rechnungen und imperialistische Gebietsforderungen wären für alle verhängnisvoll. Man hat nicht auf alte Schuld der anderen zu blicken, Schuld gegeneinander aufzurechnen, vielmehr angesichts der Schuldverstrickung aller die Vergangenheit nicht mächtig werden zu lassen. *Wir haben für eine gute Gegenwart und gute Zukunft einzutreten!* Wo Interessen einander überschneiden, hat man aufrichtig und entgegenkommend miteinander zu reden, und dabei die völkerrechtlichen wie menschlichen Gesichtspunkte unbedingt zu beachten. Mancher Verzicht könnte notwendig werden, sollte aber nie nur von einer Seite erwartet werden. In vielen Fällen wird es zu Kompromissen kommen. Angesichts des Egoismus der Menschen und der Völker ein schwieriges Unterfangen, doch nicht hoffnungslos, auf jeden Fall aber um des Friedens und des Wohles der Menschen willen nötig.

Bei diesem Bemühen um eine neue Friedensordnung wirft man uns vor, nicht realistisch zu sein. Nun, wo man unter »Realpolitik« weiterhin das Recht des Stärkeren mit dem vae victis, eine Rache- wie Annexionspolitik versteht, so gebe ich mich zwar keiner Illusion über das Wesen des Menschen hin, hoffe aber, daß - wie es doch wiederholt geschehen ist - in dieser Zeit großer Chancen bessere Weichen für die Zukunft gestellt werden und so die Welt wenigstens für einige Zeit ein etwas menschlicheres Antlitz erhält.

Und für diese Hoffnung will ich kämpfen und werde ich kämpfen - und möge dies ein jeder tun! Die Welt darf doch nicht weiterhin in »Sieger« und »Besiegte« eingeteilt werden! Es war mir schon immer unverständlich, wie man auf einer Siegesfeier jubeln kann, wenn zu gleicher Zeit die Unterlegenen weinen müssen.

Ein jeder Mensch als ein Geschöpf Gottes sollte sich freuen können, sollte frei und ohne Furcht atmen dürfen. Setzen wir uns alle miteinander dafür ein!
Was für die neue Friedensordnung in Osteuropa, ja für das menschliche und völkerschaftliche Miteinander in der ganzen Welt gilt, das gilt doch auch im Hinblick auf die deutschen Ostgebiete. Es kann nicht verschiedene Lebensgesetze geben: Lebensgesetze für das Miteinander der Völker Osteuropas und der übrigen Welt und andere Lebensgesetze für das Miteinander von Polen und Deutschen.
Haben jahrhundertelang Polen und andere Slawen mit uns Deutschen friedlich und gut zusammengelebt und erhoffen wir dies nach schlimmen Zeiten von neuem, so darf es hier keinen einseitigen Verzicht, kein Beugen des Rechtes, kein Verewigen von Unmenschlichkeiten geben, und darum auch kein Super-Versailles, das neue Konfliktstoffe in sich birgt, jedenfalls nicht zur wahren Versöhnung beiträgt.
Man kann zwar bei einem aufrichtigen Gespräch in einen gewissen beiderseitigen Verzicht einwilligen, sollte sich aber - auch um der anderen willen - keinem Verzichts-Diktat beugen. Mit einem guten Gespräch zwischen Polen und uns könnten wir eine gemeinsame Lösung für die Ostgebiete finden, die für die übrige Welt in ihrem oft in Sackgassen führenden Ringen vorbildhaft sein könnte.
So wie es aber in dieser Frage bisher gehandhabt worden ist, wird der Welt leider kein gutes Vorbild gezeigt, kein gangbarer Weg gewiesen. Kaum fiel die Mauer, kam schon die Forderung der Anerkennung der sogenannten Westgrenze Polens, wurde widerrechtlich die Möglichkeit der Vereinigung beider deutscher Teilstaaten mit dem Verzicht auf Ostdeutschland gekoppelt, und wurden dann Verträge unter Mißachtung des Völkerrechts und der Menschlichkeit geschlossen. Sieht man dieses Vorgehen als »Probe aufs Exempel« an, wie die Menschheit die Chance einer neuen Zukunft nutzt, kann man nur erschrecken und tief betrübt sein. *Es wird doch nur der alte üble Weg fortgesetzt und verfestigt!* Läßt man weiterhin Macht vor Recht ergehen, besteht man, nach einem halben Jahrhundert, auf Siegesbeute, erpreßt man den Besiegten mit Forderungen, sogar mit neuen Forderungen, so gibt dies der übrigen Welt und der Zukunft ein schlimmes Beispiel. Dieser Geist und diese Haltung förderten es, daß sich dann das gleiche im übrigen Osteuropa abspielt: ein Gegeneinander der Völker. Und will man denn, daß es weder zu einem guten noch zu einem beständigem »Europa« kommt? Eine böse Saat kann keine gute Frucht bringen. Ein Raub kann keinen Segen bringen. Der Raub unserer Ostgebiete könnte ein »Europa« von vorneherein beeinträchtigen, wenn nicht verhindern. Wird Deutschland von den Grenzen Osteuropas verdrängt, ihm der Blick in den weiten Osten entzogen, so wird Deutschland als notwendige Klammer, als unverzichtbare Brükke zwischen West- und Osteuropa in dieser Funktion geschwächt. Eine Einigung, ein Zusammenwachsen beider Teile Europas könnte zumindest sehr erschwert werden. Deutschland muß also auch um

Europas willen noch einen Fuß an den Grenzen Osteuropas haben. Ein Aufgeben unserer Ostgebiete könnte zur Verhinderung oder Zerstörung »Europas« führen.

Sind Verträge nicht nur - letztlich für alle Teile - nachteilig, sondern noch dazu gegen das Völkerrecht und gegen die Menschlichkeit, so sind sie, so wie der unselige Pakt 1939, »null und nichtig«, und keine Regierung, ob gegenwärtig oder zukünftig, ist an sie gebunden, darf sich an sie gebunden fühlen. *Ein jeder Deutscher, und nicht nur er, hat die Verpflichtung, den Rechtsanspruch Deutschlands auf seine Ostgebiete aufrechtzuerhalten und auf eine völkerrechtliche wie menschliche Lösung dieser Frage zu dringen. Dies nicht nur um Deutschlands willen, sondern zur Verteidigung des Völkerrechts, zu Verteidigung der bewahrenden Rechts- und Lebensordnung der ganzen Welt.*
Die Welt steht jetzt am Scheidewege. An der Frage der deutschen Ostgebiete entscheidet und scheidet sich der Weg in die Zukunft. *Daher appeliere ich an unseren Bundestag, keine fraglichen, Völkerrecht wie Menschlichkeit verletzende Verträge zu ratifizieren. Ich appeliere an alle Mächte Europas und der Welt, um der Zukunft der Menschheit willen die Frage der deutschen Ostgebiete, ja Ostdeutschlands, wie auch sonstige nationalen und internationalen Fragen unter Beachtung des Vökerrechts und der Menschlichkeit neu zu regeln.* Ich hoffe auf die Vernunft der Völker.

Wolfgang Borowsky

Biographie des Autors

Wolfgang Herbert Borowsky, geboren am 5. September 1922 in Riga, Lettland. 1939 in den Warthegau umgesiedelt. Nach zweimaligem Kriegseinsatz in Nordafrika (Libyen und Tunesien) 3 Jahre Gefangenschaft in den USA. Danach rund ein Jahr auf dem Pachthof des Vaters in Unterfranken, wohin dieser im Winter 1945 mit Pferden geflohen war.

Theologiestudium in Erlangen und Tübingen. Vikar auf elf Stellen. 1958 Pfarrer in Stuttgart-Rohracker (mit Stuttgart-Frauenkopf), dann 2. Pfarrer an der Stadtkirche von Schwenningen am Neckar mit Krankenhausseelsorge und dem Amt des Kämmerers des Dekanats. 1970 1. Pfarrer an der Friedenskirche zu Stuttgart. Ab Februar 1984 im Ruhestand, zeitweise in Frankreich. Verheiratet mit Anita, geb. Bleibaum. Vier Söhne, zum Teil verheiratet und mit Kindern.

Regelmäßige Referate auf verschiedenen katholischen Weltkongressen. Referate auf den 700-Jahrfeiern von Duns Scotus (Edinburgh 1966), Thomas von Aquin (Rom, Frühjahr 1974) und Bonaventura (Rom, Herbst 1974). Mitarbeit an evangelischen und in- und ausländischen katholischen Zeitschriften.

1973 Ökumenische Vortragsreise in Südkorea (Pusan und Seoul).

Korrespondierendes Mitglied der »Päpstlichen Internationalen Marianischen Akademie« in Rom.

Mitglied der »Internationalen Skotistischen Gesellschaft« (societas internationalis scotistica).

Mitglied der »Società Internationale Tommaso d´Aquino«.

Mitglied der »Société Internationale Pour L´Etude De La Philosophie Médiévale«.

Mitglied des »Theologischen Konvents der Konferenz Bekennender Gemeinschaften«.

Bis zum Beginn des Vorruhestands Vorstandsmitglied der »Evangelischen Sammlung in Württemberg«.

Ehrenmitglied des Kuratoriums der »Ludwig-Frank-Stiftung für ein freiheitliches Europa«.

Gründungsmitglied und eine Zeitlang Vorstandsmitglied der Arbeitsgemeinschaft »Partnerschaft statt Gewalt«, jetzt »Arbeitskreis Christen für Partnerschaft statt Gewalt«.

Gründungsmitglied der »Europäischen Ärzteaktion«.

Gründungsmitglied der Ortsgruppe der »Gesellschaft für Menschenrechte« in Stuttgart.

Mitglied und ehemaliger Rechnungsprüfer des Landesverbandes Baden-Württemberg des »Freien Deutschen Autorenverbandes« (Schutzverband deutscher Schriftsteller).

Mitarbeiter des »Deutschen Instituts für Bildung und Wissen« u.a.

Präsident des »Deutschen Nationalkongresses« ab 1990

Im Verlag A. Schmid, Verlags-Programm: Pro Fide Catholica, Postfach 22, D-87467 Durach, erschienen folgende Bücher:

Der Vertrag von Maastricht - Endlösung für Europa

Johannes Rothkranz, Band 1: 352 Seiten, 32 Bildtafeln, 29,80 DM
Band 2: 368 Seiten, 32 Bildtafeln, 29,80 DM

Ob diese Schrift ein exzellenter Polit-Knüller oder ein hochbrisanter Polit-Krimi ist, mag der Leser entscheiden. Jedenfalls kommt sie geradezu fünf Minuten vor Zwölf, um den ahnungslosen Europäern mit überzeugenden Argumenten klarzumachen, was mit ihnen und dem Abendland geplant ist. Es ist ein verruchter Plan, der mit Hilfe des sog. Vertrags über die Europäische Union vom 7. Februar 1992 die europäischen Völker endgültig und total den finsteren, weltweit organisierten Mächten ausliefern soll, deren vorrangiges Ziel die „Zerstörung des Christentums, der Nationalität und der Freiheit in Europa“ ist, wie ein erleuchteter ehemaliger Chefkorrespondent der „Times“ bereits 1948 schrieb. Der Autor legt mit diesem Buch den schmutzigen Plan der Endlösung für Europa im Detail offen. Ob er damit die schlafenden Europäer noch motivieren kann, ihre regierenden Polit-Marionetten, die zum Teil mit pathologischer Hartnäckigkeit den geplanten epochalen Zerstörungsprozeß „unumkehrbar“ machen wollen, rechtzeitig in die Wüste oder zum Teufel zu schicken? (Dies freilich nicht mit roher Gewalt, sondern nur mit legitimen „demokratischen“ Mitteln, versteht sich.) Alles in allem gebührt dem Autor Anerkennung und Dank, hat er sich doch um die Völker Europas verdient gemacht. Bleibt nur zu wünschen, daß die Europäer auch seine Schrift mit gebotenem Ernst lesen und die notwendigen Konsequenzen ziehen.

JA zu Europa, heißt NEIN zu Maastricht

Johannes Rothkranz, 32 Seiten, 4,80 DM

Es ist und bleibt eine geschichtlich feststehende Tatsache, daß der Sanhedrin (Hohe Rat) den menschgewordenen, wahren Gott Jesus Christus zum Tode verurteilt hat und ihn durch die gehaßten Gojim (Römer) kreuzigen ließ.
Genau so ist es eine geschichtlich feststehende Tatsache, daß der heutige „Sanhedrin“ das vom Glauben an Jesus Christus geprägte freie Europa und das, was von seiner christlichen Substanz noch übrig ist, mit Hilfe zeitgenössischer politischer Gojim radikal vernichten will.
Ja, mehr noch! Schon 1945 hat der wissende amerikanische Jude Henry H. Klein in der aufsehenerregenden Schrift „The Sanhedrin produced World Destruction“ behauptet, daß der Sanhedrin dabei ist, die ganze Welt zu zerstören. Da aber dieses Ziel nicht auf einen Schlag, sondern nur schrittweise, in Etappen erreicht werden kann, muß die härteste Nuß zuerst geknackt werden, d. h. die Zerstörung Europas hat also Priorität.
Johannes Rothkranz hat in seinem großangelegten zweibändigen Werk über den „Vertrag von Maastricht – Endlösung für Europa“ mit unwiderlegbaren Argumenten aufgezeigt, daß das teuflische Machwerk von Maastricht die verruchten Ziele der antichristlichen „Feinde aller Menschen“ verfolgt. Ihr letzter Großangriff will die freien europäischen Nationalstaaten und das Christentum, auf das sie gegründet sind, vernichten, um nach der freimaurerischen Devise „Ordo ab

Chao“ (Ordnung aus dem Chaos) die „Neue Weltordnung“ der Söhne Weishaupts im „Neuen Zeitalter“ (New Age) errichten können. Johannes Rothkranz hat uns darüber bereits in seiner Trilogie „Die kommende Diktatur der Humanität“ ausführlich und überzeugend informiert.
In dieser neuen und kleineren Schrift legt er noch einen beachtlichen Nachtrag vor. Mit zum Teil neuen Argumenten gibt er in fünf Thesen noch einmal der Überzeugung Ausdruck, daß der Vertrag von Maastricht das Ende des freien und christlichen Europa bedeutet und deshalb entschieden abgelehnt werden muß. Ob die Europäer, die durch einen geschichtlich einmaligen Bevölkerungszusammenbruch – vor allem in Deutschland – ihren eigenen Untergang längst beschlossen haben, dem zukünftigen Schicksal noch entrinnen können, ist fraglich. Ohne radikale Umkehr zu Christus ist die kollektive Sklaverei im „Vereinten Europa“ und in der kommenden „One World“ unvermeidlich.

MAASTRICHT – Quo vadis EUROPA?

Michael Th. Sprenger-Menzel; 81 Seiten, 13,90 DM

Der arglose, von den Massenmedien „ausgewählt” informierte Bürger wird über die wahren Folgen der Europäischen Vereinigung im Sinne des Maastrichter Vertrages schon deshalb nicht Bescheid wissen, weil man von ihm nicht verlangen kann, daß er den Vertragstext kennt. Um dem Bürger ein wahres Bild zu vermitteln, hat ein Fachmann (ein Gesellschafts- und Wirtschaftswissenschaftler (Hochschuldozent)) diese wertvolle Aufklärungsarbeit in der Überzeugung vorgelegt, daß er damit den Europäern, insbesondere aber dem deutschen Steuerzahler (und Wähler!), einen wertvollen Dienst leistet. Der Leser wird dem Autor dankbar sein, weil die fundierte, am Vertragstexte selbst ausgerichtete und im besten Sinne des Wortes „kritische” (dabei aber nicht zu theoretische) Argumentation einfach wachrüttelt und überzeugt. Viele werden sogar schockiert sein, weil deren Vorstellung vom „Vereinten Europa” eben nicht dem entspricht, was eine gezielte Werbekampagne euro-phorischer Maastricht-Europäer jahrelang vorgegaukelt hat; denn Maastricht ist erst der Anfang... Dieses Buch richtet sich nicht nur an Fachkollegen, sondern gerade auch an den „Mann auf der Straße” und sollte von ihm schnellstens gelesen werden, damit er nicht länger ein Opfer eigener und fremder Fehleinschätzungen und Falschinformationen bleibe.

Marschiert auch Österreich in die kollektive Sklaverei?

Einzug ins Faß ohne Boden; Hintergründe der EU

Prof. Sommerbauer, 64 Seiten, 6,80 DM

Dieses Büchlein leuchtet die Hintergründe der EU aus. Es zeigt, worum es den verborgenen Drahtziehern der EU in der Vergangenheit ging und nach wie vor geht. Was verbirgt sich hinter den Worten „Sozialismus“ und „Kommunismus“ wirklich? Enger, als die meisten Bürger ahnen, ist Baron Rothschild – in diskreter Weise – mit diesen Begriffen und dem „Geldschöpfungsrecht der Zentralbanken“ verbunden. Hat Dr. Steinhauser recht, wenn er die Europäische Union mit der Union der Sozialistischen Sowjet-Republiken vergleicht? Nur wenige Bürger kennen sich in diesen Bereichen wirklich aus. Der Autor will helfen, diese fatale Bildungslücke zu schließen. Das Büchlein bezieht sich nur an einzelnen Stellen auf österreichische Verhältnisse. Es ist für Bürger aller Staaten gleichermaßen lesenswert. Zahlreiche Illustrationen lockern die Darstellung auf.

Die „öffentlichen“ Meinungsmacher

Johannes Rothkranz, 32 Seiten, 3,80 DM

Man nennt sie „die vierte Macht“ im Staat: die modernen Massenmedien. Tatsächlich kann der politisch-gesellschaftliche Einfluß von Fernsehen und Rundfunk, Film und Presse kaum überschätzt werden. Wer an den Schalthebeln dieser Medienmacht sitzt, bestimmt nämlich über die Inhalte dessen, was wir die öffentliche Meinung nennen. Öffentlich bekannt sind allerdings außer dieser „öffentlichen“ Meinung selbst gewöhnlich nur ihre treuen Diener, nicht jedoch ihre wahren Urheber. Gewiß kennen wir die Namen der Chefredakteure, Moderatoren, Korrespondenten und Kommen-tatoren, doch sie alle sind ja bloß bezahlte Angestellte und tun, was ihre Bosse von ihnen erwarten. Wer aber sind die Medien-Bosse? Die vorliegende, glänzend recherchierte Schrift gibt die Antwort. Wer sie gelesen hat, weiß endlich, warum „Volkes Stimme“ in der „öffentlichen Meinung“ längst nicht mehr wiederzuerkennen ist; er versteht jetzt, warum seit vielen Jahren aus allen Medienkanälen unisono und unaufhörlich ein ohrenbetäubend lautes Loblied auf die vom Volk abgelehnte „Multikultur“ erschallt; er begreift mit einem Mal, warum in der „öffentlichen Meinung“ ganz überwiegend christlicher Völker der authentische christliche Glaube nicht bloß nicht mehr vorkommt, sondern seit Jahrzehnten unablässigen Angriffen jeder nur denkbaren Art ausgesetzt ist. Des Rätsels Lösung: Warum sollten ausgerechnet notorische Antichristen in der von ihnen kontrollierten Medienmaschinerie christliche Stimmen zu Wort kommen lassen? Oder wie kämen ausgerechnet notorische One-World-Vorkämpfer dazu, in der von ihnen gesteuerten „öffentlichen Meinung“ für die Erhaltung der nationalen Identität der Völker einzutreten? Sie sind keine Masochisten! Aber wir, ihr lammfrommes Publikum?

Die kommende „Diktatur der Humanität“ oder die Herrschaft des Antichristen

Mag. theol. Johannes Rothkranz, 3 Bände

1. Band: **Die geplante Weltdemokratie in der „City of Man“**

133 Seiten und 16 Bildtafeln, kart., 16,80 DM

1940 erschien in den USA ein kleines Buch mit hochbrisantem Inhalt. Unter dem Titel „The City of Man – die Stadt des Menschen“ wurde darin der geheime Plan der Mächte hinter den Kulissen propagiert und die unausweichliche politische Vereinigung der ganzen „Weltdemokratie“ bzw. „Diktatur der Humanität“ unter einer einzigen Weltregierung angekündigt. Es war das erste Mal, daß der uralte Plan für die Errichtung eines totalitären Weltstaats von seinen Urhebern selber offengelegt wurde. Obwohl die Vorbereitungen für den diktatorischen Weltstaat in unserem Jahrhundert auf Hochtouren laufen, oder vielmehr gerade deswegen, hat man den Plan für die „City of Man“ damals rasch wieder verschwinden lassen. Der vorliegende Band jedoch stellt den Plan in seinen Einzelheiten vor, enthüllt seine Hintergründe und präsentiert seine Hintermänner. Besonders aufschlußreich ist die ausführliche Behandlung aller dreizehn Stufen der Geheimen Hierarchie der „Wissenden“, die den Plan entworfen haben und im Verborgenen zielstrebig an seiner Verwirklichung arbeiten. Wer sich über die wirklichen Hintergründe der internationalen Politik und der gegenwärtigen weltpolitischen Entwicklungen informieren will, kommt an diesem im wahrsten Sinne des Wortes „enthüllenden“ Werk nicht vorbei.

2. Band: **Die Weltherrscher der Finsternis in Aktion**

237 Seiten und 32 Bildtafeln, kart., 21,80 DM

Aufbauend auf den im ersten Band gewonnenen Einsichten in die Struktur und Zielsetzung der geheimen Satanshierarchie zeigt dieser Band ganz konkret auf, wie weit der Plan der Geheimen Oberen schon gediehen war, als sie ihn 1940 für einen kurzen Augenblick aufdeckten, und welche ungeheueren Fortschritte die Erbauer der „City of Man" in den letzten fünfzig Jahren bis hinein in die unmittelbare Gegenwart gemacht haben. Der Leser lernt u. a. die beiden Weltkriege von einer ganz anderen Seite her kennen und erfährt, daß die gegenwärtige „Friedensbewegung" unmittelbar der Vorbereitung des längst geplanten dritten Weltkrieges dient, der endgültig alle Hindernisse für die Weltdiktatur beseitigen soll.

3. Band: **Die vereinten Religionen der Welt im antichristlichen Weltstaat**

259 Seiten und 16 Bildtafeln, kart., 21.80 DM

Für die geheimen Oberen ist der geplante Weltstaat unabtrennbar von der ihn stützenden und tragenden totalitären Ideologie, die als „Religion der Humanität" bzw. „Religion der Demokratie" verbrämt wird. Diese Religion soll aus dem Zusammenschluß aller großen Weltreligionen hervorgehen, die dabei ihres traditionellen Charakters weitgehend entkleidet werden. Zentrum der Bestrebungen zur Vereinigung aller Religionen zur künftigen Welteinheitsreligion des Antichristen ist die am straffsten organisierte Religion: die katholische Kirche mit ihrer einzigartigen religiösen Integrationsfigur, dem Papst. Der dritte Band weist anhand in der Öffentlichkeit größtenteils unbekannter Fakten und Informationen nach, daß spätestens seit dem II. Vatikanischen Konzil im Vatikan die Geheimen Oberen regieren, die sich in ständig steigendem Maß der katholischen Kirche als ihres wichtigsten Instruments zur Durchsetzung nicht bloß der Welteinheitsreligion sondern auch der Weltdiktatur bedienen.

Wußten Sie schon...?

Mag. theol. Johannes Rothkranz, 32 Seiten, 3.– DM

Hinter dieser Allerweltsfrage verbergen sich in der vorliegenden Schrift außerordentlich wichtige, aber leider so gut wie unbekannte zeitgeschichtlich-politische Tatsachen. 28 logisch aufeinanderfolgende in ihrem Zusammenhang wahrhaft erschütternde Thesen lassen schlaglichtartig die erschreckende Wahrheit hinter dem uns allen bis zur Stunde noch vorgegaukelten geschönten Geschichtsbild des 20. Jahrhunderts aufleuchten. Wegen der ungeheuren Brisanz dieser verschwiegenen Tatsachen hat der Autor mit äußerster Sorgfalt aus über jeden Zweifel erhabenen Quellen geschöpft. Er liefert deshalb mit dieser Schrift zugleich eine Zitatensammlung von kaum zu überschätzendem Wert.

Die Freimaurer und der Vatikan

Pfr. Manfred Adler, 196 Seiten, 17,50 DM

Ziel der Freimaurerei ist die Errichtung einer Weltdiktatur und einer Weltreligion. Um diese universale Religion der Humanität Wirklichkeit werden zu lassen, muß die einzig wahre Religion als die die katholische Kirche sich versteht, verschwinden. Mittels des Dialogs soll die Führung der Kirche im Freimaurersinn umfunktioniert werden. Dieses Buch gibt einen Überblick und detaillierten Einblick in den freimaurerisch-kirchlichen Dialog der letzten Jahrzehnte. Die bisher vorliegenden Ergebnisse dieses Dialogs sind in mehr als einer Hinsicht bestürzend.

Die Freimaurerei als politischer Faktor

Manfred Jacobs; 121 Seiten, 12,80 DM

Seitens der Logen wird behauptet, die Freimaurerei sei politisch nicht interessiert und somit unpolitisch. Sie (die Freimaurerei) wolle lediglich, auf idealistisch-edle Weise, den Menschen zum Menschen machen. Wer sich bemüht, an die Wurzeln der hereingebrochenen geistigen Katastrophe vorzu-dringen, kommt zu anderen Erkenntnissen. Die politische Praxis der Freimaurerei, ihr politisch ausschlaggebendes Mitwirken an folgenschweren Ereignissen und einschneidenden Entwicklungen, wird offenkundig. Gewagte Theorien und ungerechtfertigte Anschuldigungen werden in dieser Schrift nicht vorgetragen. Die gebrachte Darstellung möchte zum Verstehen der politischen Praxis beitragen und die Beziehung der Freimaurerei zur politischen Wirklichkeit vorstellen. Ein Anspruch auf Vollständigkeit wird nicht gemacht.

Die Unterminierung der katholischen Kirche

Mary Ball-Martinez, ca. 200 Seiten, 19,80 DM

Als „das 1789 der katholischen Kirche“ hat der belgische Kardinal Leo Suenens in einem unbeherrschten Augenblick das II. Vatikanische Konzil bezeichnet. Er wollte damit dieses Konzil als eine Revolution von nicht geringerer Tragweite als die berühmt-berüchtigte Französische Revolution von 1789 kennzeichnen.
Daß das II. Vatikanum einen äußerst folgenschweren Umsturz der katholischen Kirche unmittelbar nach sich zog, wird heute von niemandem mehr geleugnet. Fast völlig in Vergessenheit geraten ist dagegen der unumstößliche Grundsatz, daß es nun einmal keine spontane, unvorbereitete, aus dem Augenblick geborene Revolution gibt. Jede Revolution erfordert eine langfristige und minutiöse Vorbereitung im Untergrund – eben die schleichende Unter-minierung dessen, was da umgestürzt werden soll.
Genau hier setzt das vorliegende Werk den Hebel an. Seine These lautet, daß die „katholische“ Revolution in Wirklichkeit bereits eine vollendete Tatsache war, als das II. Vatikanum einberufen wurde. Die einzige Aufgabe der Konzilsväter bestand darin, gehorsam ihre Zustimmung zu dem zu geben, was nicht etwa sie selbst zu beschließen hatten, sondern was längst von anderen beschlossen war! Für diese zentrale These ihres packend geschriebenen Buchs kann die langjährige Vatikan-Journalistin Mary Ball-Martinez eine ebenso beeindruckende wie lückenlose Reihe von Belegen liefern.
Wer wirklich wissen will, „wie das alles mit der Kirche nur so kommen konnte“, wird an diesem einmaligen Buch nicht vorbeigehen können!

ASSISI und Die NEUE RELIGION Johannes Paul's II.

Manfred Jacobs, 109 Seiten, 9,80 DM

Hat Papst Johannes Paul II. beim Gebetstag der „Weltreligionen“ in Assisi am 27. Oktober 1986 tatsächlich eine neue Religion präsentiert, die mit der alten, von

Christus auf dem Fundament der Apostel gegründeten Religion nicht mehr identisch ist? Der Verfasser dieser Schrift behauptet das und begründet seine Auffassung mit Argumenten, die für Christen aller Konfessionen bedenkenswert und diskussionswürdig sind. Seine Diktion ist klar, zuweilen hart, aber stets sachlich. Jacobs geht von Tatsachen aus, analysiert diese mit Hilfe kompetenter, sachkundiger Theologen und bemüht sich redlich, komplizierte Zusammenhänge durch zahlreiche Anmerkungen einem breiten Leserkreis soweit wie möglich verständlich zu machen.

Ideologie des Modernismus

Prof. Majtényi; 64 Seiten, 3.– DM

„Vielfach werden eigenes Denken und Diskussionen von Schlagworten beherrscht, und die geistige Kurzschlüssigkeit macht sich breit. In dieser Situation zu helfen und zu wirklichem philosophischem Denken hinzuführen, ist unser Anliegen." – „Kampfmethoden müssen gelernt und eingeübt werden."

Jargon des klerikalen Modernismus

Prof. Dr. Adalbert Majtényi, 64 Seiten, 3.– DM

„Warum ´Jargon´? Weil die Modernisten eine Sondersprache sprechen!" Diese Erkenntnis des Autors führte zu den 132 Reflexionen über die Neusprache der postkonziliaren Kirche, die den Leser für die im Innenraum der Kirche üblich gewordene sprachliche Manipulation sensibilisieren wollen. Begriffe wie Anpassungsideologie, Kollektivismus, Fortschritt, Mündigkeit, Toleranz werden als die Zugpferde zur "totalen Umstellung des Weltkatholizismus in kurzer Zeit" herausgehoben und als Träger einer dem Katholizismus wesensfremden und „völlig anderen Denkart" entlarvt.

Aphorismen der nachkonziliaren Gedankenwelt

Prof. Dr. Adalbert Majtényi, 64 Seiten, 3.– DM

Der Autor: „In Aphorismen sucht man weder ein System noch eine Zerstreuung, wohl aber eine Sammlung des Geistes." Maiténye gibt dem in der postkonziliaren Misere steckenden Christen eine „Philosophie des Lebens" in die Hand und setzt damit klares Denken gegen jede Art von Manipulationen.

Die Kardinalfehler des Hans Urs von Balthasar

Mag. theol. Johannes Rothkranz mit einem Vorwort von Prof. Dr. Walter Hoeres, 532 Seiten, 45,– DM

War Hans Urs von Balthasar ein Irrlehrer?
Eine provokante Frage, gewiß. Denn schließlich hat Papst Johannes Paul II. den weltbekannten und „hochverdienten" Theologen 1984 mit dem vielbeachteten „internationalen Preis Paul VI." ausgezeichnet. Am 28. Juni 1988 sollte Von Balthasar sogar zum Kardinal kreiert werden. Wem der Papst aber diesen Ehrentitel der katholischen Kirche verleiht, der kann doch unmöglich ein Irrlehrer sein, sollte man meinen. – H. U. v. Balthasar war anderer Auffassung: Im Jahre 1986 gab er einmal offen zu, man könne in seinen Büchern „Hunderte von Hölzern" für seinen „Scheiterhaufen" finden!

Die Parusie

Kardinal Billot, ca. 117 Seiten, 12,80 DM

Dem berühmten Theologen Kardinal Billot ging es in diesem reifen Werk um die Widerlegung der modernistischen These, Jesus Christus habe das Weltende für die nahe Zukunft prophezeit, sich aber offenkundig geirrt und könne darum auch nicht Gottes Sohn gewesen sein. Herausgekommen ist dabei eine umfassende, eingehende, manchmal überraschende, aber in allen Punkten glänzend begründete Auslegung der Endzeitreden Jesu, deren vollständige Übereinstimmung mit den entsprechenden Prophezeiungen des Propheten Daniel wie auch der Geheimen Offenbarung des hl. Evangelisten Johannes nahezu erschöpfend nachgewiesen wird.

Das allein würde aber noch nicht die Neuauflage eines immerhin schon 70 Jahre existierenden Werks rechtfertigen – wäre dieses Werk nicht von einer in unserer immer unverkennbarer apokalyptisch anmutenden Zeit geradezu faszinierenden Aktualität. Billot hat die bereits damals vorhandenen Anzeichen für den Anbruch der Endzeit hellsichtig erkannt und diese Zeichen in einem eigenen Kapitel in Beziehung zu seinen exegetischen Erkenntnissen gesetzt. Der heutige Leser braucht die von ihm bereits vorgezeichneten Linien nur noch bis in die Gegenwart hinein auszuziehen, um sich endlich einen biblisch und theologisch fundierten Reim auf die verwirrenden und sich überstürzenden Ereignisse unserer Tage machen zu können.

Auferstehung von den Toten und ewiges Leben

Norbert Dlugai, 160 Seiten, 15,80 DM

Der Glaube an die Auferstehung Christi ist das zentrale Geheimnis des Christentums. Ohne die Auferstehung Christi gäbe es keine menschliche Auferstehung und keinen Sinn für unser Leben.

Der Hauptzweck dieses Buches ist es, ein wenig von der Größe und Erhabenheit der schöpfungsgemäßen Berufung des Menschen und vor allem von der österlichen Hoffnung, Zuversicht und Siegesgewißheit aufleuchten zu lassen, auf der letztlich das Neue Testament und die christliche Frohbotschaft aufbauen und beruhen, einer Botschaft, die heutzutage allzuoft einseitig und willkürlich interpretiert, um nicht zu sagen, mißbraucht wird. Deshalb ist es in diesem Zusammenhang angebracht, nochmals mit Nachdruck zu erwähnen, daß diese Arbeit auf dem überlieferten und unverfälschten Bibel- bzw. Evangelienbefund als der ohne Zweifel vorzüglichsten Quelle für die Kenntnis und Erkenntnis der wesentlichen Heilstatsachen und heilsgeschichtlichen Abläufe basiert.

Heiligste Eucharistie und Kommunionspendung/-empfang

12 Seiten, 10 Expl. 5.– DM

Diese 12seitige Broschüre, durch Bilder angenehm aufgelockert zum Lesen, möchte durch zahlreiche Berichte über Eucharistiewunder sowie durch ausgewählte Bibeltexte und Lehräußerungen der Kirche den katholischen Glauben an die Hl. Eucharistie stärken und zu neuer Ehrfurchtsvertiefung anspornen.

Sie legt durch viele Quellen den Nachweis vor, daß es die heutige ehrfurchtslose Form der Handkommunion niemals in der Kirchengeschichte gegeben hat, daß sie gemäß eines Planes der Freimaurerei schon lange zur Zerstörung der Kirche beabsichtigt war, daß die Handkommunion in den Nachkonziljahren durch

Glaubensabfall und Ungehorsam von Bischöfen und Priestern illegal eingeführt wurde, und daß sich dieser Mißbrauch durch offenkundiges Fehlen der Päpste – ohne nennenswerten Widerspruch – in der Kirche ebenso unrechtmäßig ausbreiten konnte.
Mittels vieler dokumentierter Fakten und Äußerungen von Päpsten, Kardinälen, Bischöfen und Priestern wird die Fragwürdigkeit der Handkommunion dem Leser deutlich vor Augen gestellt. In logischer dogmatischer und kirchenrechtlicher Diktion und mit einer dem Leser entgegenkommenden Anschaulichkeit fordert die bisher einmalige Arbeit von jedem Priester und Laien die kompromißlose Abkehr von der Handkommunion als einem großen Unrecht gegen Gott und die Kirche.

Die Irrlehren im neuen Weltkatechismus

Helmut Friedlmayer, 311 Seiten, 24,80 DM

Der Kabbalist und Ex-Kanonikus Abbé Roca verkündete im Jahr 1891 die Generalerneuerung der Katholischen Kirche. Diese werde nicht von einem Papst des Glaubens, sondern von einem Papst der **Gnosis** und der **esoterischen Wissenschaft** vollzogen. Roca´s Aufruf, "Laßt in die Köpfe den Keim unserer Dogmen gleiten, damit die Priester und Laien die Überzeugung gewinnen, daß das Christentum eine wesentlich demokratische Lehre ist", hat sich seit dem Pontifikat Johannes XXIII. und dem II. Vatikanischen Konzil unzweifelhaft verwirklicht.
Der Autor erläutert knapp und schlüssig den Zusammenhang von Gnosis und "Ökumenischer Bewegung", das Eindringen des antichristlichen ökumenischen Gedankens in die Katholische Kirche und die Auswirkung dieses Prozesses auf die Glaubenslehre, wie sie sich im neuen **Weltkatechismus** darbietet. Das satanische Husarenstück der Illuminierten, die Katholische Kirche im gnostisch-ökumenischen Geist umzuformen, führt nicht nur zur weiteren Selbstzerstörung der Kirche, sondern zum klaren Bewußtsein, daß wir Zeugen der globalen Vollendung des antichristlichen Systems sind. Wer sich dem System des Antichristen nicht unterordnen will, der ist aufgerufen sich zu informieren und sich ihm zu widersetzen.
Inhalt: I. Die Grundlagen des Ökumenismus: Kabbala und die soziale Einheit - Kabbala und Christentum (Christliche Ökumene - Ökumene der Weltreligionen).

II. Das Konzil: Die Konzilspäpste - Demokratie - Die soziale Frage - Kirche und Ökumene - Ankündigung des Konzils und Einheitssekretariat - Das Konzil - Die Judenfrage - Papst Paul VI.

III. Der Weltkatechismus: Papst Johannes Paul II. - Ein neues Paradigma - Die utopischen Lehren - Die restaurativen Lehren (Die Einheit von ganz Israel, Christliche Juden und jüdische Heilige, Israel und die Völker, Der Gottesmord, Die Kirche als Volk Gottes) - Der geschichtliche Prozeß und andere Kriterien - Neues Christentum.

Kleiner Katechismus über die Irrlehren im neuen Weltkatechismus

Helmut Friedlmayer, 25 Seiten, 2.- DM

In kurzen und präzisen Fragen und Antworten werden die zentralen **Irrlehren** des neuen Weltkatechismus wie in einem Aufriß dem Leser zur Kenntnis gebracht. Es dürfte in der gesamten Kirchengeschichte einmalig sein, daß die **Ziele der Synagoge Satans** den Gläubigen als **Glaubensnorm** vor Augen gestellt werden.

Der **gehörnte** Gott „Pan“ auf der Titelseite des neuen Katechismus ist das sprechendste Symbol für die Trendwende, die sich seit dem Pontifikat Papst Johannes XXIII. in der Kirche vollzogen hat. Rom ist der Sitz des Antichrists geworden, wie die Allerseligste Jungfrau Maria in La Salette vorhergesagt hat. Wer seinen katholischen Glauben bewahren will, muß daher diesem Generalangriff auf die römisch-katholische Kirche, der nicht von außen, sondern von verblendeten und verräterischen Klerikern ausgeführt wird, mit äußerster Wachsamkeit begegnen. Für sein ewiges Heil zu sorgen, ist erste Christenpflicht.

Der Ökumenismus-Schwindel

Helmut Friedlmayer, 85 Seiten, 9,80 DM

Ursprünglich hieß die Losung: Einheit der Christen, dann: Einheit der Religionen. Doch ein Wissender auf dem II. Vatikanischen Konzil verriet: Weder Einheit der Christen, noch Einheit der Religionen - sondern das Verhältnis zwischen Juden und Nicht-Juden ist der wahre Inhalt des Ökumenismus. Wird hinter den Kulissen also ein anderes Spiel gespielt, als das Friedens- und Einheitsspektakel, das dem ´dummen´ Volk präsentiert wird? Was bedeutet Einheit unter Juden und Nicht-Juden? Die Lösung dieser Frage macht einen Blick in die „religiösen“ Bücher der Juden unumgänglich. Die Horizonte, die sich hierbei eröffnen, machen dem Betrachter klar, der Ökumenismus ist nichts anderes - als eben ein Schwindel.

Engelwerk und Kabbala

Helmut Friedlmayer, 92 Seiten, 9,80 DM

Ein typischer Fall im religiösen Tohuwabohu des 20. Jh.. Eine Mystikerin mit Seelenschau, Bilokation und den Wundmalen Christi - ein wiedererweckter Orden, konservativ, papsttreu. Auf der anderen Seite Anklagen wegen Spiritismus, Kabbalistik, Geheimwissenschaft. Ein Heer von Engeln, in der Offenbarung bisher unbekannt, bringt die Theologen zur Verzweiflung. Anrufung von Engeln oder Dämonen? Okkulte Praxis mit kirchlicher Billigung? Das Engelwerk, eine neue Hoffnung der Kirche oder ein Meisterstück Satans? Neue Recherchen erlauben eine vertiefte Sicht und eine klare Lösung dieser Frage.

Die "Zeugen Jehovas" - Judaisierung des Christentums

Helmut Friedlmayer, 160 Seiten, mit Abbildungen, 16,80 DM

Viele Sekten treten im Gewand des Christentums an die Öffentlichkeit, indem sie den Namen Jesus im Munde führen. Im Fall der "Zeugen Jehovas ist es nicht nur gelungen die wahre Bedeutung dieser Sekte, sondern an Hand der Schriften des Gründervaters Ch.T. Russell auch gleichzeitig die Fundamente der **satanischen Gegenkirche** in ihrer Ganzheit zu enthüllen. Vor den Augen des Lesers breitet sich der Weltherrschaftsplan der Illuminierten in voller Klarheit und Deutlichkeit aus. Hierarchie und Zeitplan der mit dem Sieg der Demokratie (1918) sich entwickelnden antichristlichen Weltordnung, sowie deren Grundlegung in der **jüdischen Gnosis** werden offengelegt. Protestantismus, Freimaurer und Kommunismus werden als sichtbare Erscheinungen des einen geheimen Prozesses demaskiert. Die beabsichtigte Zerstörung der katholischen Kirche und des Papsttums, die Apostasierung der Christen und die damit verbundene Rolle der "Zeugen Jehovas", all diese Themen in einen zweifelsfreien Zusammenhang gebracht, eröffnen den Blick auf den luziferischen Plan einer Weltherrschaft mit Hilfe der Illuminierten.

Der jüdische Messianismus

Hauptquelle für die Zerstörung der römisch-katholischen Kirche

Ingo Goldberg, 62 Seiten, 7,80 DM

Diese Kleinschrift ist brisant! Weist sie doch schlüssig an Hand der kabbalistischen Literatur der vergangenen 150 Jahre nach, daß die geistigen Vordenker und Planer eines neuen Katholizismus dieselben waren, die eine Wiederaufrichtung des Reiches Israel und dessen Weltherrschaft über die Völker ersehnten. Die Identität dieses neuen, esoterischen, theosophischen oder , wie man heute sagt, ökumenischen Katholizismus mit dem Erscheinungsbild der postkonziliaren Kirche ist selbst für den Skeptiker zweifelsfrei erkennbar. Wer also wissen möchte, welche Rolle das Papsttum im neuen Katholizismus zuspielen hat, welche Veränderungen in der postkonziliaren Kirche direkt auf den jüdischen Messianismus zurückzuführen sind, inwiefern der neue Katholizismus dem jüdischen Messianismus als Sprungbrett dient, der findet hier eine knappe und ausreichende Antwort auf diese und andere Fragen.
Eine Information vorweg! Der neue Katholizismus im Geist der Esoterik, geplant von den Eingeweihten von Satans Gnaden, wird heute, selbst von konservativen Christen nicht durchschaut, im Wortkleid der "Neuevangelisation" angepriesen. Auch dieser Begriff war den Kabbalisten (z.B. Abbé Roca) durchaus geläufig.

Zweites Vatikanum und Judenfrage

Leon de Poncins, 100 Seiten, 9,80 DM

Der inzwischen verstorbene, berühmte katholische Schriftsteller, Leon de Poncins, gilt zurecht als einer der besten Erforscher jener lichtscheuen Mächte, die sich die Vernichtung der katholischen Kirche und die Herbeiführung des antichristlichen Weltstaates seit Jahrhunderten zum Ziel gesetzt haben.
Die vorliegende Studie konnte wegen der Ungeheuerlichkeit des Betrugs, den sie schonungslos aufdeckt, in Frankreich, der Heimat ihres Verfassers, bis heute nur in Auszügen veröffentlicht werden! Bislang ist sie vollständig nur in englischer Sprache erschienen und liegt jetzt erstmals auf deutsch vor. Poncins läßt Originaltexte bedeutender jüdischer Religionsführer ausführlich zu Wort kommen, die belegen, in welcher Weise, die Konzilsväter sich seiner Zeit mit ihrer Erklärung zum Verhältnis zwischen Kirche und Judentum hinters Licht führen und mißbrauchen ließen. Er nennt auch die Namen und schildert die Aktionen jener inner- und außerkirchlichen Kreise, denen das „Verdienst“ zukommt, an der Manipulation der Konzilserklärung „Nostra aetate“ mitgewirkt zu haben. Ein beigefügter dokumentarischer Anhang belegt die seitherigen fatalen Auswirkungen von „Nostra aetate“ auf offizielle Glaubenslehre und Liturgie der Kirche.

Der Antichrist

von Prof. Franz Spirago, 113 Seiten, 12,80 DM

Dieses Buch liest sich wie ein schauriger Krimi. Es schildert das Kommen und Wirken des Antichrist bis zum Weltende – auf der Grundlage einer Vielzahl von altüberlieferten Prophezeiungen und Weissagungen. Der Antichrist ist von Gott zugelassen für die gottlos gewordene Menschheit. Sein Name besagt, daß er der größte Gegner und Feind Jesu Christi sein wird.
Geblendet von seiner schönen Gestalt, dem einnehmenden Antlitz, der Geistesschärfe und Rednergabe werden ihm die Massen zu Füßen fallen. Er wird als Wunderkind die Erde betreten, und noch ehe er 10 Lebensjahre zählt, ist er mächtiger und gelehrter als je einer vor ihm. Mit 30 Jahren wird erst die Fülle seiner ganzen Macht offenbar und die Menschen werden ihn ob seiner Heldentaten rühmen. Die Juden werden ihn als den gesandten Messias feiern und er wird sagen: „Der Erlöser der Welt bin ich". Da Luzifer schon im Mutterleib sein ganzes Wesen in Besitz genommen haben wird, wird er der katholischen Religion den Kampf ansagen. Er wird seinen Mund öffnen zur Lehre des Widerspruchs.
Er versucht, das Leben Jesu in allen Details nachzuäffen. Er wird einen Vorläufer haben gleichwie Christus Johannes den Täufer. Er wird Apostel in die Welt aussenden. Der Antichrist wird zunächst König der Juden. Jerusalem wird zum Mittelpunkt seines Weltreiches. Allen seinen Untertanen wird er das Kennzeichen 666 einprägen lassen. Er wird dreieinhalb Jahre lang als Weltkaiser herrschen. In dieser Zeit werden die Katholiken in siedenden Pfannen schmoren u.v.a.m.; es wird die grausamste Christenverfolgung aller Zeiten sein. Lesen Sie bitte selbst ...!

Die Lügen von Medjugorje

Mag. theol. Johannes Rothkranz, 89 Seiten, 9,80 DM

Das klingt zugegebenerweise äußerst befremdlich: „Die Lügen von Medjugorje". Man kann es natürlich auch anders herum formulieren: „Die Wahrheit über Medjugorje". Letzteres hat der Bischof von Mostar, Msgr. Pavao Zanic, kürzlich getan, in dessen Diözese bekanntlich der längst weltberühmt gewordene „Erscheinungsort" liegt. Aber die von dem naturgemäß bestinformierten Oberhirten in einer Erklärung vom Frühjahr 1990 enthüllte Wahrheit über Medjugorje ist eben, daß dort die gutgläubigen Pilger nach Strich und Faden belogen und betrogen werden. Die vorliegende Schrift will nichts anderes als unter Verwendung der genannten Erklärung des zuständigen Ortsbischofs und anderer glaubwürdiger Quellen dazu beitragen, durch Aufdeckung der Lügen von Medjugorje der Wahrheit über Medjugorje zum Sieg zu verhelfen. Daß diese Wahrheit längst nicht allen gefallen wird, ist nur zu begreiflich, ändert aber nichts daran, daß sie gesagt werden muß.

Das Geheimnis von Medjugorje

Dr. E. M. Jones, 166 Seiten, 19,80 DM

Zahlreich sind die Publikationen über Medjugorie aber nahezu alle sind einseitig pro Medjugorje geschrieben und das aus den verschiedensten Gründen auf die wir hier nicht näher eingehen wollen.
Ein Verlag, dessen Programm „Pro Fide Catholica." heißt, ist verpflichtet, für die Wahrheit Zeugnis zu geben. Jesus Christus, der gesagt hat, daß Er die Wahrheit ist und daß Er gekommen ist, um uns durch die Wahrheit frei zu machen, ist schließlich auch gekommen, um die Werke des Teufels, des „Vaters der Lüge", zu zerstören. Wenn nun der „Vater der Lüge" oft als „Engel des Lichtes" erscheint und sogar die „ganze Welt" verführt, so ist doch seine Herrschaft der Lüge nicht von ewiger Dauer. Das gilt auch im Hinblick auf das Phänomen Medjugorje, dessen Lügen von unserem Autor J. Rothkranz bereits überzeugend aufgedeckt worden sind. In den USA hat Dr. E. M. Jones in der Schrift „Medjugorje: The Untold Story" ebenfalls unzweifelhaft dargelegt, daß die „Offenbarungen" und „Botschaften" von Medjugorje nicht vom Himmel kommen können. Wir legen hiermit sein Werk ungekürzt und auf den aktuellsten Stand gebracht in deutscher Übersetzung vor in der Hoffnung, daß der Tag bald kommen möge, an dem alle Freunde der Wahrheit den Jahrhundertschwindel von Medjugorje als das Werk des „Vaters der Lüge" erkennen und verabscheuen werden.

Don Stefano Gobbi – ein Werkzeug des Himmels?

Werner Nicolai, 64 Seiten, 6,80 DM

Tausende von katholischen Priestern lassen sich in ihrer Beurteilung der fürchterlichen Glaubens- und Führungskrise der katholischen Kirche seit mittlerweile 18 Jahren von angeblichen Botschaften der Muttergottes leiten. Auch unter den gläubigen Laien ist das sogenannte „Blaue Büchlein" des italienischen Priesters Don Stefano Gobbi weit verbreitet. Obwohl die vermeintlichen Botschaften des Himmels für den aufmerksamen Leser zahlreiche schwerwiegende Ungereimtheiten enthalten, werden sie meist kritiklos akzeptiert und sorgen für eine gefährliche Apathie bei Priestern und Gläubigen gegenüber denschlimmsten, weil getarnten, Feinden der Kirche. Werner Nicolai gebührt das Verdienst, durch sorgsame Anwendung der überlieferten theologischen Maßstäbe der Kirche zur Unterscheidung der Geister überzeugend, ja frappierend nachgewiesen zu haben, daß Don Gobbis „Botschaften" diesen unverrückbaren Maßstäben in keiner Weise standhalten: in ihnen spricht nicht Maria, sondern der Widersacher von Anbeginn. Niemand wird sich künftig mehr an dieser Erkenntnis vorbeimogeln können.

Prophezeiungen im Lichte der katholischen Glaubenslehre

Dr. Wilhelm Ettelt, 55 Seiten, 5,90 DM

Wir leben in einer unsicheren Zeit, in der Weissagungen und Prophezeiungen aus dem Boden schießen. Dabei beobachtet man zwei ganz entgegengesetzte Haltungen: Die einen stürzen sich auf alle, auch wenn sie noch so widersprüchlich sind; die anderen lehnen ebenso ungeprüft alle ab. Der Verfasser zeigt, daß beide Haltungen unvernünftig und den Ratschlägen von Bibel und Kirche entgegengesetzt sind. Was sind überhaupt Prophezeiungen und was gibt es für Kriterien für ihre Beurteilung? Das sind Fragen, mit denen sich der Verfasser in dieser Schrift beschäftigt, bis er schließlich auch vorsichtig auf Weissagungen eingeht, die sich auf unsere Zeit und die nähere Zukunft beziehen. - Ein Kapitel über Antichrist-weissagungen beschließt das Büchlein.

Das „dritte Geheimnis“ von Fatima

Pfr. Manfred Adler, 84 Seiten, 7,50 DM

70 Jahre nach den Marienerscheinungen von Fatima, bei denen es um Himmel und Hölle, Krieg und Frieden, die Bekehrung Rußlands und aller Menschen und nicht zuletzt um das Schicksal von Kirche und Welt geht, ist uns das ganze Geheimnis von Fatima immer noch nicht bekannt. Warum wird das „dritte Geheimnis“ von Fatima von den Verantwortlichen in der Kirche nach wie vor beharrlich totgeschwiegen?
Steht es etwa im Zusammenhang mit der „unglaublichen“ marianischen Prohpetie von La Salette, daß „Rom den Glauben verlieren wird“? Oder wird es, wie andere meinen, als vatikanisches „Staatsgeheimnis“ gehütet, weil die Bekanntmachung seines apokalyptischen Inhalts mit unvorstellbar schrecklichen Menschheitskatastrophen für moderne Menschen nicht zumutbar ist?
Manfred Adler, der bekanntlich auch „heiße Eisen“ anfaßt, hat in seinem Büchlein „Das dritte Geheimnis von Fatima“ mit realistischen Argumenten versucht, wenn nicht den Wortlaut, so doch den wesentlichen Inhalt des mysteriösen „dritten Geheimnisses“ von Fatima zu enthüllen.
Seine Ausführungen werden sowohl Gläubigen wie Ungläubigen zu denken geben und weder die Freunde, noch die Feinde von Fatima kalt lassen. Ohne vagen Spekulationen das Wort zu reden, informiert er den interessierten Leser sachlich über den derzeitigen Kenntnisstand, den wir vom „dritten Geheimnis“ von Fatima haben. Er ist davon überzeugt, daß es nicht verantwortbar ist, eine Botschaft vom Himmel nur deswegen zu unterdrücken, weil sie unangenehme Wahrheiten zum Inhalt hat. Auch harte Wahrheiten machen frei..

Fatima, der Herzensruf der Himmelsmutter

Theresia Ellinger, 32 Seiten, 2.– DM

Sieben Jahrzehnte nach den Erscheinungen der Mutter Gottes von Fatima kennen viele Menschen noch immer nicht die damals gegebenen Botschaften.
Dieses Heftchen nennt die hochaktuellen Wünsche und Forderungen der Mutter Gottes und zeigt anhand von Beispielen ihre enorme Bedeutung für das Heil aller Menschen und den wahren Frieden auf Erden.

Die Gerechtigkeit Gottes

Offenbarungen der hl. Brigitta von Schweden, 106 S., 11,80 DM

Dieses Buch stammt aus der Schatztruhe der Visionen der hl. Brigitta von Schweden. Es besitzt Dringlichkeitsstufe eins für die Menschen, die nicht für immer in den Krallen Satans landen wollen. In vielen Schauungen erlebt Brigitta das persönliche Gericht über ungezählte Menschenseelen, auch untreue Priesterseelen; sie sieht in überaus anschaulichen und drastischen Bildern die verschiedenen Strafen des Fegefeuers und der Hölle, verhängt von Gottes unbestechlicher Gerechtigkeit. – Ein Buch, wie geschaffen für unsere Zeit, die fast nur noch von der Barmherzigkeit Gottes spricht und seine Gerechtigkeit verschweigt.

Das St. Benediktuskreuz oder die Medaille des hl. Benedikt

32 Seiten, 2.- DM

Benedicere heißt segnen, Benediktus der Gesegnete. Der Hl. Benediktus hatte während seines Lebens eine große Andacht zum hl. Kreuze, oft bediente er sich des Kreuzzeichens. Die Benediktusmedaille enthält neben dem hl. Kreuz die Beschwörungs-worte mit denen der hl. Benedikt den Teufel immer wieder besiegte. Die Vielfalt der wunderbaren Begebenheiten, die mit der Benediktusmedaille gewirkt wurden, ist erstaunlich, sie reicht beispielsweise von der Heilung verschiedener schwerer Krankheiten über die Herbeiführung glücklicher Umstände oder der Abwehr teuflischer Angriffe, bis zu außerordentlichen Erfolgen, etwa in der Tier- und Pflanzenzucht. Der Leser bekommt viele Beispiele für sein tägliches Leben aufgezeigt, wie er durch vertrauensvollen Gebrauch dieser Sakramentalien (Benediktusmedaille bzw. Benediktuskreuz) die Nachstellungen des Teufels oder böser Menschen zunichte machen kann und unter dem allmächtigen Segen des Kreuzes steht.

Die wundermächtige Kraft des Namens Jesus

Hrsg.: Theodor Wieser, 137 Seiten, 12,80 DM

Felsenfester Glaube und unerschütterliches Gottvertrauen waren die Grundlagen für die aufsehenerregenden Heilungserfolge von Pfarrer Josef Gaßner. Unheilbare Krankheiten seiner Pfarrkinder heilte er teils durch das mit festem Vertrauen gemachte Kreuzzeichen, teils durch geweihtes Wasser oder geweihtes Öl, vorzüglich aber durch sein unerschütterliches Vertrauen auf die Kraft des heiligsten Namens Jesu. Die Heilungen erfolgten sofort, denn Pfr. Gaßner befahl dem Teufel im Namen Jesu auf der Stelle zu weichen. Es gibt keine Krankheit, die der Teufel in menschlichen und tierischen Körpern nicht hervorrufen könnte. Viele Todkranke mit größten Schmerzen wurden in einem Augenblick von allen Übeln befreit und standen gesund und fröhlich von ihrem Krankenlager auf. P. Karl Ebner schreibt: „Ich bin überzeugt, der barmherzige Gott hat für unsere ungläubige Zeit, in der unser Erlöser Jesus Christus so verkannt und verraten, Seine Gottheit, die Existenz der Hölle und der Teufel geleugnet werden, diesen frommen, gottesfürchtigen Pfr. Gaßner auserwählt, um die Rechtgläubigen zu stärken, die Ungläubigen zu beschämen und sie zum Glauben zu bringen".

Gebete mit Verheißungen

Alois Hueber, 250 Seiten, 11,50 DM

Das Gebetbüchlein „Gebete mit Verheißungen" möchte Ihnen eine Sammlung wertvoller Gebete an die Hand geben und Sie durch die vielfältigen Gebetsversprechen zu vermehrtem Gebet anregen und damit auch Ihre Freude an demselben vermehren.
Da für eine beträchtliche Anzahl von Gebeten zusätzlich große Verheißungen für deren Verbreitung gegeben sind, erwerben Sie sich mit der Weitergabe dieser Gebete zahlreiche zusätzliche außergewöhnliche Verdienste.

Aus dem Inhalt:
Das kostbare Blut Jesu Christi / Liebe mich so wie du bist / Das Rosenkränzlein zum Prager Jesuskind / Die 7 Vater unser / 15 Gebete der hl. Birgitta / Verheißungen an die Verehrer der Todesangst / Jesu am Ölberg / 15 heimliche Leiden und Schmerzen / Verheißungen für das Beten des Kreuzweges / Gebet zur Schulterwunde Christi / Die 7 Worte Jesu am Kreuze / Versprechungen zur Kreuzverehrung / Gebet welches am hl. Grabe in Jerusalem gefunden

worden ist / Die hl. 7 Himmelsriegel / Uraltes kräftiges Gebet und Segen wider das Ungewitter / Kreuzbild von La Salette / 77 Gnaden, die durch das andächtige Mitfeiern der hl. Messe geschenkt werden / Gregorianische hl. Messen / Bericht von 6 hl. Messen / Eine Viertelstunde vor dem Allerheiligsten / Antlitz Christi / Haupt Christi / O Jesus ich vertraue auf Dich / Die 12 Verheißungen für die Verehrer des göttlichen Herzens Jesu / Tägliche Aufopferung einer Klarissin / Das blutende Herz-Jesu-Bild / 9tägige unwiderstehliche Andacht zum heiligsten Herzen Jesu / Mein Jesus Barmherzigkeit / Gerettet wird nur durch die Liebe / Alle Menschen sollen sich in meine Arme werfen ... Ich bin ihr Vater / Angelusgebet / Die 3 Ave Maria, die Himmelsleiter oder der goldene Himmelsschlüssel / 15 Versprechungen der Rosenkranzkönigin / Verehrung des unbefl. Herzens Mariens / Liebesakt-Rosenkranz / Tränenrosenkranz / Tägliche Verehrung der 7 Schmerzen Mariens / Fasten an 12 Freitagen / Gebetsweise an Mariä Geburt / Gepriesen sei der hl. Josef / Heldenmütiger Liebesakt zu den Armen Seelen / Andacht zur ärmsten Priesterseele / Das „Vater unser" der hl. Mechthild für die Armen Seelen / Eindringliche Worte an unsere Zeit / Das Geheimnis der Heiligkeit und des Glücks / Möglichkeit, die verlorene Zeit und übel zugebrachten Jahre wieder hereinzubringen / 3 sehr schöne Gebete (Papst-Gebete) / Leichtes Mittel, viele Todsünden zu verhindern / Ein Gebet das Gotteslästerungen sühnt / Kräftiges Gebet bei schweren Anliegen / Rosenkränzlein von den 9 Chören der hl. Engel / Bannspruch und Segen des hl. Antonius von Padua / Die 9 Dienstage der hl. Martha / Vom großen Wert des „Vergelt's Gott" / Exorzismus von Papst Leo XIII.

Das gnadenreiche Prager Jesulein

Theresia Ellinger, 32 Seiten, 2.– DM

Gewaltig groß ist die wunderbare Hilfe und Kraft, die von der Verehrung des „gnadenreichen Prager Jesuskindes" ausgeht, wie zahllose Beispiele belegen. Wenden wir uns also in allen geistigen, seelischen und körperlichen Notlagen demütig und mit kindlicher Verehrung an den kleinen König und verbreiten wir nach Kräften die Andacht zum kleinen Jesuskind.

Pater Paul v. Moll – ein belgischer Wundertäter des 19. Jahrhunderts

218 Seiten, 19,80 DM

Einem Freunde von Oostcamp sagte Pater Paul von Moll wörtlich: „Fordern Sie von mir, was Sie nur wollen; ich werde es Ihnen verschaffen, und wenn ich einmal im Himmel bin, dann bitten Sie erst recht. Ich werde dann Zeit genug haben, mich um Sie zu bekümmern, und meine Macht wird dann noch größer sein."
Die Wunder wuchsen buchstäblich unter seinen Füßen. Man könnte meinen, eine übernatürliche Macht stehe ihm willkürlich zu Befehle, und er könne davon ohne Maß und bei der kleinsten Gelegenheit Gebrauch machen, „Wahrhaftig" sagt ein Zeuge seines Lebens, „man würde fast glauben, daß dieser Pater aus Gewohnheit und zum Zeitvertreib Wunder wirkte."
Lesen Sie die vielen Beweise seiner großen Hilfe und nehmen Sie Pater Paul von Moll, ein Helfer in großer Not, beim Wort, damit er auch Ihnen helfen kann.

Das selige Kind Andreas von Rinn - ein wahrer Märtyrer der katholischen Kirche

Kaplan Gottfried Melzer, 150 Seiten, mit Bildern, 13,80 DM

In diesem Buch wird aufgezeigt, daß dieses unschuldige Kind aus Rinn in Tirol ein von der Kirche seliggesprochenes Märtyrerkind ist. Sein Martyrium vom Jahre 1462 und die näheren Umstände desselben sind durch verläßliche Quellen bezeugt. Durch viele Zeichen und Wunder hat Gott dieses Kind, das nicht nur vom Volk, sondern auch vom Hause Habsburg hoch verehrt wurde, bis zum heutigen Tage verherrlicht.

Der selige Andreas von Rinn als Helfer und Wundertäter

Kaplan Gottfried Melzer, 48 Seiten, 4,90 DM

Das heilige Kind aus Tirol, das dem Volk unter dem Namen "Anderl von Rinn" bekannt ist, hat bis heute nicht aufgehört, seine liebreiche Hilfe allen denen zu vermitteln, die es vertrauensvoll in den verschiedenen großen und kleinen Anliegen des Lebens anrufen. In der genannten Broschüre werden große Wunder und auffallende Gebetserhörungen in anschaulicher Weise erzählt.

Philomena, die Heilige aus den Katakomben

Giovanni Braschi, 40 Seiten, davon 8 S. Bilder, 5,90 DM

Der Autor ist Priester, Rektor am St. Philomena-Heiligtum in Mugnano del Cardinale. Er verteidigt in überzeugender Weise den Kult der Heiligen unter Berufung auf die Erlässe verschiedener Päpste. Er bringt neben dem ausführlichen Gutachten des bedeutenden Archäologen Ferrua auch die Zeugnisse höchst angesehener Verehrer dieser Heiligen, u.a. führt er an, was der hl. Pius X. und der heiligmäßige Pater Pio, dessen Geburtsort nicht weit von Mugnano liegt, über sie sagten. Der Autor erzählt auch von großen Wundern aus jüngster Zeit und informiert eingehend über die verschiedenen Feste und Andachtsübungen und über die Bruderschaft zu Ehren der hl. Philomena.

Der Kindermord des 20. Jahrhunderts

Theresia Ellinger, 48 Seiten, 2,50 DM

Das Thema „Kindermord" wird in den Medien und damit in der Öffentlichkeit nahezu totgeschwiegen. Dieses Büchlein versucht in knapper Form, überblickartig auf dieses weltweite Verbrechen unseres Jahrhunderts hinzuweisen und in möglichst vielen Herzen wieder die Liebe zum Kind zu wecken.

Wohin "treiben wir ab"?

§218 - die gesellschaftsfähige tödliche Gewalt

Ludwig Mayer, 75 Seiten, 8,80 DM

Die Schrift zeigt das Verbrechen der Abtreibung als sinnfälligsten Ausdruck der bedrohlich anwachsenden Gottlosigkeit in zweifacher Weise
1. Die täglich geübte, staatlich sanktionierte, stets tödlich geübte Gewalt gegen unschuldige, wehrlose Kinder im Mutterleib zerstört das Recht und den Rechtsstaat von Grund auf und läßt die breit angelegte und hektisch geführte Diskussion über Gewalt in unserer Gesellschaft als eitles, verlogenes Geschwätz erscheinen.
2. Der Massenmord an den ungeborenen Kindern erweist sich als die gefährlichste Herausforderung Gottes und bedroht als solche den Bestand nicht nur des eigenen Volkes, sondern der ganzen Menschheit.